山东省委党校（山东行政学院）基本知识培训系列教材

哲学基本知识

贾英健　陈 彬　主 编

山东大学出版社
·济南·

图书在版编目(CIP)数据

哲学基本知识/贾英健,陈彬主编.—济南:山东大学出版社,2020.9

山东省委党校(山东行政学院)基本知识培训系列教材/徐闻主编

ISBN 978-7-5607-6699-7

Ⅰ.①哲… Ⅱ.①贾… ②陈… Ⅲ.①哲学—干部教育—学习参考资料 Ⅳ.①B

中国版本图书馆 CIP 数据核字(2020)第 172338 号

策划编辑 刘 彤

责任编辑 陈 珊 肖淑辉

封面设计 牛 钧

出版发行 山东大学出版社

社 址 山东省济南市山大南路 20 号

邮政编码 250100

发行热线 (0531)88363008

经 销 新华书店

印 刷 济南新科印务有限公司

规 格 720 毫米×1000 毫米 1/16

18 印张 230 千字

版 次 2020 年 9 月第 1 版

印 次 2020 年 9 月第 1 次印刷

定 价 50.00 元

山东省委党校（山东行政学院）基本知识培训系列教材
编写委员会

主　任　徐　闻

副主任　鲁庆波　司　强　孙建昌

　　　　张云汉　高尚瑞　王　军

成　员（按姓氏笔画排序）

　　　　王巨新　王格芳　杜江先　杨　珍

　　　　吴荣生　张文珍　张　杰　张传鹤

　　　　林学启　郝良华　程振峰　魏　东

目　录

第一章　哲学概述

哲学是一门富有相当魅力的学科，数千年来无数哲人投身于此。世界上的重大奇迹就是思维着的精神，当然，这种精神并非随波逐流、平庸无奇的思想，而是具有反思性、创造性的能动思维。黑格尔曾经把哲学比作“密涅瓦的猫头鹰”，一只只有在黄昏之后才起飞的动物。意思是只有当人类思维发展成熟时，哲学才会出现。他还说过“哲学是时代精神的体现”，认为哲学不是缥缈的虚幻理念，而是植根于每个时代的历史之中，体现了那个时代的精神特质。当代德国著名哲学家海德格尔则把哲学看作是“林中路”，这条路也许没有尽头，但是我们仍然需要行进在这条静默的道路上，并不断保持哲学追问。在某种意义上说，哲学确实是离现实生活最遥远的学问，但是它也是最自由、最能释放心灵的学问。

第一节　哲学的本质内涵

什么是哲学？这个问题几乎同哲学产生的历史一样长。哲学究竟是什么？这是哲学上最引人入胜而又最令人困惑的问题，也是古往今来的哲学家最感兴趣而又最头疼的问题。

一、"爱智"哲学观

人们对于哲学的理解有很多种，著名的"爱智"说即其中之一。从词源的意义上看，"哲学"是距今2500多年前的古希腊人创造的术语。希腊文philosophia的含义就是"爱智慧"，这个动宾词组指的就是人类为了提高认识思维能力，为了更有智慧而进行的思想认识活动。现代人提到哲学，通常都会冠之以"爱智"等词语，而"哲"在汉语中的意思就是聪明、智慧，所以"爱智"说往往也更容易被人所接受。

哲学就是爱智慧的观点在西方哲学史上不仅具有起始性的意义，而且是许多哲学家身体力行的原则和标准。如苏格拉底为智慧而生，同时也为智慧而死。伏尔泰也说过："没有哲学，我们比动物高明不了多少。"哲学是爱智之学，是"爱"和"智慧"的统一体，而不仅仅是关于智慧的学说。关于哲学就是爱智慧的字面意思的解读，中西哲学界的分歧不大，而分歧较大的是"什么是哲学以及如何爱"这一问题。

哲学是智慧，但智慧并不是哲学；哲学不仅是一种智慧，而且更应该是对待全部智慧的一种态度。从某种角度来说，哲学是对智慧进行反思和批判，启迪人们在原有的智慧之上，通过对社会生活的一切领域展开自我反思和批判，促进社会的观念更新、科学发现和技术发明，从而实现人类的自我超越和自我发展。

二、当代哲学观

按照吉林大学哲学社会科学资深教授孙正聿的说法，以当代世界哲学为背景，大致可以概括出八种主要的哲学观：普遍规律说、认识论说、语言分析说、存在意义说、精神境界说、文化批判说、文化样式说、实践论说。[①]

(一)普遍规律说

作为一种通行的哲学观,“普遍规律说”认为,各门科学只是研究世界的各种特殊领域,并提供关于这些领域的特殊规律,而哲学则以整个世界为对象,并提供关于整个世界的运动与发展的普遍规律。这种“普遍规律说”的哲学观,具有深远的哲学史背景。

在哲学发展史上,从古希腊哲学“寻取最高原因”的基本原理,到德国古典哲学寻求“全部知识的基础”和提供“一切科学的逻辑”,就其实质而言,都是把哲学定位为对普遍规律的寻求。这种“普遍规律说”的哲学观,具有深刻的人类思维的根基。面对千姿百态、千变万化的世界,人类思维总是力图在最深刻的层次上把握其内在的统一性,并以这种统一性去解释世界的一切现象以及关于这些现象的全部知识。这就是人类思维所追求的把握和解释世界的全体的自由性。人们将思维的这种追求以理论的形态表现出来,就构成了古往今来的追寻普遍规律的哲学。

(二)认识论说

作为一种哲学观的“认识论说”,是在反思“普遍规律说”的过程中形成的。这种哲学观认为:哲学的研究对象不是整个世界,而是作为哲学基本问题的思维和存在的关系问题;哲学关于普遍规律的认识,不是通过研究整个世界而获得的,而是以辩证法、认识论和逻辑学三者统一的方式来实现。这种“认识论说”的哲学观,具有深厚的哲学史背景。

人们通常把西方哲学的发展史概括为古代的本体论哲学、近

① 参见孙正聿:《哲学通论》,辽宁人民出版社 1998 年版,第 27～45 页。

代的认识论哲学和现代的语言哲学，并把近代哲学的变革称作“认识论转向”。关于近代哲学已经达到的这种基本认识，恩格斯在他的哲学名著《路德维希·费尔巴哈和德国古典哲学的终结》中，作出了深刻的阐述，并提出：“全部哲学，特别是近代哲学的重大的基本问题，是思维和存在的关系问题。”[①]自 20 世纪 80 年代以来，“认识论说”的哲学观在我国哲学界产生了重要影响。从总体上说，人们已经认识到，需要从辩证法、认识论和逻辑学的统一中去理解哲学关于普遍规律的认识。

（三）语言分析说

现代西方哲学界的一些重要哲学家明确提出，哲学问题从根本上说是语言问题。他们认为：第一，在本原的意义上，哲学并不提供知识或理论，而只是分析和澄清人们所要表达的含义；第二，古往今来的思辨哲学家制造了种种无法解决的哲学问题，原因就在于错误地使用了语言；第三，由于现代逻辑的发展，人们能够正确地把握语言的本质和结构，从而厘清由于误用语言而产生的“形而上学”的困惑。这就是说，在现代的分析哲学家看来，对语言的分析，既是哲学的真正的使命，又是清洗传统哲学的可靠途径，也是现代哲学的真正出路。“语言分析说”是近代哲学“认识论转向”的合乎逻辑的结果，哲学开始从“反思认识这个世界的方式”而转向“注意表达这种认识的媒介”。在这种转向中，就出现了“语言分析说”的哲学观。这种哲学观既是“拒斥形而上学”的产物，也是反思“普遍规律说”的结果。

（四）存在意义说

“存在意义说”的哲学观认为，哲学的使命不是对语言的逻辑

---

① 《马克思恩格斯选集》第 4 卷，人民出版社 2012 年版，第 229 页。

分析或是澄清科学命题的意义，而是寻求人类存在的意义。这种哲学观的理论渊源可以一直追溯到最古老的哲学。“认识你自己”，就是古希腊哲学中的名言。在对关于宇宙较早的神话的解释中，我们总是可以发现一个原始的人类学与一个原始的宇宙学比肩而立：世界的起源问题与人的起源问题难分难解地交织在一起。现代西方的存在主义哲学认为，古希腊以来的哲人们一直在追问“人的本质是什么”，因而他们的哲学都属于“本质主义哲学”。与此相反，“存在主义哲学”认为，人的存在具有区别于其他一切存在的独特性，即人以外的任何一种存在都是本质先于存在，而人的存在则是存在先于本质。这就是说，人以外的任何一种存在，它的本质都预先决定了它会成为一种怎样的存在；人则与此相反，人总是不断地超越自己先前之所是，总是在自己的行动中塑造自己的本质。这种存在主义的哲学观凸现了人类存在的独特性，从而突出了自为的存在(人)与自在的存在(物)之间的矛盾、自为的存在(自我)与自为的存在(他人)之间的矛盾、自我的所是与自我的超越之间的矛盾，促进了哲学对人类的存在主义的探索。

(五)精神境界说

以中国传统哲学精神为旨趣，特别是被称为“现代新儒家”的重要代表人物的现代中国哲学家，都致力于弘扬哲学对人生境界的意义。我们把这种哲学观称之为“精神境界说”。现代哲学家贺麟先生说：“哲学是一种学养。哲学的探究是一种以学术培养品格，以真理指导行为的努力。哲学之真与艺术之美、道德之善同是一种文化，一种价值，一种精神活动，一种使人生高洁而有意义所不可缺的要素。”[①]他还特别指出：“真正伟大的哲学并不是智巧的

① 贺麟：《哲学与哲学史论文集》，商务印书馆1990年版，第120页。

卖弄，而是精神上的清茶淡饭。真正伟大的哲学家，其伟大处即在于能道出人心之所同然，能启发人的灵性，提醒人的潜伏意识。所以哲学若果要有生命的话，是应该与大众见面的；大众若果要过有意义的生活的话，也应该设法与哲学亲近的。”①以上对哲学及其功能的理解，深刻地体现了中国传统的哲学精神。“精神境界说”凸现哲学对完善人生境界的意义与价值，这对于哲学的自我理解是十分重要的。但是，仅仅把哲学理解为对精神境界的追求与完善，却是片面的。我们需要以更为开阔和更为开放的理论视野去审视哲学。

（六）文化批判说

批判是人类特有的活动方式，也是哲学的根本的特性。人类在观念形态的精神批判活动中，否定观念中的已有的世界图景，并在观念中构建起人所要求的理想性的世界图景；人类在客观的实践批判活动中，则否定世界的现存状态，而把世界变成人所要求的理想性的现实。哲学，正是以理论的方式集中地表现了人类的批判本性，使人们“在对现存事物的肯定的理解中同时包含对现存事物的否定的理解”，“对每一种既成的形式都是从不断的运动中，因而也是从它的暂时性方面去理解”。② 正因如此，辩证哲学在本质上是批判的和革命的。从哲学发展史上看，近代的哲学批判，集中表现为理性的批判，即对人类理性的批判和反思；现代的哲学批判，在西方哲学中主要表现为文化的批判。把现代哲学视为对文化的批判反思，就是所谓的“文化批判说”的哲学观。在现代西方哲学的文化批判中，以法兰克福学派为代表的西方马克思主义者

① 贺麟：《哲学与哲学史论文集》，商务印书馆 1990 年版，第 120 页。

② 《马克思恩格斯选集》第 2 卷，人民出版社 2012 年版，第 94 页。

的哲学活动最引人注目。

(七)文化样式说

所谓“文化样式说”,用一个比较通俗的比喻来说,就是认为哲学不是“思想王国的王后”,而是“思想共和国的公民”,即哲学只是一种文化样式,而不是其他文化样式的基础。也就是说,以往的哲学总是把自己当作裁判其他文化样式的特殊文化样式,即作为一切文化样式的基础的学科。但“文化样式说”的哲学观认为,这种哲学基础主义是一种必须予以批判的学科“帝国主义”,哲学应该是与其他文化样式“平起平坐”的一种文化样式,它的使命就是实现各种文化样式之间的“对话”。

(八)实践论说

人们常常把马克思主义哲学称作“实践转向”,并以“实践”的观点去理解和解释全部的哲学问题。我们把这种哲学观称作“实践论说”的哲学观,也是马克思主义的哲学观。

在通行的哲学原理教科书中,都认为思维和存在的关系问题是哲学的基本问题。但长期以来,人们总是简单化地把思维和存在的关系问题归结为精神和物质的关系问题,并同样简单化地以精神与物质谁为第一性以及思维能否认识世界这两个问题来概括哲学基本问题的全部内涵。其结果就是忽视甚至无视马克思主义哲学在哲学发展史上的革命性变革。

马克思主义哲学所理解的思维和存在的关系问题,在其现实性上,就是以实践为基础的人与世界之间的、历史地发展着的关系。在被恩格斯称作“包含着新世界观的天才萌芽的第一个文件”的《关于费尔巴哈的提纲》一文中,马克思正是以实践论的哲学立场批判了旧唯物主义和唯心主义对思维和存在的关系问题的理解,从而也以实践论的哲学立场批判了旧的哲学观。

马克思深刻地指出，从前的一切唯物主义——包括费尔巴哈的唯物主义的主要缺点：对事物、现实、感性，只是从客体的或者直观的形式去理解，而不是把它们当作人的感性活动，当作实践去理解，不是从主观方面去理解。他从实践论出发提出，人的思维是否具有客观的真理性，这并不是一个理论的问题，而是一个实践的问题。人应该在实践中证明自己思维的真理性。社会生活在本质上是实践的。

这种实践论的哲学观，既是哲学发展史上空前的革命性变革，也为我们合理地理解和解释现代哲学中的各种各样的哲学观，提供了最主要的理论基础。

三、“世界观方法论”的哲学观

哲学是系统化、理论化的世界观和方法论。这是一个较能体现哲学思维整体性特征的说法。如此理解的哲学似乎颇有宏大叙事之嫌，但哲学的这种整体性思维方式的本性决定了它不能排斥一定程度的宏大叙事。因为日常思维、科学思维等多流连于具体事物或特定领域，人们便可能陷于细枝末节，因而需要一种宏观的、全局的、背景的关照与之互补。人们常说哲学是“明白学。”人需要活得明白，但所谓明白有大明白和小明白之分：具体事物上的明白是小明白，而世界观和方法论上的明白则是大明白。作为世界观和方法论的哲学旨在探究宇宙、社会、人生、思想的奥秘。哲学能描绘或提供一定的时代所能形成的某种世界图景，这是与科学、政治、经济、宗教、艺术等领域描绘的图景有关联而又不同的世界图景。哲学是世界观，也是方法论，一定的世界观关联着一定的方法论。哲学重视方法。在具体方法的基础上概括总结人类实践和认识的一般方法，这就是方法论，也是关于方法的哲学理论。

马克思说："任何真正的哲学都是自己时代的精神上的精华。"[①]真正的哲学总是立足于自身所处的时代，从当代人的认识和实践中提炼其精神上的精华。马克思主义哲学是一门自觉意识并具有鲜明的时代性的哲学。时代的转换和变化要求哲学能与时俱进，永葆其不断容纳和创新的生命活力。中国的马克思主义哲学是立足于当代中国社会和人民的发展需要的哲学，在具有时代特点的同时又具有中国特色。中华民族在当代世界中的伟大复兴，相应地必然会有其哲学上的表现。

第二节 哲学的基本问题

从一定意义上说，哲学就是问题之学，它起于对问题的惊讶，贯穿着对问题的思考，最终为问题的观察、解决提供方法的指导。虽然从不同角度出发，对哲学基本问题的认识和界定可能会有些不同，但从逻辑层面上看，哲学的基本问题就是哲学学说形成的前提和基础，它构成了哲学思考的起点，是躲不开、绕不过的。

一、思维与存在的关系问题是哲学的基本问题

思维和存在的关系问题是任何哲学和任何哲学家都不能回避且必须加以思考的问题，是各种哲学得以展开的前提和基础。马克思主义哲学科学地回答思维和存在的关系问题，它不仅解决了思维和存在之间的本原关系问题，为人们的认识提供了正确的前提，而且解决了思维和存在的同一性问题，为人们的认识提供了正确的道路和方法。

① 《马克思恩格斯全集》第1卷，人民出版社1995年版，第220页。

恩格斯在《路德维希·费尔巴哈和德国古典哲学的终结》中说:“全部哲学,特别是近代哲学的重大的基本问题,是思维和存在的关系问题。”[①]他指出,哲学基本问题“根源于蒙昧时代的愚昧无知的观念”,“在中世纪的经院哲学中也起过巨大的作用”,“这个问题,只是在欧洲人从基督教中世纪的长期冬眠中觉醒以后,才被十分清楚地提了出来,才获得了它的完全的意义”。[②] 恩格斯对哲学基本问题的界定基于其对哲学史的考察,是对于历时态的哲学发展的总结,具有涵盖以往哲学的性质,适用于全部哲学。这也就决定了恩格斯不是停留在形式的意义上,而是在内容的意义上提出哲学基本问题的。在此前的德国古典哲学中,黑格尔和费尔巴哈也曾对哲学基本问题作出过类似的解释。他们都认为,哲学基本问题是构成哲学起点的问题,这个问题应该贯穿整个哲学史。

思维与存在的关系问题,是人类在历史活动、社会活动中产生的问题,这一对关系是在处理其他问题时所无法避免的。思维与存在的关系中,前者是人对于问题的主观判断,后者是一个问题中的客观实际条件,思维与存在的关系制约着事物的变化和发展。另外,人们改造世界的深度与广度和其对世界的了解程度有很大关系。人们想要改造世界,就必须首先认清人的思维与客观世界的关系。其中,哲学的基本问题作为探讨一切问题的出发点,影响着人们的认识与改造活动。因此,哲学的本质决定了哲学基本问题的存在,而哲学基本问题也在影响着人们对于其他问题的解读。所以,不论从哪一个方面来说,哲学基本问题的存在都是必然的。

---

① 《马克思恩格斯全集》第 28 卷,人民出版社 2018 年版,第 331 页。

② 《马克思恩格斯全集》第 28 卷,人民出版社 2018 年版,第 332 页。

二、哲学基本问题的历史形态

西方古代哲学还没有自觉意识到思维和存在的关系问题，而是强调哲学以研究本质的存在和因果系列的起始或终结为对象，但他们实际是通过围绕主、客体，即思维与存在来研究世界本原问题。

西方中古时期的经院哲学本质上也是知识论哲学，有所不同的是，这个时期的求知活动是在基督教信仰的基础上展开的。众所周知，在经院哲学中，长期以来存在着唯名论与唯实论之间的争论。实际上，这一争论的实质就是思维（概念或共相）与存在（个别事物）的关系问题。唯名论者认为，共相只是名字，唯有个别事物才是存在的；而唯实论则认为，共相并不只是名字，而是一种真实的存在。唯实论者从上帝这一概念的完美性推出了上帝的存在，这就是著名的“上帝存在的本体论证明”。

近代哲学家开始自觉认识到思维与存在之间的矛盾，把思维与存在的关系当作最重要、最基本的哲学问题来研究，从而使研究思维与存在、主观与客观、主体与客体矛盾关系的认识论成为哲学的基本问题。近代哲学基本问题的形态是以探寻思想的客观性为核心，通过研究外在世界与人的观念之间的关系，特别是在对人的观念内部的诸种关系深入地考察之后，由此去把握人的思想是否具有客观内容。现代哲学着重考察思维与存在的中介——“语言”。哲学基本问题的语言学形态的出现，对于人们不断推进自我意识的发展，实现思维与存在、人与世界的文化层面上的统一，具有不可忽视的重要意义。

马克思主义哲学生成了哲学基本问题的实践论形态。它在现实的人的实践基础上透视和把握思维和存在的关系，即人与现实世界之间在现实、历史、发展等几个层面上的关系，对哲学基本问题进行动态的而不是静态的、生成的而不是预设的、能动的而不是简单直观的理解。马克思主义哲学以实践为中介来理解和解释思维和存在的关系问题，正是以人的行为、生存、“做”“在”等为中介来展示人与世界关系的现实过程。

三、思维与存在关系问题的延伸

不能否认，思维与存在的关系问题，是古往今来哲学的最高，也是最基本的问题，是对历史上不同时代的哲学基本问题的高度概括。但是，在历史上，这个问题在不同时代具有不同的表现形式。特别是在当代，思维与存在的关系问题不断被延展和深化。

(一)人与世界的关系问题

从 20 世纪初开始，哲学逐渐被“驱除”出了自然、社会和思维三大领域。哲学不是以整个世界为对象，而是对人与世界之间的相互关系的反思，旨在提供一种理解与协调人类与世界之间相互关系的世界观。过去人们常识性地理解世界，认为人站在世界之外去看整个世界，把人与世界割裂开来，离开哲学的基本问题即思维与存在的关系，其结果是把哲学的理论混同于其他实证知识，只是从哲学和科学的二者关系中去理解世界，而没有从哲学与人类把握世界的多元关系中去理解，也就是没有从哲学与经验常识、宗教、伦理、科学、艺术等的多元关系中去理解哲学，把握人和世界。马克思主义哲学从反思的意义上理解人和世界的关系问题，认为人同世界的关系是以人自身的存在为前提的。因此，理解人和世界的关系问题，首先取决于我们对人自身的理解，求证于人是一种怎样的存在。

(二)主体和客体的关系问题

人同世界的关系又表现为主体与客体的关系，主体与客体的关系成立的前提是主体的逻辑先在性，而不是主体在时间上先于客体而存在。主体与客体的关系包括人与自然、人与他人、人与社会、人与历史、人与自我的关系，其核心实际上是人的实践关系。实践关系蕴含着真善美，真善美是实践关系的应有之物。因此，求真、求善、求美的问题就成为哲学的主要问题。主体与客体的关系，是以人意识到自己是主体为前提的。主体只有把这种自我意识作为前提，才能在主、客体关系中把握客体的对象，形成对象的意识。主体具有怎样的丰富性，就能构成怎样丰富的主客体关系。只有理解了主体，才能够理解客体呈现给主体的显现。主体的自我意识活动表现出的理性维度，激发人的求真、求善、求美的渴望，并以目的性推动人的对象性活动，即以实践的方式创造理想的现实。

（三）感性与理性的关系问题

人既是感性的存在，又是理性的存在。主体自身存在着一对最基本的矛盾——感性和理性。感性与理性的矛盾深切地展现了主体和客体之间的矛盾。人是感性存在与理性存在的统一。人发现世界的矛盾是从发现人的感性与理性矛盾开始的。感性与理性的矛盾构成表象与概念的矛盾。全部是感性的存在表现为表象的存在，全部是理性的存在表现为概念的存在。主体具有感性和理性，所以主体在把握任何一个经验客体的时候，都会把客体视为一个存在和非存在的矛盾的存在。表象的存在表现为现象的、个别的、特殊的、偶然的存在；概念的存在表现为本质的、一般的、普遍的、必然的存在。表象的存在与概念的存在的矛盾使得我们将经验对象把握为现象与本质、个别与一般、特殊与普遍、偶然与必然的存在。

第三节　哲学的思维方式

哲学是一种思考，它需要并提供合理的、思辨的、全面性的思维方法。哲学是智慧之学、方法之学，它首先表现为关于思维的智慧和方法。哲学作为世界观和方法论的统一，其最精粹之处体现在哲学中的思维方式。一定的哲学思想体系或观点都是由一定的哲学思维方式所决定的，从这个意义上说，一定的哲学就是一定的思维方式。

一、哲学思维是反思性思维

从哲学与人的关系来看，哲学是一种反思，使人不断地自我认识。哲学既要认识自然，也要认识人自身。哲学是把人和世界的关系作为问题来反思，才成其为世界观。哲学思维在某种意义上看，就是反思性思维。反思就是思想以自身为对象反而思之。用黑格尔的话说，即对思想的思想，对认识的认识。

与对象性思维方式相比，哲学思维方式是一种反思性思维方式，也就是它要以主体自身、以主客体关系为对象进行多维的考察。对象性思维是一种二维思维方式，它以主体对客体的思维投向、客体对主体的思维影响为思维框架。对象性思维以求是为目的，能够满足人的许多思维需要。人的思维方式发展的一个标志就是思维的维度在增加，思维的空间在扩大，思维的复杂程度在提高。原始人只有对象性思维，还不能把思维本身作为对象。而哲学思维则是考察人在进行对象性思维的时候，这种思维存在什么问题，应该怎样思维。引导人们在思维过程中不要凭空猜测，不要绝对肯定，不要拘泥固执，不要唯我独是，这就是反思思维的特征。

反思思维不仅以主体自身为对象，还以主客体关系为对象，考察人在进行认识和实践活动中，怎样实现主体与客体的统一。而且，反思主体与客体的关系还可以通过更多的维度来考察反思本身存在什么问题。以思想为对象的反思，不仅是要反思“被构成的思想”，而且要反思构成思想的活动，反思构成思想的方式。

二、哲学思维是超验性思维

哲学思维不是对经验世界中某种感性具体事物的一般思考，而是对超验世界中的各种知识和思想的成果再做理性“沉思”的过程。形而上学知识这一概念，本身就说明它不能是经验的，而是形而上的知识。当然，超验的哲学思维也不能完全脱离经验、凌驾于经验之上。

与实证思维方式相比，哲学思维方式是一种“形而上”的思维方式，也就是说，它的思维过程和结果是不能通过观察和实验来得到完全证明的。实证思维是要求实验证明的思维，是科学思维的基本方式。“形而上”的超验思维则不同。《易传》有言“形而上者谓之道，形而下者谓之器”，这个“道”就是哲学，哲学思维的基本特征就是“形而上”。“形而上”与“形而下”的区分是人类以哲学思维的方式认识世界的产物，同时这也是哲学思维产生的标志。从古希腊的米利都学派和毕达哥拉斯学派起，人类就开辟了认识世界的两种方式，即经验方式和思辨超验方式。该两种方式描绘出两个世界，即现象世界和本体世界，又称为可见世界和可知世界。由此，这两种方式分化为两门学问：物理学和形而上学，继而造就了两种不同气质的学者，即重视经验的学者和擅长思辨的学者。中国哲学史上天与人、道与器、名与实、神与形、无与有、理与气等关系的争论，西方哲学史上一与多、实体与属性、一般与个别、本质与现象、无限与有限等关系的思辨，都反映了人认识世界的不同方式，也就是哲学方式与科学方式。前者是抽象的、无形的、超验的，不是依赖感官，而是依赖思维把握的；后者是具体的、有形的、经验的，首先要依赖感官来掌握。通过感官，我们可以感觉到日月星辰、山河大地、花鸟鱼虫，但难以感觉到世界的本质。依靠理性思维能力，通过理性思维活动，我们可以思考、研究和理解世界的本质这一哲学问题。人的理性思维能力，使人不满足于仅仅在分散的、表面的层面上把握对象、理解世界，而要在统一的、规律的层面上把握对象、理解世界。

三、哲学思维是概念性思维

从一定意义上看，哲学思维是概念式地认识对象、把握对象的思维过程。要以最普遍的形式把握哲学思想，就需要以最广泛、最普遍的概念及概念框架建构哲学命题和哲学理论。因为哲学思维不是探寻事物的表象，而是探寻事物背后的东西，是只可思不可见的，而且是把握哲学思想的“最高精神”。因此，高度抽象的普遍概念往往是哲学的发端，在一定意义上，它引导着哲学思维。按黑格尔的话来说，哲学乃是一种特殊的思维方式，在这种思维方式中，思维成为认识，成为把握对象的概念式的认识。感性直观总是要面向具体的“图像”，而思维本身却是超越了具体图像的认识活动，哲学思维的结果即概念，同时，哲学概念也规范着哲学思维。哲学是关于真理的必然性的科学，是对于概念的认识，是对于人类思维概念的研究。因此，哲学在用概念“思维”着人类的思想，反过来说，哲学思维是以思想自身为对象的“反思”，又需要概念来表达。

总的来说，哲学思维是对于各领域的普遍知识的再抽象、再概括的过程，旨在通过对于事物本质特征的把握和对于思想的反思，得出最具有普遍性的概念命题。哲学上的概念既是哲学思维过程的出发点，又是哲学思维过程的归宿点；既是建构哲学理论大厦的“逻辑原子”，又是关于某一哲学理论的高度概括。

四、哲学思维是逻辑性思维

哲学不是像科学那样须有观察、实验等参与而进行的间接的推理活动，而是一种逻辑化的直接推理的活动。各种哲学理论中都包含有逻辑。所谓逻辑，并非只是外在的形式，运行于哲学之外，而是在哲学概念之内，在相互关联中运行。哲学的逻辑性思维表现为探讨哲学概念与概念之间必然联系的理论思维，哲学理论体系即建立在概念的环环相扣的基础上。具有反思性质的哲学逻辑渗透于哲学理论之中。哲学思维不但要遵循有关的逻辑规则，进行分析、综合判断，从抽象到具体，进行演绎和归纳推理等，从而形成概念、命题和理论体系，而且要一直遵从那种“无言”的“逻各斯”。自古希腊始，哲学的主导概念就是“逻各斯”，它有“量度”“言辞”“推理”等意思，讲求推理的精细和语言的力量。哲人们对从生活中得出的知识和应用的技术知识进行反省和思考，在思考的过程中，运用逻辑原则于纯理性的思维之中。他们精于推理，寻找事物内在的必然联系，哲学思维就是对于这种普遍必然性知识认识的活动过程，其活动的内在本质是逻辑的，显示着“逻各斯”推理的巨大能量。在哲学发展的历史长河中，逻辑始终渗透在哲学思维里，以保持哲学在各阶段发展的思想秩序。作为专门讨论形式逻辑、辩证逻辑的逻辑学和其他哲学理论在思维中相含相融，更加促进了哲学这一直接推理活动的逻辑化。

五、哲学思维是无限性思维

与有限思维方式相比，哲学思维方式是一种无限思维方式，也就是说，哲学总是在对事物的根据和前提进行无止境地探索。有限思维就是思维有限度、思维有边界。人在日常事务中，思考总是有一定的实际目的，思考在结果达到了具体目的后就会停止。科学思维一般以科学能力为边界，以科学能够解决的问题为范围，以对命题的因果关系揭示为限度，证明达到完整正确就会结束。但人的本性就喜欢想、喜欢问“有限之外是什么，为什么之后为什么”的问题。哲学思维由于可以不受实验证明的约束，因此就具有一种无限性。这种无限性是思维边界的无限性，思想无止境，思维无限制；是思维层次的无限性，不断深入，不断提升，不断超越；是思维理念的无限性，思维自由，思想解放，思想无禁区；是思维成果的无限性，反对终极真理，否定“顶峰”思维。哲学思维需要遐想，但不是胡想，要遵循思维自身的逻辑；哲学思维需要超常，但不能“超人”，它毕竟是以人际的可交流性为条件的；哲学思维需要发散，但不能乱散，还是要有自己的问题取向的。另外，哲学思维（特别是黑格尔和马克思的辩证哲学），是以过程的无限性去看待有限与无限的对立统一，因而还超越了常识的表象思维，变革了常识的世界图景、思维方式和价值规范。

第四节　哲学的价值使命

在人类历史上，哲学作为一门古老的学问，已经存在有两千多年的历史了，直到今天，哲学在世界各地仍长盛不衰。人类为什么需要哲学？当代社会为什么依然需要哲学？哲学究竟能给人类带来什么?

一、哲学的功能定位

作为人的主体性自觉的最高体现的哲学,由于其高度的抽象性、思辨性,其直接现实性和实用功利性的特点并不突出。如果具有了直接的实用功利性,则是违背了哲学的本意,其结果必然是贬低了哲学,损害了哲学,扭曲了哲学。过去所谓的学了哲学会有立竿见影的效果等诸如此类的观点,实际上是把哲学变成了一种头痛医头、脚痛医脚的狗皮膏药。其实,哲学没有义务、也没有能力去直接解决现实生活中的诸多实际问题,也无法直接解决人的各种具体的思想问题。如果把哲学视为万能,则使哲学承担了不少本不属于它的任务,众望之下,又回天乏术,如此,哲学非但得不到人们的理解、同情,反而让人心生失望。哲学不是直接实现某种有限目的的手段和工具,哲学没有任何直接的实用功利性,没有解决任何具体问题的实际操作性。说得直白一些,哲学本身并不是经商营销之道、务农种养之法、工程工艺之术,因为哲学研究的是形而上的道理,而不是形而下的器物。

既然如此,哲学还能改造世界吗?答案当然是肯定的。特别是对马克思主义哲学来说,改造世界被视为最重要的事情。但是,哲学并不能直接改造世界,直接改造世界的只能是从事实践活动的人,而不是哲学。哲学是关于世界观的学问,而世界观是人的思想总开关,哲学便是通过人的思想去指导人的行动。例如,无产阶级要按照自己的世界观去改造世界,资产阶级也要按照自己的世界观来改造世界。因此,世界观是人的思想和行为的最主要、最根本的方面,哲学作为世界观的理论,就是要影响、改造、塑造人的世界观,培养和发展人的本质力量,促进精神主体从自发到自觉,提高人的精神素质，培养自觉人格，增进人的思维能力。因此，哲学能够改变人，并通过人来改变世界。由此可见，哲学作为反映世界的最普遍的理论，又作为改造世界的最普遍的方法，超越于一切世俗事务之上，又能从根本上统摄和指挥人的一切思想和行动，为人们指明生活的目标、根据和意义。因此，在一定的意义上说，哲学没有小用有大用，没有急用有缓用，没有近用有远用，哲学乃无用之大用。

二、哲学的一般价值

从一般意义上来说，哲学对人类精神、社会实践、社会意识形态都能产生巨大的价值。

首先，哲学有深化人的认知的价值。就哲学思维的特点来看，哲学能够为人们提供一种批判和反思的哲学态度，训练人的思维能力。人们在学习、工作和生活中离不开思考，而这一切又是借助于一定的思维方式来进行的。要使人们的思考具有真理性和创造性，学习哲学是关键。人们通过学习哲学，掌握正确的哲学思维方式，就能尽量避免错误思维的干扰，自觉预防和医治“思维病毒”，确保正确的思维路径。哲学可以帮助人们把握事物的特性、本质和规律，帮助人们发现真理，促使人们走向新意，促使人们觉察事物的本质和本性。

其次，哲学具有指引人生的价值。哲学不仅可以改良人的精神、调试人的心态、促进人格的发展，还能帮助个体确立积极的人生态度、树立崇高的人生理想。哲学往往是人们的价值尺度、行为准则和行动指南，它存在于作为一般个体的人的思想之上，是构成人的灵魂的核心部分。哲学同时又存在于人们的生活中，可以成为其生活的指挥部。哲学家们建立种种的哲学体系，总结出各类至理名言，都是出于对人类命运的关切，对人生意义的拷问。每一种哲学都是对人性的呼唤，哲学的深层根源在于为人的精神寻找家园。

最后，哲学具有通过改变人的认识能力和人的精神家园，进而改变现实社会和客观世界的价值。哲学作为人的世界观向方法论转化，进而影响现实社会改造世界的过程。当然，哲学的世界观转化为方法论，不是转化为实践探索和科学研究中的具体操作的方法，而是一般的思维方法。哲学通过方法论反作用于客观现实往往不是直接的，而是需要中介，需要经过转化来实现。

三、哲学的当代使命

任何真正的哲学都是自己时代精神的精华，时时刻刻都表现为一种“现世的智慧”。如果一种哲学缺乏与时代的相关性，那么它的价值将会大打折扣。

哲学发展到当代，愈来愈重视其知识论和批判性的功能。面对全球化的加强、科学技术的发展和市场经济的突破，一方面，我们的哲学理论必须与时代内容在价值上相勾连，从历史的大视域出发，顺应全球化、信息化、市场化时代潮流的召唤，切实实现其认识世界、传承文明、创新理论、引领时代的功能。当代哲学要反映时代的呼声，提供时代理念，就要深入探讨时代发展的脉络，深入研究现代市场经济条件下，公共领域的一般性和普遍性原则，继而构建相应的“公共哲学”；当代哲学要探讨市场经济的一般性和普遍性原则，进而研究社会主义市场经济的特殊性，并据此构建市场经济伦理理念，建构相应的“经济哲学”；当代哲学还要立足于人的内在要求，尤其是在全球化和后工业化时代的背景下，反思当代科技发展的影响，并据此构建当代“科技哲学”。另一方面，我们还必须重视哲学的现代化教养使命，把教化作为哲学存在的前提条件。哲学的教化作用就在于使人们能够形成关乎合理事物的共同感觉，构建人类的精神家园。当代哲学的这种教化性的反思不仅张扬了人的自我意识、自相关性，而且也彰显了现实人生的创造性本质和面向未来的无限可能性，因此它在根本上是对人的现实生活的促进与维护。只有这样，我们才能确立当代哲学精神，构建表达人追求的境界理想，在拓展物质生活内容的同时，持守着人的精神水准，在与历史和未来的关系中保持好“人之为人”的合理尺度。

第五节　哲学的素养提升

每个人都需要哲学，每一个人都应有一些哲学素养。一个人的哲学素养主要表现为对智慧的无条件的热爱，对纯粹理论态度和逻辑论证的追求，对人性的理性自觉；对自觉地修养自身、完善自身的渴求；对历史地、批判地、辩证性地把握自身和现实世界的向往。哲学素养除了可以培养我们的智慧，教会我们方法，更重要的是，它能让人成其为人。

一、提升哲学素养的一般途径

哲学素养的提升，并不是一朝一夕的事，这既需要个人养成良好的思维习惯，也需要个人学会哲学的辩证之思，还取决于其能否做到学与用、知与行的有机结合。

（一）崇尚哲思，培养良好的思维习惯

一般来说，现在的绝大多数人都没有养成思考的习惯，在发生事情时都凭着本能立即反应，并且很容易受到别人的影响。正因为如此，他们的这些反应往往缺乏一致性与连贯性，如此一来，他

们对自己生命的主宰性就丧失了。有些人则是受到个人情绪的左右，无法控制自己的情绪。这些都是缺乏理性思考的结果。而养成思考习惯的人，不论遇到什么事情发生，他都会首先冷静下来，想清楚“到底发生了什么事？这是怎么一回事?”这一点非常重要。培养思考习惯，就是要在不疑处有疑，在没有任何怀疑的地方产生怀疑。如果把很多事情视为理所当然，人就无法养成思考的习惯。而如果对任何状况都能够加以思考，我们就会发现，虽然有很多事情现在如此，但它没有必要一定是如此，也有可能是别的样子。这样一来，我们就可以在很多看似理所当然的事情中，找到新的可能性。

（二）善于学习，全面整体地看问题

对任何事情的看法，有正方就会有反方。我们平常和别人交谈时，多不喜欢听到反面的意见。譬如在开会时，我提议某种方案，如果有人与我意见相左，我会觉得他是在故意找麻烦，而忽略了他看到方案的不足的可能。其实，所谓的“掌握整体”观点，就是对任何事情都要从不同的角度思考，久而久之，就可以超越自己的见解，思想也将更为完善。两个人在交谈时，你说你看到的，我说我看到的，我们看到的东西虽然一样，但是观点与角度却不同，结果当然也就不会一致。只有大家在交谈的过程中彼此坦诚相待，互相沟通，最后才能够了解和接纳双方的见解。这就叫掌握整体观点，抑或者叫全面地看问题。

（三）确立正确的价值取向，知行合一

虽然每个人都有自己的个性或为人处世的风格，不过，通过学习，不断地进行自我修正及调整（定位），任何人都可以成为自己想要做的人，而这种对自己想要成为什么样的人的选择就叫“确立价值取向”。每个人都必须了解自己对人生的期许，找到自己的价值取向，而非一味地把他人的价值观加诸自己身上。价值取向既然是一种选择，就一定要有所取舍，如果我选择了某些价值，那么势必就要放弃另外一些价值。由此可知，选择价值有时是需要勇气的，人不可能什么都要，也不可能讨好每一个人。人生经由不断地抉择而塑造出自己的风格，只要自己的价值观是正确的，就要在此基础上力求做到知行合一。

二、提升领导干部的马克思主义哲学素养

对于领导干部而言，哲学素养更是涵养思维能力，提高决策水平，坚定政治信仰所不可或缺的丰厚基石。马克思主义哲学是中国共产党人科学的世界观和方法论，领导干部要正确判断形势，在错综复杂的形势面前保持头脑清醒、坚定理想信念，科学分析面临的机遇和挑战。引领经济社会又好又快地健康发展就离不开马克思主义哲学的指导，就必须不断提升哲学素养，学会用马克思主义哲学的立场、观点、方法来分析和解决问题。

（一）阅读马克思主义经典著作

马克思主义经典著作集中体现了马克思主义基本原理，体现了作者攀登理论高峰的不懈追求和艰辛历程，是学习和了解马克思主义理论的本源和基础。只有认真学习马克思主义经典著作，系统掌握马克思主义基本原理，才能完整准确地理解中国特色社会主义理论体系，才能创造性地运用马克思主义的立场、观点、方法去分析和解决我们面临的实际问题，进而推动中国特色社会主义事业不断地发展。习近平总书记强调："党的各级领导干部特别是高级干部，要原原本本学习和研读经典著作，努力把马克思主义

立场、观点、方法学到手,作为自己的看家本领。”[①]阅读经典著作,不仅能增长知识、开阔眼界、增加思想深度,还能增强辩证思维、战略思维能力,最重要的是,能从根本上解决立场、方法和世界观问题,进一步坚定我们的理想信念。

(二)把哲学知识转化为哲学思维

我们要从马克思主义哲学的唯物论、辩证法、认识论、历史观等基本原理出发,提炼其中蕴含的方法论,并进一步将之转化为哲学思维方式。要把马克思主义哲学的唯物论中关于物质第一性、物质决定意识、意识对物质又具有反作用的原理,转化为坚持一切从实际出发,发挥人的自觉能动性的求实思维,准确把握新形势、新变化、新特点,使主观世界更好地符合客观实际;要把马克思主义哲学辩证法关于事物联系、发展、矛盾运动的基本原理,转化为系统、对立统一的辩证思维,积极面对和化解前进中遇到的矛盾和问题;要把马克思主义哲学认识论关于实践第一、认识和实践辩证关系原理,转化为实践思维,更好地推动实践发展;等等。只有学好马克思主义哲学,掌握正确的思想方法,我们才能在工作中增强科学性、全面性、预见性,不断开创各项事业发展的新局面。

(三)善于改造主观和客观世界

学习马克思主义哲学,掌握马克思主义立场、观点、方法,其根本目的就是要直面现实、改造世界。一方面,改造自己的主观世界。要提升马克思主义哲学素养,就要把世界观的改造放在首要位置。作为领导干部,要带头自觉改造主观世界,牢固树立正确的世界观、人生观、价值观。改造主观世界,关键是在通晓并自觉遵循客观规律特别是社会发展规律的基础上,正确地对待世界、对待

① 习近平:《在全国党校工作会议上的讲话》,人民出版社 2016 年版,第 15 页。

自己、对待他人。另一方面，改造客观世界。领导干部要把马克思主义哲学运用于指导实践、推动工作的全过程。要善于透过现象看本质，分清主次表里，抓核心、抓关键；善于运用辩证思维、战略思维分析问题，从实际出发确定工作思路、方针和原则；善于运用事物矛盾运动的基本原理，直面矛盾，并运用矛盾相辅相成的特性，在解决矛盾和问题的过程中推动事物发展。要在丰富的实践中不断总结经验、深化认识，巩固和提升自己的马克思主义哲学素养，再通过哲学素养的提升，不断提高工作质量和水平，形成良性循环。

第二章　马克思主义哲学原理概要

马克思主义哲学是无产阶级及其政党的世界观和方法论，是我们时代精神的精华，也是新时代中国特色社会主义的哲学基础。学习和掌握马克思主义哲学的基本原理，首先需要理解世界的存在形式及其固有属性。辩证唯物主义认为，世界在本质上是物质的。人的意识作为自然界和社会发展的产物，作为大脑的机能和客观世界的主观映像，能动地反作用于物质世界。

第一节　世界的物质统一性

对世界的总体看法和把握，就是世界观问题。科学的物质观是辩证唯物主义世界观的基础，也是辩证唯物主义和形而上学唯心主义的根本分歧之一。

“物质”范畴是一切唯物主义哲学关于世界本原及其统一性的最高范畴，是唯物主义世界观的基石。从其产生至今，唯物主义对物质概念的理解，经历了从朴素到科学、从片面到比较全面的过程。古代朴素唯物主义用某一种物质作为本原来解释世界，具有合理性和进步性。但是,把物质等同于具体的物质形态,又具有明显的局限性。近代形而上学唯物主义以近代自然科学为基础,认为原子是物质的最小单位,原子的属性是一切物质形态的不变属性。这种物质观是对唯物主义物质观的发展和深化,但囿于当时的科学发展水平,加之自身缺乏辩证思维,因而仍然存在很大的缺陷。近代形而上学唯物主义,不能正确理解哲学的物质概念与自然科学的物质概念之间共性与个性的关系,因而经不起自然科学进一步发展的检验,在社会历史领域陷入了唯心主义。马克思主义哲学继承和发扬了旧唯物主义的传统,同时批判了旧唯物主义对物质世界的直观又消极的理解,强调要从能动的实践出发去把握客观世界,从而创立了辩证唯物主义的物质观。

一、物质的概念

"物质"这一概念是从各种具体的物质形态中抽象出来的普遍的哲学范畴。我们的感官可以感知到千姿百态的具体的实物,却无法感知物质概念本身。黑格尔曾说过:你可以吃樱桃和李子,却不能吃水果。的确如此,水果只是一个抽象的概念,它是从各种各样的水果的具体形态中抽象出来的。恩格斯在《自然辩证法》中指出:"物、物质无非是各种物的总和,而这个概念就是从这一总和中抽象出来的。"[①]列宁在继承恩格斯物质概念的基础上,总结了19世纪末到20世纪初自然科学和人类社会发展的新成果,给出了迄今最为经典的关于物质的定义,即"物质是标志客观实在的哲学范畴,这种客观实在是人通过感觉感知的,它不依赖于我们的感觉而

① 《马克思恩格斯文集》第9卷,人民出版社2009年版,第500页。

存在，为我们的感觉所复写、摄影、反映”[①]。这一关于物质的言简意赅的定义，包含了极其丰富的内容：第一，从物质与意识的对立统一中确立了物质第一性、始源性与意识第二性、派生性的关系，奠定了唯物主义一元论的坚实基础；第二，对物质世界的多样性作了最高的哲学概括，真正澄清了物质作为客观实在的哲学范畴与作为具体形态的物质之间的关系；第三，给予感官感知以应有的肯定和重视，确立了感官感知在唯物主义认识论中的地位和作用。

二、物质的存在形式

辩证唯物主义认为物质是运动的，时间和空间是运动着的物质的存在形式。物质世界之所以千姿百态、丰富多彩，正是由于物质世界所固有的根本属性——运动。物质和运动不可分割，宇宙中不存在没有运动的物质，也不存在没有物质的运动。因而，运动是一个标志宇宙间一切事物、现象和过程的变化的哲学范畴。运动的物质以时间和空间作为自己的存在形式。时间是物质运动过程的持续性，即事物存在过程和运动过程的持续。空间是运动着的物质的广延性，即物体彼此之间的并存关系和分离状态。恩格斯说道：“物质在其永恒的循环中是按照规律运动的，这些规律在一定的阶段上——时而在这里，时而在那里——必然在有机体中产生出思维着的精神。”[②]物质的运动是永无止息的过程，而作为物质运动的产物，“思维着的精神”同样也会经历产生、灭亡的循环往复的过程，即“物质在其一切变化中仍永远是物质，它的任何一个属性任何时候都不会丧失，因此，物质虽然必将以铁的必然性在地

① 《列宁全集》第 18 卷，人民出版社 2007 年版，第 130 页。

② 《马克思恩格斯选集》第 3 卷，人民出版社 2012 年版，第 845 页。

球上再次毁灭物质的最高精华——思维着的精神,但在另一个地方和另一个时候又一定会以同样铁的必然性把它产生出来”[①]。物质的运动总是在一定的时间和空间中进行的,没有离开物质运动的纯粹时间和空间,也没有离开时间和空间的物质运动。物质运动与时间和空间的不可分割性,证明了时间和空间的客观性。具体物质形态的时空是有限的,而整个物质世界的时空是无限的。物质、运动、时间、空间具有内在的统一性,它要求我们在想问题、办事情时都要以具体的时间、地点和条件为转移。

三、自然界与人类社会的物质统一性

自然界和人类社会都是统一的物质世界的存在形态。现代自然科学以大量确凿的事实证明了自然界的物质性。当前,宇宙中的物质存在可划分为三个层次:微观、宏观与宇观。微观世界的运动遵循核物理和量子化学的规律;宏观世界的运动遵循经典物理和化学的规律;宇观世界运动遵循广义相对论的规律。能量转化定律揭示了物质世界各种运动形式的联系和统一。整个宇宙中只存在着以时间和空间为自己的存在形式运动着的物质,物质的基本形态是实物和场,它们相互联系、相互转化,构成宇宙中的各种物质形态。恩格斯说道:“世界的统一性并不在于它的存在,尽管世界的存在是它的统一性的前提,因为世界必然先存在,然后才能是统一的。在我们的视野的范围之外,存在甚至完全是一个悬而未决的问题。世界的真正统一性在于它的物质性,这种物质性……是由哲学和自然科学的长期的和持续的发展所证明的。”[②]现代科学早

① 《马克思恩格斯文集》第 9 卷,人民出版社 2009 年版,第 426 页。

② 《马克思恩格斯文集》第 9 卷,人民出版社 2009 年版,第 47 页。

已证明，生物物种经历了一个由简单到复杂、由低级到高级的进化过程，生命界的有机界和无机界之间并不存在不可逾越的鸿沟。

从自然界到人类社会的演化是自然史上的一次巨大飞跃。这次飞跃并不是自然界自发发展的结果，而是人的实践活动为自然界的演进增添新的要素和新的活力的结果。人的实践活动作为人类社会和自然界之间的相互作用的物质过程，以自然界的存在和人的自然力的存在为前提和基础。地理环境、人口和生产方式构成社会运动的基本的物质要素，这些要素的总和构成了人类社会的物质生活条件。其中，生产方式是人类社会发展的决定力量，集中体现了人类社会的物质性。马克思、恩格斯特别看重人的实践活动对于人类社会的存在与发展的重要意义，马克思主义哲学的革命性变革正是发生在这里。马克思说道："从前的一切唯物主义(包括费尔巴哈的唯物主义)的主要缺点是：对对象、现实、感性，只是从客体的或者直观的形式去理解，而不是把它们当作感性的人的活动，当作实践去理解，不是从主体方面去理解。因此，和唯物主义相反，唯心主义却把能动的方面抽象地发展了，当然，唯心主义是不知道现实的、感性的活动本身的。"①正是人的实践活动开启和缔造了我们周围的感性世界，使自然界打上了人的活动的印记，形成"人化自然"。

四、物质的概念在马克思主义哲学中的重要意义

物质概念作为马克思主义唯物论的一个重要内容，在马克思主义哲学中具有非常重要的地位和作用。这主要体现在以下三个方面：

---

① 《马克思恩格斯文集》第1卷，人民出版社2009年版，第499页。

第一，奠定唯物主义一元论的基础。马克思主义哲学的物质概念坚持了唯物主义的基本原则和唯物主义一元论，是反对唯心主义和二元论的锐利武器。作为俄国马克思主义政党创始人和领袖之一的普列汉诺夫认为："二元论任何时候也不可能满意地回答关于这两种单个的彼此毫无共同点的本体（指物质和精神——引者注）怎么能够互相影响的必不可免的问题。因此，最彻底、最深刻的思想家始终倾向于一元论，即倾向于用任何一个基本原则来解释现象。任何彻底的唯心主义者，正如任何彻底的唯物主义者一样，是同等程度的一元论者。"①"只存在两个一元论体系，黑格尔的唯心主义体系和马克思的唯物主义体系，其他都感染有不可医治的二元论，或者是前两种体系中的一个阶段。"②在普列汉诺夫看来，马克思所实现的哲学革命"大大地得益于德国唯心主义那种实质上的一元论性格"③。马克思主义哲学是从物质与意识的对立统一关系中把握和规定物质的。物质的本质规定是客观实在性。它指明了物质对于意识的独立性、根源性以及意识对于物质的依赖性、派生性，体现出马克思主义哲学科学解决哲学基本问题的彻底的唯物主义观点。意识不过是物质的反映，不能离开物质而独立存在。意识不可能成为世界的另一种本原。

第二，确立反映论与可知论的认识论立场。人可以通过感觉感知和认识物质的客观实在性。物质不是康德意义上的"自在之物"，而是可以被认识的客观实在。恩格斯认为，全部哲学，特别是

---

① ［俄］普列汉诺夫：《论一元论历史观的发展问题》，王荫庭译，商务印书馆2012年版，第5页。

② ［俄］普列汉诺夫：《论一元论历史观的发展问题》，王荫庭译，商务印书馆2012年版，第5页注释1。

③ ［俄］普列汉诺夫：《论一元论历史观的发展问题》，王荫庭译，"译者序言"第4页。

近代哲学的重大的基本问题，是思维和存在的关系问题。哲学家们依照他们如何回答这个问题而分成了两大阵营：凡是断定精神对自然界来说是本原的，组成唯心主义阵营；凡是认为自然界是本原的，则属于唯物主义的各种学派。但是，思维和存在的关系问题还有另外一个方面，我们关于我们周围世界的思想对这个世界本身的关系是怎样的？我们的思维能不能认识现实世界？我们能不能在我们关于现实世界的表象和概念中正确地反映现实？在哲学上，这个问题叫“思维和存在的同一性问题”，绝大多数哲学家对这个问题都做了肯定的回答。此外，还有其他一些哲学家否认认识世界的可能性。在近代哲学家中，休谟和康德就属于这一类，而他们在哲学的发展上曾起过很重要的作用。对驳斥这一观点具有决定性的东西，凡是从唯心主义观点出发所能说的，黑格尔都已经说过了；费尔巴哈所增加的唯物主义的东西，与其说是深刻的，不如说是机智的。对这些以及其他一切哲学上的怪论最令人信服的驳斥是实践，即工业和实验。既然我们自己能够制造出某一自然过程，按照条件把它生产出来，并使它为我们的目的服务，从而证明我们对这一过程的理解是正确的，那么康德的不可捉摸的“自在之物”就完结了。[①] 在恩格斯对于不可知论的批判的基础上，列宁指出，在现象和自在之物之间绝没有而且也不可能有任何原则的差别。差别只存在于已经认识的东西和尚未认识的东西之间。列宁强调，在认识论上，和在科学的其他一切领域中一样，我们应该辩证地思考。也就是说，不要认为我们的认识是一成不变的，要去分析怎样从不知到知，怎样从不完全的、不确定的知识到比较完全

① 参见恩格斯：《路德维希费尔巴哈与德国古典哲学的终结》，人民出版社 2014 年版，第 17～19 页。

的、比较确切的知识。[1] 因此，我们关于物质世界的认识是一个辩证发展的过程。由于科学技术条件的限制，目前世界上还有很多事物未被人类认识，但这并不意味着它们是不可认识的。未知世界与已知世界都是客观存在的，随着实践和科学的发展，人们对未知世界的认识将会不断扩展和深化。世界上只有尚未认识之物，没有不可认识之物。

第三，坚持一切从实际出发的方法论。实事求是，一切从实际出发，是我们从马克思主义的物质概念中引申出的最为重要的方法论。它要求我们看问题、做事情都要从客观存在的事实出发，在分析客观事实的基础上，制定方针、政策和办法。中国共产党选择"一切从实际出发，理论联系实际，实事求是，在实践中检验真理和发展真理"作为思想路线，其哲学根据就在这里。坚持党的思想路线，就是要从客观现实的具体状况出发，谨防教条主义和经验主义的偏执和错误。在中国革命和建设的历史中，教条主义和经验主义曾给中国革命和建设带来极其惨痛的教训。前者从本本和抽象的教条出发，无视具体的、历史的现实条件；后者迷信经验，怀疑经验之外的客观实在，遮蔽抽象思维的合法性，正如恩格斯所说："经验主义者深深地陷于经验体验的习惯中，甚至在研究抽象的时候，还以为自己置身在感性体验的领域内。"[2]教条主义和经验主义作为主观主义的两种典型体现，都背离了党的实事求是的思想路线。毛泽东对实事求是做了迄今仍然是最为权威的阐释："'实事'就是客观存在着的一切事物，'是'就是客观事物的内部联系，即规律性，'求'就是我们去研究。"[3]他反复强调："中国革命斗争的胜利要

① 参见列宁：《唯物主义和经验批判主义》，人民出版社 2015 年版，第 97 页。

② 《马克思恩格斯文集》第 9 卷，人民出版社 2009 年版，第 500 页。

③ 《毛泽东选集》第 3 卷，人民出版社 1991 年版，第 801 页。

靠中国同志了解中国事情。”[①]邓小平也极为注重对于马克思主义精髓的理解和把握，他言简意赅地指出：“学马列要精，要管用的。”“实事求是是马克思主义的精髓。要提倡这个，不要提倡本本。我们改革开放的成功，不是靠本本，而是靠实践，靠实事求是……实践是检验真理的唯一标准。我读的书并不多，就是一条，相信毛主席讲的实事求是……我们讲了一辈子马克思主义，其实马克思主义并不玄奥。马克思主义是很朴实的东西，很朴实的道理。”[②]20世纪70年代，在我国社会主义现代化的历史性转折关头，我党之所以能够开辟改革开放的新局面，完全有赖于对实事求是的思想路线的坚持。正如邓小平所说：“一个党，一个国家，一个民族，如果一切从本本出发，思想僵化，迷信盛行，那它就不能前进，它的生机就停止了，就要亡党亡国。这是毛泽东同志在整风运动中反复讲过的。只有解放思想，坚持实事求是，一切从实际出发，理论联系实际，我们的社会主义现代化建设才能顺利进行。”[③]

第二节　意识的本质与作用

意识伴随着人和人类社会的产生而产生。意识是自然界和社会发展的产物，是人脑的机能和客观世界的主观映像。意识一旦产生，就在认识世界和改造世界的过程中具有巨大的能动作用。

一、意识的起源

意识的产生是一个自然历史过程，又是一个社会历史过程。

---

① 《毛泽东选集》第1卷，人民出版社1991年版，第115页。

② 《邓小平文选》第3卷，人民出版社1993年版，第382页。

③ 《邓小平文选》第2卷，人民出版社1994年版，第143页。

意识是物质世界发展到一定阶段的产物。物质从自身中产生能思维的生物,经历了漫长的过程。在这一过程中有三个决定性的环节:其一,由一切物质所具有的反映特性到低等生物的刺激感应性;其二,由刺激感应的反映形式到高级动物的感觉和心理;其三,由一般动物的感觉和心理到人的意识的产生。反应特性是一切物质都具有的,是物质的本性的最普遍表现之一。随着物质演化史上原始生命物质的产生,也就产生了低等生物的刺激感应性。生命物质的反映形式与无生命物质的反应特性有着质的区别:非生物的反应特性都是通过改变自身的形态或者转化为其他事物而表现出来的,而生物的反应特性则是为了维持自身的生存和发展,以新陈代谢、自我更新为特性;非生物的反应特性是机械的、死板的、没有选择性的,而生物的反应特性则为了维持其生存而具有趋利避害的选择性,这就表现出不同程度的主动性。随着低等生物发展出高等动物,也就产生了动物的感觉和心理。从刺激感应性到高等动物的感觉和心理,是物质世界反映形式由低级到高级的发展过程。

但是,纯粹的动物心理并不会自发地产生意识。意识是同人类社会一起产生的,是在从猿到人,从猿脑到人脑,从古猿的动物心理到人类意识的进化过程中产生的。意识是社会性的劳动、语言和人脑的必然产物。在这个意义上,我们说意识是社会的产物。意识的产生经历了一个十分漫长的过程。

第一,物质生产活动为意识的产生和发展提供了客观的需要和可能。物质生产活动同动物活动的根本区别在于制造和使用工具,人类在制造和使用工具改造外部世界的过程中,必然孕育和产生关于外部世界的意识和人的自我意识。马克思认为:“意识起初只是对直接的可感知的环境的一种意识,是对处于开始意识到自身的个人之外的其他人和其他物的狭隘联系的一种意识。同时，它也是对自然界的一种意识，自然界起初是作为一种完全异己的、有无限威力的和不可制服的力量与人们对立的，人们同自然界的关系完全像动物同自然界的关系一样，人们就像牲畜一样慑服于自然界，因而，这是对自然界的一种纯粹动物式的意识（自然宗教）；但是，另一方面，意识到必须和周围的个人来往，也就是开始意识到人总是生活在社会中的。这个开始，同这一阶段的社会生活本身一样，带有动物的性质；这是纯粹的畜群意识，这里，人和绵羊不同的地方只是在于：他的意识代替了他的本能，或者说他的本能是被意识到了的本能。”①随着生产率的提高，需要的增长以及作为二者基础的人口的增多，这种“绵羊意识”或部落意识得到了进一步发展和提高。与此同时，分工也发展起来。正是脑力劳动与体力劳动的分离，才使意识本身获得了仿佛“独立”的外观，即“分工起初只是性行为方面的分工，后来是由于天赋（例如体力）、需要、偶然性等才自发地或‘自然地’形成的分工。分工只是从物质劳动和精神劳动分离的时候起才真正成为分工。从这时候起意识才能现实地想象：它是和现存实践的意识不同的某种东西；它不用想象某种现实的东西就能现实地想象某种东西。从这时候起，意识才能摆脱世界而去构造‘纯粹的’理论、神学、哲学道德等”②。因此，“思想、观念、意识的生产最初是直接与人们的物质活动，与人们的物质交往，与现实生活的语言交织在一起的。人们的想象、思维、精神交往在这里还是人们物质行动的直接产物。表现在某一民族的政治、法律、道德、宗教、形而上学等的语言中的精神生产也

① 《马克思恩格斯选集》第1卷，人民出版社2012年版，第161～162页。
② 《马克思恩格斯选集》第1卷，人民出版社2012年版，第162页。

是这样”[1]。

第二，作为思维外壳的语言也是在物质生产活动中产生和发展的。在人们的生产活动中，由于协同动作的需要，已经到了彼此间有些什么非说不可的地步了，于是，语言产生了。恩格斯指出：“语言是从劳动中并和劳动一起产生出来的，这个解释是唯一正确的。”[2]语言的产生，使大脑能够用词来概括各种感觉材料，进行抽象思维活动，并使人类获得了交流思想的工具，从而推动了人类意识的发展。

第三，人脑的形成。在劳动和语言的推动下，猿脑变成人脑，并随着社会劳动的进步而日趋完善，它的容量越来越大，组织结构越来越复杂和严密，为意识的产生和发展提供了物质基础。正如恩格斯所说：“首先是劳动，然后是语言和劳动一起，成了两个最主要的推动力，在它们的影响下，猿脑逐渐地过渡到人脑；后者和前者虽然十分相似，但是要大得多和完善得多。随着脑的进一步的发育，脑的最密切的工具，即感觉器官，也进一步发育起来。正如语言的逐渐发展必然伴随有听觉器官的相应的完善化一样，脑的发育也总伴随有所有感觉器官的完善化……脑和为它服务的感官、越来越清楚的意识以及抽象能力和推理能力的发展，又反作用于劳动和语言，为这二者的进一步发展不断提供新的推动力。”[3]人类意识不仅是自然界长期发展的产物，而且是社会的直接产物。马克思认为：“意识一开始就是社会的产物，而且只要人们存在着，它就仍然是这种产物。”[4]总之，离开社会，离开人类的实践活动，以

---

① 《马克思恩格斯选集》第 1 卷，人民出版社 2012 年版，第 151～152 页。

② 《马克思恩格斯文集》第 9 卷，人民出版社 2009 年版，第 553 页。

③ 《马克思恩格斯文集》第 9 卷，人民出版社 2009 年版，第 554 页。

④ 《马克思恩格斯选集》第 1 卷，人民出版社 2012 年版，第 161 页。

人脑为物质基础的人的意识，是不可能得到科学解释的。

二、意识的本质

意识是物质的产物，但又不是物质本身；意识离不开物质，但又不同于物质，意识具有精神现象的特征。因此，仅仅把意识理解为大脑的机能，并不能完全说明意识本身。因为人脑只是思维的器官，并不是思维的源泉。意识是对客观存在的主观映像，是人脑对客观世界的反映过程，是对外界输入的信息不断加工制作的过程。在这一过程中，没有外界的信息输入，就不会有意识的产生，但人的大脑并非只是对外界做机械的应答，而是要用主观的反映形式对外界信息进行加工和能动的改造，从而实现主观与客观的统一。马克思指出："观念的东西不外是移入人的头脑并在人的头脑中改造过的物质的东西而已。"[①]意识活动的主观与客观的统一，可以从以下三个方面来理解：

第一，从意识的主观形式和客观内容来看，意识是由各种反映形式共同组成的完整体系，它包括感觉、知觉、表象等感性认识和概念、判断、推理等理性认识。感性形式和理性形式都属于人的主观世界。但是，二者所反映的事物的现象和本质，都是客观存在的。

第二，从意识的主观差别和客观根源来看，对于同一对象或同一客观过程，不同的人、不同的主体会有不同的反映，这表现了意识的主观性。但是，这种情况无非是先天素质和后天社会实践的物质性差异所造成的。

第三，从意识的主观特征和客观基础看，意识的主观性不仅表

---

① 《马克思恩格斯文集》第5卷，人民出版社2009年版，第22页。

现为主观映像只是对客观对象的近似真实的摹写，而且还可能表现为同现实似乎毫不相干的、虚幻的、荒诞的观念形态。但是，这种虚假的主观映像仍然是对客观对象的反映，即使宗教观念也不是凭空产生的，而是有其产生的物质基础。因而，不管人的意识的主观色彩多么浓厚，它归根结底有着自己的客观根源。

三、意识的功能

马克思主义哲学在肯定物质对意识的决定作用的前提下，又承认意识在认识世界和改造世界中的巨大能动作用。有意识的活动是人类所特有的存在方式，就是说，人之所以不同于动物，在于人能够进行有意识的生命活动。马克思指出："动物和自己的生命活动是直接同一的。动物不把自己同自己的生命活动区别开来。它就是自己的生命活动。人则使自己的生命活动本身变成自己意志的和自己意识的对象。他具有有意识的生命活动。这不是人与之直接融为一体的那种规定性。有意识的生命活动把人同动物的生命活动直接区别开来。正是由于这一点，人才是类存在物。或者说，正因为人是类存在物，他才是有意识的存在物，就是说，他自己的生活对他来说是对象。"[①]毛泽东也特别强调人的能动性作用，他认为："思想等等是主观的东西，做或行动是主观见之于客观的东西，都是人类特殊的能动性。这种能动性，我们名之曰'自觉的能动性'，是人之所以区别于物的特点，一切根据和符合于客观事实的思想是正确的思想，一切根据于正确思想的做或行动是正确的行动，必须发扬这种自觉的能动性。"[②]意识的能动作用具体表现在：

① 《马克思恩格斯选集》第1卷，人民出版社2012年版，第56页。

② 《毛泽东选集》第2卷，人民出版社1991年版，第477页。

第一，意识活动的目的性和计划性。人们对于客观对象的反映总是基于实践的需要，带有特定的目的和要求。人的活动中预定的目标、蓝图、活动方式等都体现着意识活动的目的性和计划性。这些是意识能动作用的重要体现。马克思说道："蜘蛛的活动与织工的活动相似，蜜蜂建筑蜂房的本领使人间的许多建筑师感到惭愧。但是，最蹩脚的建筑师从一开始就比最灵巧的蜜蜂高明的地方，是他在用蜂蜡建筑蜂房以前，已经在自己的头脑中把它建成了。"[①]马克思的这个比喻很好地阐释了意识活动的目的性和计划性。

第二，意识活动的能动创造性。意识对世界的反映，是一个能动的创造过程。意识不仅能够反映事物的现象，而且能够反映事物的本质和规律。它不仅能够认识过去，而且能够推测未来，从而创造出一个理想的世界。意识活动的能动创造性集中体现为人的实践活动的自觉选择性。

第三，意识活动对客观世界的改造作用。意识的能动性不仅在于人们从实践中形成正确的思想，更重要的在于人们能以这些正确的思想或理论为指导，通过实践把观念的东西变成现实的东西，在自然界打上人的意识的印记，从而树立起人的主体性。

第三节 唯物辩证法的规律与范畴

唯物辩证法是一个内容极为丰富的科学理论体系，它的总特征就是关于事物联系的观点和发展的观点，它的所有规律和范畴，都是从不同的方面揭示事物的普遍联系和变化发展的本质，都是

① 《马克思恩格斯文集》第5卷，人民出版社2009年版，第208页。

联系和发展观点的展开。

一、联系和发展的普遍性

唯物辩证法认为，世界上的万事万物都处于普遍联系之中，普遍联系引起事物的运动发展。联系和发展的观点是唯物辩证法的总观点和总特征。

（一）事物的普遍联系

联系是指事物内部各要素之间和事物之间相互影响、相互制约、相互作用的关系。联系具有一系列特点：

首先，联系具有客观性。世界上没有孤立存在的事物，每一种事物都是在与其他事物的联系之中存在着的，事物的联系是事物本身所固有的，不是主观臆想的。联系的客观性要求我们从客观事物本身固有的联系出发去认识事物。坚持联系的客观性，就是在联系的观点上坚持了唯物论。

其次，联系具有普遍性。联系的普遍性有三层含义：其一，任何事物内部的不同部分和要素之间都是相互联系的，也就是说，任何事物都具有内在的结构性；其二，任何事物都不能孤立存在，都同其他事物处于一定的联系之中；其三，整个世界是相互联系的统一整体。任何事物都是统一的联系之网上的一个网结，并通过这个联系之网体现出联系的普遍性。

再次，联系具有多样性。世界上的事物是多样的，事物之间的联系也是多样的。事物联系的主要方式有直接联系与间接联系、内部联系与外部联系、本质联系与非本质联系、必然联系与偶然联系等。不同的联系构成事物内部和事物之间的存在状态和发展趋势。

最后，联系具有条件性。条件是对事物存在和发展发生作用的诸要素的总和。要用唯物辩证的思维去看待联系的条件性：其一，条件对事物发展和人的活动具有支持或制约作用。有利条件支持和促进事物的发展和人的活动，不利条件制约和阻碍事物的发展和人的活动。其二，条件是可以改变的。人在条件面前并非消极无为，经过努力，可以化不利条件为有利条件，推动事物的发展。其三，改变和创造条件不是任意的。必须尊重事物发展的客观规律，不能强行去改变事物存在和发展的条件，否则就是揠苗助长。

马克思主义关于事物普遍联系的原理，要求人们善于分析事物的具体联系，确立整体性、开放性观念，从动态中考察事物的普遍联系。

（二）事物的变化发展

事物的相互联系包含事物的相互作用，而相互作用必然导致事物的运动、变化和发展。

事物之间相互作用的结果，是使事物原有的状态和性质发生不同程度的变化。地球和太阳的相互作用构成地球绕太阳的运动，并引起地球上事物和现象的变化，比如，昼夜交替、四季更迭等。任何一定形式的运动都意味着一定的变化：最简单的机械运动会引起物体位置的变化，物理运动是物质分子状态的变化，化学运动是物质化学成分及其结构的变化，生物运动是生物机体的变化，社会运动会引起社会有机体的变化等。

发展是前进的、上升的运动，发展的实质是新事物的产生和旧事物的灭亡。新事物是指合乎历史前进方向、具有远大前途的东西，旧事物是指丧失历史必然性、日趋灭亡的东西。新事物是不可战胜的，这是因为：第一，就新事物与环境的关系而言，新事物之所以新，是因为有新的要素、结构和功能，新事物适应已经变化了的环境和条件;旧事物之所以旧,是因为它的各种要素和功能已经不适应环境和客观条件的变化,只能走向灭亡。第二,就新事物与旧事物的关系而言,新事物是在旧事物的"母体"中孕育成熟的,它既否定了旧事物中消极腐朽的东西,又保留了旧事物中合理的、适应新条件的因素,并添加了旧事物所不能容纳的新内容。这也正是新事物在本质上优越于旧事物、具有强大生命力的原因所在。在社会历史领域,新事物是社会上先进的、富有创造力的人们创造性活动的产物,它从根本上符合人民群众的利益和要求,能够得到人民群众的拥护,因而必然战胜旧事物。尤其在社会急剧变革的时期,新事物战胜旧事物表现得特别明显。

二、唯物辩证法的规律

事物的联系和发展是有规律的,规律就是事物联系和发展过程中所固有的本质的、必然的、稳定的联系。只有掌握联系和发展的基本规律,才能更深入地理解联系和发展的基本环节。唯物辩证法的基本规律主要有:对立统一规律,量变质变规律,否定之否定规律。

(一)对立统一规律是事物发展的根本规律

对立统一规律是唯物辩证法的实质和核心。对立统一规律揭示了事物普遍联系的根本内容和变化发展的内在动力,从根本上回答了事物为什么会发展的问题;对立统一规律是贯穿量变质变规律、否定之否定规律以及唯物辩证法基本范畴的中心线索,也是理解这些规律和范畴的"钥匙";对立统一规律提供了人们认识世界和改造世界的根本方法——矛盾分析方法。因此,在认识世界和改造世界的过程中,自觉坚持和正确运用对立统一规律是十分重要的。

1.矛盾的同一性和斗争性及其在事物发展中的作用

矛盾是反映事物内部和事物之间对立统一关系的哲学范畴。对立和统一分别体现了矛盾的两种基本属性。矛盾的统一属性又称“同一性”,矛盾的对立属性又称“斗争性”。

矛盾的同一性是指矛盾双方相互依存、相互贯通的性质和趋势。同一性有两个方面的含义:一是矛盾着的对立面相互依存,互为存在的前提,并共处于一个统一体中;二是矛盾着的对立面相互贯通,在一定条件下可以相互转化。矛盾的斗争性是矛盾着的对立面相互排斥、相互分离的性质和趋势。由于矛盾的性质不同,矛盾的斗争形式也不同,斗争性可以分为对抗性矛盾和非对抗性矛盾两种基本形式。

矛盾的同一性和斗争性相互联结、相辅相成。没有斗争性就没有同一性,没有同一性也没有斗争性,斗争性寓于同一性之中,同一性通过斗争性来体现。矛盾的同一性是有条件的、相对的,矛盾的斗争性是无条件的、绝对的。矛盾的同一性和斗争性相结合,构成了事物的矛盾运动,推动着事物的变化发展。

矛盾的同一性和斗争性在事物发展中具有重要作用。矛盾的同一性在事物发展中的作用表现在:第一,同一性是事物存在和发展的前提,在矛盾双方中,一方的发展以另一方的发展为条件,发展是在矛盾统一体中的发展;第二,同一性使矛盾双方相互吸取有利于自身的因素,在相互作用中各自得到发展;第三,同一性规定着事物转化的可能和发展的趋势。事物之所以能够转化,是由于事物内部矛盾双方具有相互贯通的关系。事物的发展方向、趋势不是随意的,而是有规律地向自己的对立面转化。矛盾的斗争性在事物发展中的作用表现在:第一,矛盾双方的斗争促进矛盾双方力量的变化,竞长争高、此消彼长,造成双方力量发展的不平衡,为对立面的转化、事物的质变创造条件;第二,矛盾双方的斗争是一种矛盾统一体向另一种矛盾统一体过渡的决定力量。矛盾双方的相互排斥和否定促使旧的矛盾统一体破裂,新的矛盾统一体产生,旧事物发展为新事物。在事物发展过程中,矛盾的同一性和斗争性相互结合,共同发生作用,但在不同条件下,二者所处的地位会有所不同。在一定的条件下,矛盾的斗争性可能处于主要方面,而在另外的条件下,矛盾的同一性又可能处于主要方面。

运用矛盾的同一性和斗争性原理指导实践,还要正确把握和谐对事物发展的作用。和谐是矛盾的一种特殊表现形式,体现着矛盾双方的相互依存、相互促进、共同发展,和谐并不意味着矛盾的绝对同一。和谐是相对的、有条件的,只有在矛盾双方处于平衡、协调、合作的情况下,事物才会展现出和谐的状态。社会的和谐、人与自然的和谐,都是在不断解决矛盾的过程中实现的。构建社会主义和谐社会就是在发展的基础上正确处理各种矛盾的过程和结果。

2.矛盾的普遍性和特殊性及其相互关系

矛盾的普遍性是指矛盾存在于一切事物中,存在于一切事物发展过程的始终,旧的矛盾解决了,新的矛盾又产生,事物始终在矛盾中运动。我们所熟悉的“矛盾无处不在,矛盾无时不有”,就是对矛盾的普遍性的形象表述。

矛盾的特殊性是指各个具体事物的矛盾、每一个矛盾的各个方面在发展的不同阶段上各有其特点。矛盾的特殊性决定了事物的不同性质。只有具体分析矛盾的特殊性,才能认清事物的本质和发展规律,并采取正确的方法和措施去解决矛盾,推动事物的发展。

事物是由多种矛盾构成的。主要矛盾是矛盾体系中处于支配地位、对事物发展起决定作用的矛盾。次要矛盾是矛盾体系中处于从属地位、对事物的发展起次要作用的矛盾。不仅如此,在每一对矛盾中,总有一方处于支配地位,起着主导作用,这是矛盾的主要方面,处于被支配地位的一方的则是矛盾的次要方面。事物的性质是由主要矛盾的主要方面所规定的。

将主要矛盾和次要矛盾、矛盾的主要方面和次要方面的辩证关系运用到实际工作中,就是要坚持"两点论"和"重点论"的统一。"两点论"是指在分析事物的矛盾时,不仅要看到矛盾双方的对立,而且要看到矛盾双方的统一;不仅要看到矛盾体系中存在着主要矛盾、矛盾的主要方面,而且要看到次要矛盾、矛盾的次要方面。"重点论"是指要着重把握主要矛盾、矛盾的主要方面,并以此作为解决问题的出发点。"两点论"和"重点论"的统一要求我们,看问题既要全面,又要看主流、大势、发展趋势。

矛盾的普遍性和特殊性是辩证统一的关系。矛盾的普遍性即矛盾的共性,矛盾的特殊性即矛盾的个性。矛盾的共性是无条件的、绝对的,矛盾的个性是有条件的、相对的。任何现实存在的事物的矛盾都是共性和个性的有机统一,共性寓于个性之中,没有离开个性的共性,也没有离开共性的个性。矛盾的共性和个性、绝对和相对的道理,是关于事物矛盾问题的精髓,是正确理解矛盾学说的关键,不懂得它,就不能真正掌握唯物辩证法。矛盾的共性和个性相统一的关系,既是客观事物固有的辩证法,又是科学的认识方法。人的认识的一般规律就是由认识个别上升到认识一般,再由认识一般到认识个别的辩证发展过程。

矛盾的普遍性和特殊性辩证关系的原理是马克思主义普遍真理同各国具体实际相结合的哲学基础。中国共产党坚持把马克思主义普遍真理与中国具体实际结合起来,在推进马克思主义中国化的进程中不断在革命、建设、改革上取得新的胜利。

(二)量变质变规律

事物的矛盾运动表现为量变与质变及其相互转化。量变与质变是事物变化的两种基本状态和形式。量变与质变的相互作用、相互转化构成了量变质变规律。

事物包括质、量、度三方面的规定性。质是一事物区别于其他事物的内在规定性,量是事物的规模、程度、速度等可以用数量关系表示的规定性。事物的质和量是统一的,质和量的统一在度中得到体现。度是保持事物质的稳定性的数量界限,即事物的限度、幅度和范围,度的两端为关节点或临界点,超出度的范围,此物就转化为他物。度这一哲学范畴启示我们,在认识和处理问题时要掌握适度的原则。

量变是事物数量的增减和组成要素排列次序的变动,是保持事物的质的相对稳定性的不显著变化,体现了事物发展渐进过程的连续性。质变是事物性质的根本变化,是事物由一种质态向另一种质态的飞跃,体现了事物发展渐进过程和连续性的中断。

量变和质变的辩证关系是:第一,量变是质变的必要准备。任何事物的变化都有一个量变的积累过程,没有量变的积累,质变就不会发生。第二,质变是量变的必然结果。单纯的量变不会永远持续下去,量变达到一定程度必然引起质变。第三,量变和质变是相互渗透的。一方面,在总的量变过程中有阶段性和局部性的部分质变;另一方面,在质变过程中也有旧质在量上的收缩和新质在量上的扩张。量变和质变是相互依存、相互贯通的,量变引起质变,在新质的基础上,事物又开始新的量变,如此交替循环,构成了事物的发展过程。量变质变规律体现了事物发展的渐进性和飞跃性的统一。

(三)否定之否定规律

质变意味着新事物的产生与旧事物的灭亡,表明新事物对旧事物的否定。任何事物内部都包含着肯定的方面与否定的方面。由于矛盾双方的相互作用,当否定的方面上升至支配地位时,事物就会由肯定走向对自身的否定,再由否定进一步走向更高阶段的肯定,即否定之否定。事物自己发展自己的完整过程构成了否定之否定规律。

事物内部都存在肯定因素和否定因素。肯定因素是维持现存事物存在的因素,否定因素是促使现存事物灭亡的因素。辩证否定观的基本内容是:第一,否定是事物的自我否定,是事物内部矛盾运动的结果。第二,否定是事物发展的环节,是旧事物向新事物的转变,是从旧质到新质的飞跃。只有经过否定,旧事物才能向新事物转变。第三,否定是新、旧事物联系的环节,新事物孕育产生于旧事物,新、旧事物是通过否定环节联系起来的。第四,辩证否定的实质是"扬弃",即新事物对旧事物既批判又继承,既克服其消极因素又保留其积极因素。

事物的辩证发展过程经过"肯定—否定—否定之否定"三个阶段。第一次否定使矛盾得到初步解决,而处于否定阶段的事物仍然具有片面性,还要经过再次否定,即否定之否定,实现对立面的统一,使矛盾得到根本解决。事物的辩证发展就是经过两次否定、三个阶段,形成一个周期。其中,否定之否定阶段仿佛是向原来出发点的"回复",但这是在更高阶段的"回复"。事物的发展呈现出周期性,不同周期的交替使事物的发展呈现出波浪式前进或螺旋式上升的总趋势。

否定之否定规律揭示了事物发展的前进性与曲折性的统一。前进性体现在两个方面:每一次否定都是质变,都把事物推进到新阶段；每一个周期都是开放的，前一个周期的终点是下一个周期的起点，不存在不被否定的终点。曲折性体现在回复性上，其中有暂时的停顿甚至是倒退，但是，曲折性终将为事物的发展开辟道路。这表明，事物的发展不是直线式前进，而是螺旋式上升的。

否定之否定规律的原理对于人们的认识和实践活动具有重要的指导意义。按照否定之否定规律办事，就要求我们树立辩证的否定观，反对形而上学的肯定一切或否定一切，而要对事物采取科学分析的态度，使实践活动符合事物自我否定的辩证本性。同时，否定之否定规律又要求我们正确看待事物发展的过程，既要看到道路的曲折，又要看到前途的光明。

三、唯物辩证法的范畴

事物的联系和发展是通过一系列基本环节得以实现的，这些环节被称为唯物辩证法的五大范畴，即内容与形式、本质与现象、原因与结果、必然与偶然、现实与可能。

（一）内容与形式

内容与形式是从构成要素和表现方式上反映事物的一对基本范畴。内容是指构成事物的一切要素的总和，形式是指把诸要素统一起来的结构或表现内容的方式。

任何事物都是内容与形式的统一。一方面，内容是事物存在的基础，对形式具有决定作用。有什么样的内容，就有什么样的形式；内容发生了变化，其形式也要发生相应的变化。另一方面，形式对内容具有反作用。适合内容的形式，对内容的发展起积极的推动作用；不适合内容的形式，对内容的发展起消极的阻碍作用。形式对内容的反作用表明，形式具有相对独立性，这种相对独立性使得在内容与形式的关系中，同一内容可以通过多种形式来体现。

内容与形式的矛盾贯穿于事物发展过程的始终，从最初的基本适合到基本不适合，然后随着矛盾的解决，再到新的基本适合。在我们的认识和实践中，要根据内容决定形式的原理，注重事物的内容，反对忽视内容、夸大形式作用的形式主义。同时，要积极利用合适的形式去促进内容的发展，不能忽视形式对内容的能动促进作用。

（二）本质与现象

本质与现象是揭示事物内在联系和外在表现的一对范畴。本质是事物的根本性质，是构成事物的诸要素之间的内在联系。现象是事物的外部联系和表面特征，是事物本质的外在表现。现象可以区分为真象和假象。

本质与现象是相互区别的。本质是一般的、普遍的，现象是个别的、具体的；本质是相对稳定的，现象是多变易逝的；本质深藏于事物的内部，只有通过理性思维才能把握，而现象则是表面的、外显的，可以直接为人的感官所感知。

本质与现象是相互依存的。本质决定现象，本质总是通过一定的现象表现自己的存在；现象表现本质，现象的存在和变化归根到底依赖于本质。本质与现象的相互依存表明：不表现为现象的本质和不表现本质的现象都是不存在的。

正确把握本质和现象的关系对于我们的认识活动和科学研究具有重要作用。科学的任务就在于准确辨别真象和假象，透过现象把握本质。为此我们需要掌握大量的现象，进而通过技术手段和理论分析去粗取精、去伪存真、由此及彼、由表及里，不断深化对事物的认识。

（三）原因与结果

原因与结果是揭示事物引起和被引起关系的一对范畴。在事物的普遍联系中，引起某种现象的现象就是原因，被某种现象所引起的现象就是结果。

原因与结果是相互区别的。在一个具体的因果联系中，原因就是原因，结果就是结果，原因在前，结果在后，二者不能混淆和颠倒。如果“倒因为果”或者“倒果为因”，就会歪曲事实，得出荒谬的结论。

原因与结果是相互依存和相互转化的。在事物因果联系的长链中，任何原因都必然引起一定的结果，没有“无果之因”；任何结果都是由一定的原因引起的，没有“无因之果”；一种现象在一种联系中是原因，在另一种联系中则是结果，反之亦然。

原因与结果的辩证关系能够指导我们的认识和实践活动。只有全面把握事物的因果关系，我们才能通过自觉的努力，消除不利的原因，使因果关系朝着有利于人的发展的方向运行，从而达到我们所需要的结果。

（四）必然与偶然

必然与偶然是揭示事物产生、发展和衰亡过程中的不同趋势的一对范畴。必然是指事物联系与发展中确定不移的趋势，在一定条件下具有不可避免性。偶然是指事物联系与发展中不确定的趋势。事物的发展既包含着必然的方面，也包含着偶然的方面。

必然与偶然相互依存。一方面，没有脱离偶然的必然。现实事物的发展，不通过偶然而只表现为纯粹必然的情况是不存在的。必然总是伴随着偶然，必然要通过偶然表现出来，并为自己开辟道路。另一方面，没有脱离必然的偶然。在看似是偶然起支配作用的地方，实际上是必然起着决定性作用，并制约着偶然的作用形式及其变化。

必然与偶然相互转化。相对于某一过程来说是必然的东西，对另一过程就可能成为偶然的东西，反之亦然。在事物的产生、发展和衰亡的过程中，包含有必然性因素和偶然性因素的相互转化。比如，在生物进化中，某个基因变异会导致新物种的产生，这是偶然转化为必然；旧物种的基本性状在新物种中表现为返祖现象，这是必然转化为偶然。

我们在认识和实践中，必须重视事物发展的必然规律和发展趋势，并以此为依据制定我们的目标和计划，同时也要充分估计各种偶然因素的作用，善于敏锐地识别和把握机遇，在实践中达到预期的目标。

（五）现实与可能

现实与可能是反映事物的过去、现在和将来关系的一对范畴。现实是指相互联系着的实际存在的事物的综合。可能是指包含在事物中、预示事物发展前途的种种趋势，是潜在的尚未实现的东西。

现实与可能相互区别。可能不等于现实，现实已经不是可能。现实是当下的客观存在，标志着事物的当前状况；可能是事物潜在的趋势，标志着事物的发展方向。

现实与可能相互转化。一方面，现实蕴藏着未来的发展方向，会不断产生新的可能；另一方面，可能包含着发展成为现实的因素和根据，一旦主客观条件成熟，可能就会转化为现实。发展就是现实与可能相互转化的过程。

在实践中正确把握现实与可能的辩证关系，既涉及对现实的评价，也涉及对未来的认识。这就要求我们一方面要立足现实，对可能性作出全面的分析和预判；另一方面着眼长远，防止坏的可能变为现实，同时善于创造条件，促使好的可能得以实现。

总之，唯物辩证法作为关于自然、社会和人类思维发展一般规律的科学，是人们认识世界和改造世界的根本方法。唯物辩证法的一系列规律、范畴和原理，都具有科学的世界观和方法论意义。学习和掌握唯物辩证法的根本方法，要求我们用联系和发展的观点看问题，不断增强辩证思维能力；要求我们加强调查研究，准确把握客观实际，真正掌握规律，妥善应对和处理各种矛盾。按照唯物辩证法办事，就能做到应事而变、顺势而为，做到高瞻远瞩、运筹帷幄。

第四节　认识与实践

人类对于客观世界的追问，是为了处理人与世界的关系。人与世界的关系是多方面的，从人如何面对世界的角度来说，主要包括两个方面：一是认识世界，二是改造世界。因而，自古以来人们也一直在追问：人能否认识世界，怎样认识世界？人能否改造世界，怎样改造世界？从哲学上讲，这就是认识、实践及其相互关系的问题，就是马克思主义实践观和认识论要解决的问题。

一、实践的本质与基本结构

实践是人类生存和发展的最基本的活动，是人类社会生活的本质，是人的认识产生和发展的基础，也是真理与价值统一的基础。马克思主义实践观深刻揭示了实践在自然演化与社会发展中的作用，揭示了实践的本质、结构和表现形式，为科学把握认识的本质和规律奠定了基础。

（一）实践的本质

马克思科学地阐明了人类实践的本质及其在认识世界和改造世界过程中的作用，创立了科学的实践观。他在《关于费尔巴哈的提纲》这个集中阐述科学实践观的重要文献中，阐明了实践是感性的、对象性的物质活动，提出全部社会生活在本质上是实践的，并鲜明指出哲学家们只是用不同的方式来解释世界，而问题在于改变世界。毛泽东在《实践论》中也阐释了实践的内涵、本质及其在认识中的决定作用。

实践是人类能动地改造世界的社会性的物质活动，具有直接现实性、自觉能动性和社会历史性三个基本特征。

第一，实践具有直接现实性。实践是改造世界的客观物质活动，它不是纯粹的精神活动，而是以感性事物为对象的现实的物质活动。因此，实践所具有的直接现实性也就是实践活动的客观实在性。

第二，实践具有自觉能动性。与动物本能的、被动的适应性活动不同，人的实践活动是一种有意识、有目的的活动。目的性是能动性的主要表现。人的实践活动在结束时得到的结果，在这个过程开始时就已经作为目的在实践者头脑中以观念的形式存在着，目的决定着实践者的行为。

第三，实践具有社会历史性。实践是社会性的、历史性的活动。实践从一开始就是社会性的活动。作为实践主体的人总是处在一定社会关系中，任何人的活动都离不开与社会的联系。实践的社会性决定了它的历史性，实践又是历史地发展着的实践。

（二）实践的基本结构

人的实践活动是以改造客观世界为目的的客观过程，是实践的主体与客体之间的相互作用，这种相互作用必须借助于一定的手段和工具，即实践的中介。实践的主体、客体和中介是实践活动的三项基本要素，三者的有机统一构成实践的基本结构。

第一，实践的主体。在实践活动中，实践的主体是指具有一定的主体能力、从事现实社会实践活动的人，是实践活动中自主性和能动性的因素，担负着设定实践目的、操作实践中介、改造实践客体的任务。实践主体的能力包括自然能力和精神能力，精神能力又包括知识性因素和非知识性因素。实践主体有个体主体、群体主体和人类主体三种基本形态。

第二，实践的客体。实践的客体是指实践活动所指向的对象。实践客体与客观存在的事物不完全等同，客观事物只有在被纳入主体实践活动的范围之内，为主体实践活动所指向并与主体相互作用时才会成为现实的实践客体。

第三，实践的中介。实践的中介是指各种形式的工具、手段以及运用、操作这些工具、手段的程序和方法。实践的中介系统可分为两个子系统：一是作为人的肢体延长、感官延伸、体能放大的物质性工具系统，如各种机器系统和动力能源系统。二是语言符号工具系统。语言符号是主体思维活动得以进行的现实形式，也是人们社会交往得以进行的中介。

实践的主体、客体和中介是不断发展变化的，因而实践的基本结构也是历史地发展变化的，这种变化主要表现为主体客体化与客体主体化的双向运动。主体客体化，是指人通过实践使自己的本质力量作用于客体，使其按照主体的需要发生结构和功能上的变化，形成了世界上本来不存在的对象物。客体主体化，是指客体从客观对象的存在形式转化为主体生命结构的因素或主体本质力量的因素，客体失去客体性的形式，变成主体的一部分。

（三）实践形式的多样性

在色彩斑斓的人类社会生活中，实践活动形式丰富多样。毛泽东指出："人的社会实践，不限于生产活动一种形式，还有多种其他的形式，阶级斗争，政治生活，科学和艺术的活动。”[①]随着人与世界关系的发展，特别是随着社会分工的进步，人类实践的具体形式日益多样化。从内容上看，实践可分为三种基本类型：

一是物质生产实践。物质生产实践是人类最基本的实践活动，它解决了人与自然的矛盾，满足人们物质生活资料和生产劳动资料的需要，同时建立生产和再生产社会的基本经济关系，由此决定着社会的基本性质和面貌。

二是社会政治实践。社会政治实践是形成各种社会关系的实践活动，表现为人际的社会交往和政治活动。人们在物质生产实践的基础上，形成了复杂的社会政治关系。与物质生产方式的变化发展相适应，社会政治实践的方式也是历史地变化着的。在阶级社会中，人际的交往关系不可避免地被打上阶级和阶级斗争的烙印，社会政治实践主要采取阶级对立和阶级斗争的形式。

三是科学文化实践。科学文化实践是创造精神文化产品的实践活动，它有各种不同的形式，其中重要的形式有科学、艺术、教育等。精神文化的生产不是一个纯粹的意识过程。人类的任何实践形式无疑都离不开意识活动，但一种活动能否被称为实践活动，关键是看它是否超出了纯粹的意识活动，是否改变了除实践主体的意识状态之外的其他存在物的状态。科学文化实践也是如此。例如，教育是一种科学文化实践活动，教师的教学活动并不是纯粹的意识活动，而是通过教书育人的全过程实际地改变着受教育者的存在状态。

以上三种实践类型既各具不同的社会功能，又密切联系在一起。其中，物质生产实践是最基本的实践活动，它构成全部社会生

---

① 《毛泽东选集》第 1 卷，人民出版社 1991 年版，第 283 页。

活的基础，是社会政治实践和科学文化实践产生和发展的基础，后两者受前者的制约并对其产生能动的反作用。

随着社会的快速发展，当代人类实践出现了新的变化，呈现出许多新的发展特点，实践活动的范围越来越广泛而深入。一个突出的表现就是，现代信息技术的发展使得当代社会开始产生一种新的实践形式——虚拟实践。虚拟实践是伴随信息化和网络化发展而产生的，其实质是主体和客体之间通过数字化中介系统在虚拟空间进行的双向对象化的活动，主要活跃于网络世界，具有交互性、开放性、间接性等特点。虚拟实践的出现为人的发展提供了多样的自由空间，极大地提升了人的活动的自主性、创造性，对人类社会生活产生了重大影响。

（四）实践在认识活动中的决定作用

辩证唯物主义认为，在实践和认识之中，实践是认识的基础，实践在认识活动中起着决定性的作用。实践的观点是辩证唯物论的认识论之第一的和基本的观点。

实践在认识活动中的决定作用表现在以下四个方面：

第一，实践是认识的来源。认识的内容是在实践活动的基础上产生和发展的。人们只有通过实践实际地改造和变革对象，才能准确把握对象的属性、本质和规律，形成正确的认识，并以这种认识指导人的实践活动。离开实践的认识是不可能存在的。一切真知都是从直接经验发源的。一个人的知识，不外乎直接经验和间接经验两部分。从根本上说，实践是认识的源头活水，要想成就一番事业，不仅要努力学习，而且要潜心实践。

第二，实践是认识发展的动力。实践的需要推动认识的产生和发展，推动人类的科学发现和技术发明，推动人类的思想进步和理论创新。党的十八大以来国内外形势的深刻变化和我国各项事业的快速发展催生了习近平新时代中国特色社会主义思想。实践的需要是推动认识在深度和广度上不断发展之根本。此外,实践是认识发展的动力,还表现为实践为认识的发展提供了手段和条件,如经验资料、实验仪器和工具等。更为重要的一点是,实践改造了人的主观世界,锻炼和提高了人的认识能力。人们正是在实践的推动下,不断打破认识上的旧框架,突破头脑中的旧思想,引起认识上的新飞跃,从而不断有所发现、有所前进。

第三,实践是认识的目的。人们通过实践获得认识,不是"猎奇"或"雅兴",不是为认识而认识,其最终目的是为实践服务,指导实践,以满足人们的生活和生产的需要。自然科学的不断创新,目的是推动技术的更大发展,创造更丰富的物质财富,给人类带来更多的福祉。人文社会科学的不断创新,目的是认识社会,认识人类自身,改造社会,建设精神文明,创造精神财富,促进人的自由而全面的发展。

第四,实践是检验认识真理性的唯一标准。真理不是自封的。"判定认识或理论之是否真理,不是依主观上觉得如何而定,而是依客观上社会实践的结果如何而定。真理的标准只能是社会的实践。"①也就是说,认识是否具有真理性,既不能从认识本身得到证实,也不能从认识对象中得到回答,只有在实践中才能得到验证。

二、认识的本质与过程

要深刻而全面地理解和把握人的认识活动,就必须厘清认识的本质。认识的本质是主体在实践基础上对客体的能动反映,这是辩证唯物主义认识论对认识本质的科学回答。人的认识是一个

① 《毛泽东选集》第1卷,人民出版社1991年版,第284页。

在实践基础上不断深化的发展过程，既表现为实践基础上由感性认识到理性认识，再从理性认识到实践的具体认识过程；又表现为从实践到认识，再从认识到实践的循环往复和无限发展的总过程。

(一)认识的本质

要深刻把握认识的本质，就需要弄清各种哲学派别在这个问题上的不同观点。

第一，唯物主义和唯心主义对认识本质的不同回答。在认识的本质问题上，存在着两条根本对立的认识路线：一条是坚持从物到感觉和思想的唯物主义认识路线，另一条是坚持从思想和感觉到物的唯心主义认识路线。

唯物主义认识路线坚持反映论的立场，认为认识是主体对客体的反映，人的一切知识都是从后天接触实际中得来的。唯心主义认识路线否认认识是人脑对客观世界的反映，认为认识先于物质，先于人的实践经验。其中，主观唯心主义认为人的认识是主观自生的，是生而知之的。客观唯心主义认为人的认识是上帝的启示或某种客观精神的产物。古希腊哲学家柏拉图认为存在一个独立于现实世界之外的“理念世界”，人的知识就来源于对其中“理念”的认识和回忆，故而提出了“认识即回忆”的观点。

第二，旧唯物主义对认识本质的回答。旧唯物主义和辩证唯物主义都坚持反映论，但是两者之间有着本质的区别。

旧唯物主义认识论的基本特点是以感性直观为基础，把人的认识看成是消极地、被动地反映和接受外界对象，类似于照镜子那样的反射活动，所以又被称为直观的、消极被动的反映论。这种认识论的缺陷主要有两个方面：一是离开实践考察认识问题，因而不了解实践对认识的决定作用；二是不了解认识的辩证本性，离开辩证法来考察认识问题，因而把复杂的认识过程简单化了，没有把认识看作是一个不断发展的过程,认为认识是一次性完成的。这种直观的、消极被动的反映论是不科学的。

第三,辩证唯物主义对认识本质的科学回答。辩证唯物主义认识论是建立在实践基础上的能动的反映论。它继承了旧唯物主义的合理前提,即认识是主体对客体的反映,同时又克服其离开实践和辩证法考察并认识问题的缺陷,坚持以科学的社会实践为特征的实践观,即实践是人类能动地改造世界的社会性的物质活动。这是马克思主义认识论即辩证唯物主义认识论与唯心主义认识论和形而上学唯物主义认识论的根本区别。

辩证唯物主义认识论具有两个突出的特点:一是把实践的观点引入认识论。辩证唯物主义认识论把实践的观点作为整个认识论的基础,以实践的观点阐述人的认识活动及其规律,科学地规定了认识的主体和客体及其相互关系,对认识的发生和发展、认识的目的和作用、认识正确与否的检验标准等一系列重要的认识论问题,作出了同旧唯物主义认识论完全不同的科学解释。二是把辩证法应用于反映论考察认识的发展过程。它科学地揭示了认识过程中多方面的辩证关系,例如,主观和客观、认识和实践、感性和理性、真理和价值等方面的关系,把认识看成是一个由不知到知、由浅入深的充满矛盾的能动的认识过程,全面地揭示了认识过程的辩证性质。这种以实践观点和辩证观点为特征的能动反映论,不仅克服了旧唯物主义认识论的局限性,也彻底驳倒了不可知论所认为的人的认识能否正确反映客观事物是无法证明的这一观点。

辩证唯物主义认识论认为,认识的本质是主体在实践基础上对客体的能动反映。这种能动反映不但具有反映客体内容的反映性特征,而且具有实践所要求的主体能动的、创造性的特征。在人的认识活动中,反映特性与能动的创造特性是不可分割的。反映和创造不是人类认识的两种不同的本质，而是同一本质的两种不同的功能，是一个硬币的两面。其一，创造离不开反映，创造存在于反映之中，创造过程是在相互联系的多个方面的反映基础上实现的。其二，反映也离不开创造，反映是在创造过程中实现的。所以，人的认识是反映性（摹写性）与创造性的统一。只坚持认识的反映性，看不到认识能动的创造性，就重复走上了旧唯物主义直观反映论的错误之路；相反，只坚持认识能动的创造性，使创造性脱离反映论的前提，就会把创造变成主观随意，从而滑向唯心主义和不可知论。这两种倾向都不符合实际的认识活动，而且会给实践带来危害。

（二）从实践到认识

人们认识某一特定事物的过程，是一个从实践到认识，再从认识到实践的过程。列宁认为，从生动的直观到抽象的思维，再从抽象的思维到实践，这就是认识真理、认识客观实在的辩证途径。认识的过程首先是从实践到认识的过程。这个过程主要表现为认识活动在实践基础上由感性认识能动地飞跃到理性认识，也就是"从生动的直观到抽象的思维"，这是认识运动的第一次飞跃。从实践到认识的过程，这是整个认识过程的第一个阶段，即由客观物质到主观精神的阶段，由存在到思想的阶段。感性认识和理性认识是人对客观世界的两种不同水平的反映形式，也是认识过程的两个不同阶段。

感性认识是人们在实践基础上，由感觉器官直接感受到的对于事物的现象、事物的外部联系、事物的各个方面的认识。它包括感觉、知觉和表象三种形式。感觉是人的感觉器官对客观事物的个别属性、个别方面的直接反映，如视觉、听觉、触觉等，它是感性认识也是整个认识过程的起始环节。知觉是人的感觉器官对客观事物外部特征的整体的反映，如将苹果的色、香、味等方面的感觉结合起来，就形成对苹果的整体知觉。表象是感性认识的高级形式，它是人脑对过去的感觉和知觉的回忆，是曾经作用于感觉器官的客观对象的形象再现。

从感觉、知觉到表象，是由个别的特性到完整的形象，由当时的感知到印象的直接保留和事后回忆的认识过程，这里已经包含认识由部分到全体、由直接到间接的趋势。但从总体说来，感性认识是认识的初级阶段，作为“生动的直观”，直接性是感性认识的突出特点。因为感性认识是用具体的、生动的形象直接反映外部世界，以事物的现象即外部联系为内容，还没有对事物本质进行深入的认识，所以感性认识具有不深刻的局限性，因此我们对事物仅有感性认识是不够的，必须进一步上升到理性认识。

理性认识是指人们借助抽象思维，在概括整理大量感性材料的基础上，达到对于事物的本质、全体、内部联系和事物自身规律性的认识。理性认识包括概念、判断、推理三种形式。概念是对同类事物共同的一般特性和本质属性的概括和反映，是思维的细胞，也是最基本的思维形式，如家庭、社会、国家、民族等就是一些基本的概念。理性认识的其他形式，都是在概念的组合和深化的过程中形成和发展起来的。判断是展开了的概念，是对事物之间的联系和关系的反映，是对事物是什么或不是什么、是否具有某种属性的判明和断定。推理在形式上表现为判断与判断之间的联系，它是从事物的联系或关系中由已知合乎逻辑地推出未知的反映形式。

从概念到判断再到推理，是理性认识由低级到高级的发展。人们在社会实践中形成概念、作出判断、进行推理，表现为一系列的抽象概括、分析和综合，所以这个阶段就是“抽象的思维”阶段。

理性认识是认识的高级阶段,具有抽象性和间接性的特点。它以反映事物的本质为内容,因而是深刻的。

感性认识和理性认识的性质虽然不同,但二者的关系是辩证统一的:

第一,感性认识有待于发展和深化为理性认识。感性认识是认识的初级阶段,是对事物外部联系的认识,而认识的任务在于经过感觉达到对事物的本质、规律性的认识,因而感性认识还不是完全的认识。认识有待于深化,认识的感性阶段有待于发展到理性阶段。

第二,理性认识依赖于感性认识。感性认识是认识过程的起点,是达到理性认识的必经阶段,没有感性认识,就没有理性认识。理性认识对感性认识的这种依赖关系,是认识对实践依赖关系的重要表现。

第三,感性认识和理性认识相互渗透、相互包含。这表现为二者没有绝对分明的界限:一方面,感性中有理性,人的感觉是渗透着理性的感觉;另一方面,理性中有感性,理性不仅以感性材料为基础,而且也以文字符号等感性形式的语言作为表达手段。实践证明:感觉到了的东西,我们不能立刻理解它,只有理解了的东西,我们才能更深刻地感觉它。

感性认识和理性认识的辩证统一关系是在实践的基础上形成的,也需要在实践中发展。虽然一些人的实践体会较多,然而在把实践体会上升到理论高度,再从理论高度看问题、解决问题上存在这样或那样的不足。习近平总书记曾指出:“我们如果能将理论高度与实践深度有机地结合起来,就能更好地做好领导工作。”[①]如果

① 习近平:《摆脱贫困》,福建人民出版社1992年版,第156页。

割裂二者的辩证统一关系，要么走向唯理论，即否认感性认识而片面夸大理性认识的作用，在实际工作中犯教条主义的错误；要么走向经验论，即否认理性认识而片面夸大感性认识的作用，导致实践中的经验主义。

从感性认识上升到理性认识，不是一个随意的主观愿望，而是必须具备两个基本条件：第一，投身实践，深入调查，获取十分丰富和合乎实际的感性材料。这是实现由感性认识上升到理性认识的基础。任何理论创新都只能从问题开始。从某种意义上说，理论创新的过程就是发现问题、筛选问题、研究问题、解决问题的过程。第二，必须经过思考的作用，运用理论思维和科学抽象，将丰富的感性材料加以去粗取精、去伪存真、由此及彼、由表及里的改造制作，形成概念和理论的系统。理论思维的起点始终决定着理论创新的结果。

认识活动是一个复杂的运动过程，表现为无论在感性认识中还是在理性认识中，都有非理性因素的作用。非理性因素主要是指认识主体的情感和意志。人作为认识主体，是知、情、意的统一整体，不仅有认知能力，还有情感和意志。从广义上看，非理性因素还包括认识能力中具有不自觉、非逻辑性等特点的认识形式，如联想、想象、猜测、直觉、顿悟、灵感等。人的认识过程是理性因素和非理性因素协同作用的结果。非理性因素对于人的认识能力和认识活动具有激活、驱动和控制作用，美好的心境、坚忍的意志、饱满的热情等因素往往能调动主体的精神力量去努力实现实践的目标。所以，我们既要注重理性因素的作用，又应当充分发挥非理性因素的积极作用。

（三）从认识到实践

从认识到实践，是认识过程的第二个阶段，即由精神到物质的阶段，由思想到存在的阶段。这是认识过程的第二次能动的飞跃。

从认识到实践的飞跃，是更为重要的飞跃，意义更加重大，其必要性和重要性在于以下两方面：

第一，认识世界的目的是为了改造世界。从感性认识上升到理性认识的第一次飞跃所达到的认识的结果仍然是观念的存在，要把观念的存在转变成现实的存在，必须经过从认识到实践的飞跃。在马克思主义看来，理论是重要的，理论是行动的指南，没有革命的理论就没有革命的运动，没有正确的理论就没有正确的行动。理论的终极意义在于能够指导行动。如果把正确的理论束之高阁，或夸夸其谈而不加以实行和运用，那么，再好的理论也是没有意义的。对此，习近平总书记形象地指出："要按照已经认识到的规律来办，在实践中再加深对规律的认识，而不是脚踩西瓜皮，滑到哪里算哪里。"[①]理性认识回到实践的过程，既是理论指导实践的过程，又是理论实现自身的过程。

第二，认识的真理性只有在实践中才能得到检验和发展。理论是否正确，在从感性认识到理性认识的第一次飞跃中，是没有得到证实也不可能得到证实的。只有将已经获得的理论运用到实践中去，通过实践的检验，错误的理论才能被发现、纠正或推翻，正确的理论才能得到证实，并在指导实践、实现自身的过程中得到完善和发展。这就是检验和发展理论的过程，是整个认识过程的继续。如果没有这个阶段，对事物的认识就还没有完成。

实现由认识向实践的飞跃，需要经过一定的中介环节，包括确定实践目的，即为了什么而实践；形成实践理念，即实践的理想蓝图是什么；制定实践方案，即把实践理念具体化的计划、措施和手

① 《习近平关于全面深化改革论述摘编》，中央文献出版社 2014 年版，第 43 页。

段;进行中间实验,即先在小范围内进行试点,取得经验后再逐步推广以及运用科学的实践方法等。除此之外,还要对人民群众进行组织和宣传,让理论为群众所掌握,并转化为改造世界的物质力量,这也是从认识到实践的最后一个环节。只有这样,理论才能真正发挥指导作用,并随着实践的发展而发展。

三、实践与认识的辩证运动及其规律

实践与认识的辩证运动,是一个由感性认识到理性认识,又由理性认识到实践的飞跃,是一个由实践、认识、再实践、再认识的循环往复以至无穷的辩证发展过程。从实践到认识,再从认识到实践,实现了人们认识具体事物的辩证运动过程。那么,经历了两次飞跃,实践与认识的运动就算完成了吗?回答是肯定的,又是否定的。

说它“完成了”,是针对具体事物的认识而言的。在由认识向实践飞跃的这个阶段,如果能够实现预想的目的,即预定的思想、理论、计划和方案在实践中变为事实,或大体变为事实,那么,人们对于在某一发展阶段内的某一客观过程的认识运动就算是完成了。例如,工程计划的实现、科学假想的证实、优秀艺术作品的完成、社会主义由理念到现实的落地等,都算是实现了预想的目的,证实了原来的认识。然而,人们在实践中得来的思想、理论、计划和方案毫无改变地实现的情况少之又少。一是因为事物是复杂和多变的,即使是对于个别的、具体的事物的认识,也要经历多次反复。二是从事变革现实的人不但受科学技术条件的限制,而且受客观过程的发展及其表现程度的限制,客观过程的方面及本质尚未充分暴露。在实践中出现出乎预料的情况时,原定的思想、理论、计划和方案出现部分或全部不符合实际、部分错了或全部错了

的状况都是可能的，因此，思想、理论、计划和方案发生部分改变和调整甚至全部改变也是可能的。许多时候，只有经过多次失败，不断纠错，我们才能最终实现主客观的统一，在实践中得到预想的结果。

说它“没有完成”，是针对实践和认识运动过程的向前推移、向前发展而言的。人们的实践是向前推移、向前发展的，人们的认识运动也应跟着推移和发展。经过由实践到认识，再由认识到实践这样的多次反复，某一思想、理论、计划和方案在实践中最终达到了预期的结果，不过，这只是对于某一个别事物或某一类事物的认识运动。然而，正如习近平总书记指出的：“实践没有止境，理论创新也没有止境。世界每时每刻都在发生变化，中国也每时每刻都在发生变化，我们必须在理论上跟上时代。”[①]变革客观现实的实践一次又一次地向前，人们对于客观现实的认识也就一次又一次地被深化。只要客观现实世界的变化运动永远不会完结，人们在实践中对于真理的认识也就永远没有完结。因此，要“不断认识规律，不断推进理论创新、实践创新、制度创新、文化创新以及其他各方面创新”[②]。

毛泽东强调：一个正确的认识，往往需要经过由物质到精神，由精神到物质，即由实践到认识，由认识到实践这样多次的反复，才能够完成。实践、认识、再实践、再认识，这一过程不断循环往复以至无穷，而实践和认识之每一循环的内容，都会相应地进到更高一级的程度。这就是认识辩证运动发展的基本过程，也是认识运

---

① 习近平：《决胜全面建成小康社会 夺取新时代中国特色社会主义伟大胜利——在中国共产党第十九次全国代表大会上的报告》，人民出版社2017年版，第26页。

② 习近平：《决胜全面建成小康社会 夺取新时代中国特色社会主义伟大胜利——在中国共产党第十九次全国代表大会上的报告》，人民出版社2017年版，第26页。

动的总规律,这充分表明:认识是一个反复循环和无限发展的过程。这个过程既是认识在实践基础上沿着科学性方向不断深化发展的过程,也是实践在认识的指导下沿着合理性方向不断深入推进的过程。这个过程既不是封闭式的循环,也不是直线式的发展,往往充满了曲折以至反复,因而是一个波浪式前进和螺旋式上升的过程。

在实践和认识的辩证运动中,主观必须统一于客观,认识必须统一于实践。这种统一是认识和实践的矛盾在发展中的统一,是具体的历史的统一。所谓具体的统一,是指主观认识要与一定时间、地点、条件下的客观实践相符合,这种实践是具体的,而不是抽象的;所谓历史的统一,是说主观认识要同特定历史发展阶段的客观实践相符合。由于客观实践是具体的、历史的,所以,主观认识也应是具体的、历史的。客观实践变化了,主观认识也应当随之转变。我们要坚持主观和客观、理论和实践、知和行的具体的历史的统一,反对一切离开具体历史的错误思想。

第五节 人类社会历史观和发展规律

在马克思揭示人类社会历史规律之前,人类社会的起源、本质和发展动力等问题困扰了人们数千年之久,成为“历史之谜”。人们在追问和反思这些问题的过程中,形成了两种根本对立的历史观:唯物主义历史观和唯心主义历史观。直到19世纪40年代马克思和恩格斯创立了历史唯物主义后,社会历史观方面才实现了根本的变革。

一、人类社会生活的实践本质

怎样去观察社会，从何处入手去认识人类社会，是不同历史观的根本分野。马克思主义哲学认为，实践是人类特有的对象性活动，正是在人类的实践过程中，创造了人类社会，世界因此成为“属人的”和“为我的”。因此，虽然人类社会是自然界长期发展的产物并依赖于自然界，但是又不同于自然界。自然界的演化和发展是自发地进行的，但人类社会从一开始就是人的有意识有目的活动的结果，具有自己独特的本质和规律。马克思主义哲学提出并确立了实践的观点，从而揭示了由自然向社会、由猿向人转变的基础和机制，科学地回答了人类社会的产生问题。

在人类历史上，最先出现的实践是物质生产活动，即人以自身的活动引起、调整和控制人与自然之间的物质、能量和信息的变换。所以，与动物消极地适应自然不同，人类通过劳动能动地解决吃、喝、住、穿等物质生活资料问题，创造出自然界自身演化不可能产生的对象世界，而且这是人类每时每刻都必须进行的基本活动，否则就无法生存下来。在现代实践活动中，科学实践与生产劳动紧密相连，生产越来越依赖于科学实践，科学技术已成为“第一生产力”，成为先进生产的集中表现和主要标志。

同时，为了进行生产，人类总是在一定的社会关系中从事实践活动，凭借社会群体的力量去改造自然界。马克思曾说：“甚至当我从事科学之类的活动，即从事一种我只在很少情况下才能同别人进行直接联系的活动的时候，我也是社会的，因为我是作为人活动的。”“不仅我的活动所需的材料，甚至思想家用来进行活动的语言"都是"作为社会的产品给予我的"。① 既然生产实践离不开一定的社会关系，那么，为了同生产实践相适应，就必须维持和巩固那些适合生产发展的社会关系，调整和改变不适合生产发展的社会关系。

二、社会存在和社会意识的关系问题是历史观的基本问题

社会历史现象尽管极其复杂，但大致可分为两个基本方面，即社会生活的物质方面和社会生活的精神方面，也就是我们通常所说的社会存在和社会意识。社会历史的运动，只有通过这二者的关系才能实现；人们对社会现象和历史过程的认识，也只有通过这二者的关系才能把握。这样，社会存在和社会意识的关系问题就成了历史观的基本问题。

社会存在作为社会生活的物质方面，包括人的物质活动以及社会物质生活条件，其要素有人类赖以生存的自然地理环境，如气候、土壤、山脉、河流、矿藏等，是社会存在和发展不可或缺的前提条件；物质生活的主体——人口，包括人自身的生产、人口的数量和质量、人口的自然增长率和分布等，从不同方面对社会发展产生有利或不利、加速或减缓的作用；但社会存在主要是指人的物质生产活动，即物质资料生产方式才是社会发展的决定力量，并集中体现了人类社会的物质性。生产方式是生产力与生产关系的统一体，人类社会的物质性最终体现在作为物质力量的生产力上。

社会意识作为社会生活的精神方面，指全部社会精神现象的总和，包括社会的政治法律意识、哲学、道德、艺术、科学、宗教等意识形式，还有风俗、习惯等社会心理现象。社会意识诸形式中，构

---

① 《马克思恩格斯文集》第1卷，人民出版社2009年版，第188页。

成观念的上层建筑的部分又被称为社会意识形态，其服务于社会的经济、政治统治，在阶级社会中具有鲜明的阶级性。

马克思主义哲学认为，社会存在决定社会意识，社会意识是对社会存在的反映，社会意识又能动地反作用于社会存在。一个时代的政治和精神方面的历史基础应该到该时代的经济生产和由此产生的社会结构中去寻找。马克思曾经指出："物质生活的生产方式制约着整个社会生活、政治生活和精神生活的过程。"[①]要理解在历史上出现的一切社会关系和国家关系，一切宗教制度和法律制度，一切理论观点，就要先理解每一个与之相应的时代的物质生活条件，并且从这些物质生活条件中将之一一引申。社会意识随着社会存在的变化而变化，新的历史条件产生，要有新的社会意识与之相适应，没有永恒不变的社会意识。

历史唯物主义充分肯定了社会意识对社会存在能动的反作用。这种反作用的最根本表现是，不同性质的社会意识对社会存在具有不同性质的反作用：先进的社会意识对社会存在的发展起着巨大的促进作用；落后、反动的社会意识对社会存在的发展具有重大的阻碍作用。社会意识是任何形式的社会集体的自觉活动得以进行的主观条件，社会意识把分散的个人活动统一起来，通过对人的活动的支配作用反作用于社会存在。

对历史观基本问题的回答，是划分历史唯物主义和历史唯心主义两种历史观的标准。唯心主义一派的学者将社会发展的原因和动力归结为某种神秘的、虚幻的、超自然的、超社会的精神和意识的力量，譬如，上帝、神灵、天命、理念、绝对精神等。他们认为人类社会的发展史就是少数杰出人物用意志创造世界的历史，否定

① 《马克思恩格斯选集》第2卷，人民出版社2012年版，第2页。

社会存在决定社会意识，因而不可能揭示人类历史发展的客观规律。旧唯物主义一派则在历史观上陷入二律背反之中，例如，法国唯物主义者：一方面他们认为“人是环境的产物”，表现出唯物主义的倾向；另一方面他们又认为“意见支配世界”，这就重新陷入了唯心主义的“泥淖”。旧唯物主义在历史观上的不彻底性决定了他们的唯物主义只是“半截子唯物主义”。

三、人类社会历史运动的规律性

社会的运动变化是由人的活动来推动的，而人的活动不同于自然界的运动。在自然界中进行活动的全是盲目的、不自觉的动力，自然规律在各种盲目的自然力的相互冲突中为自己开辟道路。相反，人的活动总是抱有一定的目的和意图，人们的思想动机、意志、预期等各不相同，人们的行为也从而千差万别。但是，人类活动的特殊性和差别性丝毫不会改变这样一个事实：历史进程是受内在的一般规律支配的。历史观的任务就在于发现和揭示这些规律。

恩格斯在《在马克思墓前的讲话》中对这一规律的表述是这样的：“正像达尔文发现有机界的发展规律一样，马克思发现了人类历史的发展规律，即历来为繁芜丛杂的意识形态所掩盖着的一个简单事实：人们首先必须吃、喝、住、穿，然后才能从事政治、科学、艺术、宗教等；所以，直接的物质的生活资料的生产，从而一个民族或一个时代的一定的经济发展阶段，便构成基础，人们的国家设施、法的观点、艺术以至宗教观念，就是从这个基础上发展起来的，因而，也必须由这个基础来解释，而不是像过去那样做得相反。”①

① 《马克思恩格斯选集》第3卷，人民出版社2012年版，第1002页。

马克思创立的历史唯物主义对人类科学思想的伟大贡献在于:历史唯物主义从人们的活动所结成的一切社会关系中区分出物质的社会关系,即生产关系,并把思想的社会关系归结于由生产力状况所决定的物质的生产关系。这样,就使人们从复杂的社会现象中看到社会发展的重复性和常规性,在人们有意识有目的的活动中找到不以人的意识为转移的社会发展规律。因此唯物史观认为,社会历史是客观的合乎规律的辩证发展过程,生产力与生产关系、经济基础与上层建筑的矛盾运动是一切社会发展的动力。

生产力和生产关系的统一构成社会物质资料的生产方式,它体现着社会生产过程的两重关系:生产力是人们利用自然、改造自然并从自然界获取生活资料的能力,包括劳动对象、劳动资料、劳动者等实体性要素,也包括科学技术、教育、经营管理等非实体性要素;生产关系是生产中人与人的关系,包含生产资料所有制、产品分配关系、劳动地位等要素。生产力是生产过程的内容,生产关系是生产过程的组织形式。

生产力决定生产关系,有什么样的生产力就会有什么样的生产关系与之相适应。生产力是最活跃、最革命的因素,处在经常的、不断的变化发展中,随着生产力诸要素不断地改造和增加新的因素,生产力的水平和范围也随之不断扩大,必然会对生产过程的组织形式提出新的要求。生产关系作为制度化了的经济交往关系则是相对稳定的,在一种新的生产关系建立之初,它为生产力的发展提供最为适当的组织形式和充裕的活动范围,从而推动生产力较快地向前发展。然而,一旦生产力在适合于自身的形式中获得较大发展,原来的生产关系就会慢慢地不再能满足生产力发展的要求,而由生产力的组织形式变为生产力的桎梏。生产力与生产关系的矛盾就会由原先潜在的形式转变为激化的形式,这一矛盾激化的结果，必然导致社会制度的改革或革命，通过对生产关系进行局部的或整体的调整，建立新的适合生产力发展的生产关系，从而推动社会历史的发展。

一个社会中占统治地位的那种生产关系各个方面的总和构成社会的经济基础，与经济基础相对应、矗立在社会经济基础之上的是社会的上层建筑。上层建筑分两部分：一部分为政治上层建筑，指社会政治交往关系制度化所形成的政治、法律制度和设施等，这是以暴力为后盾的超经济力量；一部分为思想上层建筑，指社会精神交往关系的规范化和意识形态化，也称社会的意识形态。

经济基础决定上层建筑，历史中起决定性作用的因素归根结底是现实生活中的生产和经济状况，上层建筑服从于、服务于经济基础的要求。同时，上层建筑对经济基础的反作用是巨大的，因而其对历史过程的影响也是不容小觑的。政治上层建筑作为一种超经济的力量，以行政、法律等强制形式控制社会经济生活，或者起巨大的保护作用，或者起巨大的破坏作用，加速或延缓历史运动的进程。思想上层建筑，即社会意识形态的阶级属性决定了它必须服务于社会的经济和政治统治，作为一种系统化、规范化、制度化的社会意识，它从思想上引导、感化、感染、说服、教育社会成员遵从、维护社会秩序，为社会经济发展创造优良的环境。但是，落后的、僵死的意识形态对社会历史发展有着极为明显的阻碍作用。在上层建筑领域，思想上层建筑也能够补充政治上层建筑的不足，并以某种方式影响政治上层建筑发挥作用。

应当强调的是，唯物史观认为，强调人类社会历史的客观规律性并不意味着否定人的自觉能动性和创造性，唯物史观恰恰是以人的自由自觉活动的特殊性为前提的。历史规律不过就是人的活动的规律，贯穿于人的活动中并由人的活动体现出来，脱离人的活动谈历史规律，只能导致历史的神秘论。正如马克思所说的，人们在自己的历史活动中，既是“剧作者”，又是“剧中人”。

四、人类社会历史发展的实现机制

人类社会的发展同样是由人的活动推动的。历史唯物主义认为，生产力是社会发展的最初源泉，阶级斗争是社会发展的直接动力，人民群众是推动社会历史发展的主体力量，以人民为主体的革命与改革是解决社会基本矛盾、实现历史规律、推动社会发展的基本形式。

在社会系统诸要素中，生产力直接决定对人们物质需要的满足，而且制约包括思想观念在内的整个社会生活，是社会发展的最初源泉和根本动力。在当代，科技革命构成了生产力发展的突破口和瓶颈，表现在：第一，现代科技革命使科学与技术、科学与生产越来越一体化。新的科学思想从产生到在社会和生产中实现的周期不断缩短，加快了科学向直接生产力的转化，于是产生了科学、技术、生产合而为一的趋势。第二，现代科技革命直接改革了生产力的质的构成，生产力的诸要素越来越多地包含着科学的力量，尤其是掌握科学知识成为现代社会劳动者的必要条件。第三，现代科技革命是一场智能革命，不仅减轻和替代了人的体力，也不断替代和延伸人脑的部分职能，是人脑的一次解放，这全面提高了人们与自然界打交道的能力和水平，极大地推动了社会的发展。第四，现代科技革命不仅使科学技术成为第一生产力，对经济实力和国家能力的提升至关重要，也改变着人们的生活方式、思维方式、价值观念和心理趋向，深刻地影响着社会的进程和人类的未来。

在社会生产有了一定发展而又生产不足的历史阶段上，就出现了阶级现象。剩余产品的出现是阶级产生的物质基础，生产资料私有制的确立则是直接原因。有阶级存在,就会有阶级之间的斗争。阶级斗争的根源是不同阶级在一定经济关系中处于根本对立的地位,阶级斗争的实质就是不同阶级之间根本经济地位、经济利益的冲突和较量,同时也必然扩展到政治和思想领域。在阶级社会中,社会的基本矛盾必然表现为阶级矛盾,并且必然通过阶级斗争的方式得到解决。因为各阶级的利益关系是由社会经济结构的性质和状况决定的,阶级之间的冲突从根本上要求改变社会的经济结构并由此推动社会发展,先进的、革命的阶级的活动更是改造社会、推动历史进步的强大力量。因而,阶级斗争是推动社会发展的直接动力。

阶级斗争的存在是一个历史事实。在社会稳定时期,阶级矛盾处于缓和的状态,阶级斗争可以以和平的、间接的、隐蔽的方式进行;当旧的生产关系阻碍生产力的发展,代表旧的生产关系的统治阶级压制社会变革时,阶级矛盾就会激化,阶级斗争往往以暴力的、直接的、公开的形式进行。马克思主义重视阶级斗争,并不是为了维护阶级斗争的现状,而是通过阶级斗争达到"消灭一切阶级和进入无阶级社会"的历史目标。

阶级斗争发展到一定程度必然引起社会革命。社会革命标志着社会形态发生质的变化,其实质是先进阶级推翻反动阶级的统治,用新的社会制度代替旧的社会制度,从而解放和进一步发展生产力。马克思曾赞誉"革命是历史的火车头",这是因为革命是推翻统治阶级实现社会形态变更的决定性环节和解决社会基本矛盾的最直接方式。无产阶级革命是最彻底的消除阶级对抗,充分利用全人类的文明成果,促进社会全面进步的运动。

改革也是社会基本矛盾运动的必然产物。与革命不同,改革不是社会形态的质变,而是同一社会形态的量变,是一定社会制度的自我完善、自我发展，是统治阶级主动地调整旧的生产关系和经济结构，改变与生产力不相适应的生产关系，改变与经济基础不相适应的上层建筑，为解放和发展生产力释放社会活力。社会主义社会的发展同样离不开改革，恩格斯曾说："所谓'社会主义社会'不是一成不变的东西，而应当和任何其他社会制度一样，把它看成是经常变化和改革的社会。"[①]就当代中国改革的深度和广度而言，此次改革要求从根本上改变束缚生产力发展的经济体制，促进生产力的发展，从这个意义上说，中国的改革也是一场革命，是现代中国的"第二次革命"。

承认历史是人们自己的活动创造的，就必然合乎逻辑和合乎实际地得出人民群众是历史创造者的结论。唯心史观否认人民群众是历史的创造者，而主张历史是少数英雄豪杰、帝王将相的活动创造的。马克思主义唯物史观承认伟大人物在历史发展中的巨大作用，但是更为主张人民群众是历史创造者的群众史观。人民群众创造了社会赖以存在和发展的物质财富，也创造了社会的精神财富，在社会变革中是居于决定性地位的力量。当社会变革到来时，人民群众都会以新社会秩序积极创造者的身份出现，决定社会发展的前途。在社会历史发展的洪流中，广大人民群众的民心所向代表了时代精神，体现了历史的主流，预示着社会发展的方向。人民群众之心不可违，这是群众史观旗帜鲜明的价值诉求。

五、人类社会发展的形态更替与多样性

社会形态是一个社会经济结构、政治结构和文化结构的总和，每一种社会形态都是人类发展史上的一个阶段，历史就是这些阶

① 《马克思恩格斯全集》第37卷，人民出版社1971年版，第443页。

段的依次更替。唯物史观认为,社会的政治结构、文化结构以至整个社会结构都建立在经济结构的基础上,而经济结构(即生产关系)又是由生产力状况决定的。因此,把社会关系归结于生产关系,把生产关系归结于生产力,就能看出社会的发展规律及趋势。

以此为理论基础,马克思主义提出了"五种社会形态"理论,认为在不同时期、不同地区、不同民族那里,在相同的生产力水平上大致可以产生本质相同的社会形态。到目前为止,社会形态有五种类型,依次为原始社会、奴隶社会、封建社会、资本主义社会和社会主义社会(共产主义社会的第一个阶段)。

但是,马克思同时指出,就具体的民族历史而言,社会发展并不是严格按照五种社会形态的序列演进的,有的不必全部经历这五种社会形态而实现跨越式发展,表现出较强的历史选择性和多样性。譬如,美国直接由奴隶社会进入资本主义社会,中国则由半殖民地半封建社会进入社会主义社会。即使是在同一社会形态下,不同的民族、国家也可以选择不同的制度模式,同为资本主义社会,美、英、法、日等国家的制度模式皆不同。从当代中国实际和时代特征出发,建设中国特色社会主义,既是历史的必然,又是中国人民的自觉选择和伟大创造的结果。

同时,马克思更明确地把社会历史演进和发展划分为三个大的阶段或"三大社会形态",这种划分比"五种社会形态说"更具有普遍意义。"人的依赖关系(起初完全是自然发生的),是最初的社会形态,在这种形态下,人的生产能力只是在狭窄的范围内和孤立的地点上发展着。以物的依赖性为基础的人的独立性,是第二大形态,在这种形态下,才形成普遍的社会物质变换,全面的关系,多方面的需求以及全面的能力的体系。建立在个人全面发展和他们共同的社会生产能力成为他们的社会财富这一基础上的自由个性，是第三个阶段。第二个阶段为第三个阶段创造条件。”[①]第一阶段对应原始社会、奴隶社会和封建社会，它们都属于以人的依赖性为基础的社会，是人支配人的社会；第二阶段是对物的依赖性、资本发挥作用的社会，发展社会劳动生产力，是资本的历史任务和存在理由，资本不自觉地为一个更高级的生产形式创造物质条件；第三阶段历史形态，是指人类在消灭了私有制和商品生产以后进入的、以个人自由全面发展占主导地位的社会形态，也就是未来的共产主义社会。

就我国目前的社会发展阶段和社会形态而言，显然，我们正处于社会发展的第二阶段。中国共产党提出走中国特色社会主义道路，发展社会主义市场经济，既是对社会历史发展规律的尊重，又是对始终坚持社会主义基本制度，坚持共产主义未来目标的自觉追求。我们清醒地将自身定位为社会主义初级阶段，这既是符合客观实际的科学判断，也是对马克思主义唯物史观的学说的继承和发展。

第六节　社会进步与人的全面发展

社会进步是由人的实践活动来实现的，在这一过程中，人的实践活动不断创造现实，又基于现实的基础上不断变革现实、超越现实。人是社会的主体，人们所追求的社会进步归根到底在于实现人的发展，它的最高目标是人的全面发展。人的发展依赖社会进步，又促进着社会进步；社会进步依赖人的发展，又促进着人的发展。

---

① 《马克思恩格斯全集》第46卷(上)，人民出版社1979年版，第104页。

一、社会进步的含义和评价尺度

作为哲学范畴的“社会进步”，是指社会合乎必然性的前进发展，是社会由旧的历史时代向新的历史时代的转变。社会进步的含义意味着承认人类的历史发展尽管历尽曲折但总是在前进，因而是一种积极的历史乐观主义态度。

“进步”的基本含义是向上或向前发展，标志是表现得比原来更好。社会进步论包括四层含义：第一层含义是对社会向善论的预设，即认为社会向着越来越完善的方向发展；第二层含义是对人性向善论的预设，即相信社会主体的德性能够被提高和完善，因而人性将不断完善，趋向理想人格；第三层含义是相信人的理性和认识能力，相信人类知识和科学技术将不断增长；第四层含义是对力量的追求，相信人类能够不断增强自身的能力，征服自然界，增进人类幸福。一般而言，社会进步是指社会呈现为一个从低级到高级、从简单到复杂、从不完善到完善的进程，社会进步的信念本质上是人类改善自身状况的需求，是人类发展和实现其本质力量的内在要求在观念上的反映。

人们说社会是进步的，就表示他们希望和相信进步能够发生，并且会为此而作出努力，通过人的实践劳动使进步得以实现。社会进步必定是一个过程，或者说社会必定要经历一个过程才能趋近理想目标，这个过程需要人们的不断努力和有所行动，或者是推动社会持久的、缓慢的进化，或者是果断地采取行动，实现社会质的飞跃。社会的进步往往是通过社会形态的更替表现出来的。

为了使社会能够健康发展，真正实现社会进步，就需要确立正确的社会进步观念和合理的社会进步评价尺度。人们总是根据对已有社会活动的评价，引导自己的历史创造活动。无论在实践中还是在认识中，追求真理和创造价值既是推动人类进步的历史活动的内在原则，又是其两大精神支柱，因而，真理原则和价值原则是评判社会进步的基本尺度，实现真理与价值的统一是人的活动和社会进步的最终目标。

所谓真理原则，就是人类必须按照世界的本来面目去认识世界、改造世界（包括认识和改造人自身），追求和服从真理。所谓价值原则，就是人类必须按照自己的尺度和需要去认识世界、改造世界，使世界适合于人的生存和发展。真理和价值是人类同一活动的两个基本方面，是相互补充的。脱离了真理的价值原则是失去了轨道的原则，脱离了价值的真理原则是没有意义的原则。并且，真理与价值同是人类活动所追求的目标，人们在活动中总是以某种方式达到二者的一定程度的统一。一般来说，我们总是要求价值服从真理，使需要服从可能，使暂时服从长远，使局部服从全局。就不断发展的人类整体来说，它的根本利益和价值原则是同真理相一致的，因此，代表人类利益的先进阶级、先进社会势力总是能够通过自我调节（包括自我牺牲）而达到真理和价值的统一。

唯物史观认为，所谓历史领域的真理就是人类社会历史规律的客观性和必然性，而价值目标则是实现人的自由而全面的发展。在其活动中，人总是不断从价值走向真理，从真理走向价值。社会历史的每一次进步和发展，总是朝着更深刻、更全面地满足人的生活条件和实现人本身的价值的方向前进。理解了这一原理，我们就能够充分地理解并自觉贯彻马克思主义的科学性与革命性的统一，实事求是与解放思想的统一，从实际出发与勇于开拓创造的统一，坚持真理与对人民负责的统一，尊重历史发展规律与不懈地争取人类解放的统一。这五个“统一”作为衡量和评价社会进步的尺度，同时也是真善美的高度融合，它们指向的历史方位就是人通过自身的不断认识、自我改造、自我丰富和发展，最终进入共产主义社会。

二、社会进步的现实表现

人类社会进步是真善美的统一，但是在具体的历史进程中，真善美的理念和原则会通过不同的社会实践和社会要素表现出来，成为衡量社会进步的最为直观的现实。现实标准和标志的综合，不断加深和丰富着人们对社会进步的认识。

生产关系的变化是社会进步的最为直观的标志。马克思主义历史观认为，生产关系的性质是社会进步的尺度。因此，在很长一段时间，我们都一直以生产关系的变化作为衡量社会进步的标志。其理由是，生产关系是判别社会形态由低级向高级发展进步的尺度，虽然生产力是社会发展的最终决定力量，但它本身并不表征社会的性质，表示这种性质的是生产关系。而且，生产关系是人的关系，直接与人相关涉，反映人的生产和生活状况。马克思根据生产关系的变化将社会发展过程划分为不同的阶段和社会形态，而社会形态的更替是一个由低级向高级、不断向前进步的标志，共产主义社会是人类不断趋近的最高、最完善、最先进的社会形态。

但是，在历史实践中，我们曾犯过将生产关系标准绝对化的错误，表现为不顾落后的生产力的实际水平，片面追求“一大二公”纯而又纯的生产关系的公有制形式，并简单地用公有制尺度裁夺生产的不同形式，人为地取消与公有制生产关系不相吻合的生产样式，结果对生产力的发展造成巨大破坏，导致社会进步的进程出现中断，甚至是倒退。历史的经验和教训值得我们深刻反省和深入检视。

生产力的发展是衡量社会进步的最高、最根本标准。马克思主义唯物史观认为,物质生产力是决定整个社会发展的最终力量,是衡量整个社会发展的根本标准,是对社会进步来说最有决定意义的方面。因为生产力发展是社会发展的根本内容,社会是人与人、人与自然之间双重关系的统一,其中人与自然的矛盾是最根本的,人与人的关系是适应人与自然的关系而建立的,并随之不断改变。人与自然的矛盾需要通过发展生产力的方法来解决,因此生产力的发展是社会发展的根本内容。同时,生产力是实现社会发展多种目标的根本条件,多种目标,如政治制度的完善、思想文化的提高、人的主体能力的提升、生活方式更趋合理的实现归根结底取决于生产力的发展。生产力的发展体现了一个社会的结构的合理结果、社会生产关系的先进成果、人类主体能力提升的杰出成果,这些成就都是客观的、可测度的,这是生产力标准最独特的、重要的优点和特点,它不仅为人们分析社会进步提供了可靠依据,而且揭示了社会进步的实质。

对于生产力标准,我们也应当注意,作为根本标准的生产力标准同样不是唯一标准,我们也不能把生产力标准绝对化,现实实践中的“唯经济论”“唯 GDP 论”即生产力标准绝对化的表现;发展生产力不能仅关注速度和数量,对于发展质量的要求正越来越成为社会进步的重要标志;发展生产力不能只强调社会物质的极大丰富,因而忽视人们精神、文化层面的要求,应防止人的异化和扭曲。

文化和文明的进步是社会进步的重要指标。文化是人们在改造世界对象性活动中所展现出来的人的本质、力量和尺度及其成果,映现的是人类的物质和精神力量所达到的程度和方式,是每一个社会成员的社会发展和精神成长的直接表现。文化越发达,表明人类越依赖于自己创造的文化世界,文化的积极成果便是文明。文明是文化中进步、积极、合理成分的总和,是文化进步在物质方面和精神方面的结晶，标志着人类社会进步的程度和开化的状态。文明程度越高，社会的发展水平和进步程度也就越高。马克思主义以物质文明的发展和特点作为划分人类文明时代的依据，较发达的物质文明代表着社会较高的发展水平和进步状态。但是，精神文明在社会文明建设中同样也有着重要的作用。特别是一个社会占统治地位的政治思想和人们的道德风尚、精神风貌，是体现一个社会文明最有代表性的因素，是社会进步的鲜明指标。

经济发展、政治进步、文明开化均可作为社会进步的显性标志，因而社会进步的评价和衡量标准必然是综合的。但是，无论哪一个指标，其最根本的指涉无不指向人的自由而全面发展，人的自由全面发展才是社会进步的最终目的和实现的标志。

三、人的全面发展及其历史进程

马克思主义历史观认为，人是社会的主体，人的发展与社会进步是同一过程的两个方面，人本身就是目的，人所做的一切最终要回归到人。社会的进步依赖于人的发展，内含着人的发展，并为人的进一步发展创造条件，开辟新的可能性；人的发展又不断为社会进步提出更高的要求，以更强的主体能力和主体实践实现社会的发展，推动社会的进步。没有人的持续而全面的发展，就没有社会持续而全面的发展。

在很长一段时期内，社会的发展和进步是以牺牲个人为代价的，马克思试图通过揭示社会发展规律来探讨个人发展的途径，寻求个人发展与社会发展相统一的方法，并得出这样的结论：若不是每个人都得到解放，社会本身也不能得到解放，共产主义是以每个人的自由全面发展为原则的社会形式。马克思所阐述的人类社会发展的三阶段理论就是以人的发展状况为依据的，具体如下：

第一个历史阶段是人的依赖关系占统治地位的阶段。在这一阶段中，个人没有独立性，而是以人身依附为特征，直接从属于一定的社会共同体，人们的活动范围限制于共同体的内部，在孤立的地点和狭窄的范围内发生地方性的联系。人类文明的早期生产方式，基本上使每个人都能够为自己拥有的刚刚超出动物式本能的多种力量找到表现和发挥的渠道，这是一种原始的丰富性，表明最初的人也是具有某种完整性的人。

随着生产力水平的提高和社会财富的增加，特别是有了剩余产品以后，社会上一部分人逐渐脱离了生产过程，专门掌管公共事务、宗教、教育、艺术等活动，而其他人则成为繁重的物质生产活动的承担者，人类的物质活动和精神活动、体力劳动和脑力劳动由此分化，乃至分离，人的原始丰富性和完整性逐渐被瓦解。

第二个历史阶段是以物的依赖关系为基础的人的独立性的阶段。这一阶段形成了具有普遍的社会物质变换、全面的关系、多方面的要求以及全面的能力等特质的体系。个人作为商品生产者和交换者，摆脱了各种自然发生的和传统的社会联系，摆脱了对直接共同体的依赖或隶属，获得了形式上的独立性。商品经济按其性质来说是平等和自由的，人们在平等、自由的基础上，形成了相对独立的人格。但是，从人本身的发展状况看，在物的依赖关系中，个人几乎完全受物的统治。交换价值作为整个生产制度的客观基础，从一开始就包含着对个人的强制，个人完全是由社会决定的，并且生产者只有作为交换价值才能存在。

物对人的奴役和统治表现为货币对人的支配或人对金钱的崇拜，表现为个人受社会总的生产条件的摆布，表现为个人受制于强制性的分工而造成的人的片面性。人被限定在越来越狭小的领域中，成为单向度的片面的人。

第三个历史阶段是建立在个人全面发展和共同的社会生产能力成为自身的社会财富这一基础上的自由个性的阶段。在这个阶段,社会关系不再作为异己的力量支配人,而是置于人们共同的控制之下。人们将在自觉、丰富、全面的社会关系中获得自由、全面的发展,成为具有自由个性的人。

在这一阶段上,由于物质财富的充分涌流,工农差别、城乡差别、脑力劳动和体力劳动差别的消失,人人各尽所能,消费品按需分配,对人的发展提供了丰富而全面的活动空间。这主要表现在旧式分工的消灭。旧式分工泯灭人的大部分才能,使极小部分的才能得到片面、畸形的发展。旧式分工的消灭把人力从直接的物质生产过程中完全解放出来,从根本上消除了限制人全面发展的障碍。这主要表现为以下三个方面:

第一,自由时间更为充裕。时间就是生命本身,是人的积极存在,充裕的自由时间给人提供了广阔的发展空间,人们可以更好地发挥自己的兴趣、爱好、力量和才能,不再为谋取物质生活资料而奔波操劳,而是以自身的能力和个性的全面发展为目的。

第二,劳动的自主性大大增强。劳动不再仅仅是谋生的手段,而转变为生活目的,转变为自由自觉的活动,即自主劳动。劳动的创造是人的天性,也是人的乐趣、幸福和生命的意义所在。在未来社会,生产条件受联合起来的劳动者共同支配,生产以社会的方式进行,科学技术的充分运用使劳动不再成为艰难沉重的负担,转而成为人的本质力量的积极实现,充满着创造的自由和乐趣。这一历史形态的充分发展,孕育着人的发展的新的历史形态——“自由人联合体”中的自由个性。真正实现人的全面发展的社会形态,即马克思所说的“自由王国”,就是未来的共产主义社会。在共产主义社会中,人的全面而自由的发展是普遍的现象,它实现的是每个人的全面而自由发展。

第三，人立足于现实而又追求着理想。我们相信人类的未来是美好的，美好的未来社会要靠我们现实的努力来实现。社会主义制度的建立给我们开辟了一条通往理想王国的道路，而理想境界的实现则要靠我们的辛勤劳动。劳动，辛勤的、持久的、自觉的、创造性的脑力劳动和体力劳动，是推进社会全面进步和促进人的全面发展、使人类由必然王国到达自由王国理想境界的最可靠保证。

第三章　中国哲学要览

中国哲学诞生于五帝与夏、商、周时代。先民们在认识并参与自然的活动中以及在农业生产中，逐渐有了对自然、社会和人类自身的思考，从而促使了哲学的产生。

第一节　先秦诸子学

在五帝（约前 26 世纪初～前 21 世纪）、夏（约前 2070～前 1600）、商（约前 1600～前 1046）、西周（约前 1046～前 771）时期，中国的先民们继承原始宗教和祖先崇拜，祈求神灵保佑。各种祭祀成为普遍的习俗、礼仪。其中，与政治活动关系密切的是天神崇拜与祖宗崇拜。郊天之祭和有关“天”的宗教观念大约在尧时就已经形成。夏王朝是在部落联盟基础上建立的第一个国家，同时，部落联盟的首领也是最高祭司。

夏代时，人们便开始将天神崇拜与祖宗崇拜合二为一。在夏商周的祭祀活动中，只有王者才有资格祭天，祭天的大祭师总是以其先祖作为配祭，这就是所谓“以祖配天”。这是因为《礼记·郊特牲》认为，万物的本原是天，人的本原是祖，所以祭天帝时要以远近的先祖作为配享。追思天神，也追思先祖，旨在时时想到报答他们的恩德。

在商周之际的革命中，较之夏商两代的主政者，周人的观念发生了很大的变化，即把“以祖配天”发展为“以德配天”，把血缘性的祖宗崇拜发展为政治与道德性的祖宗崇拜，把外在性的天神崇拜逐渐内在化、道德化。这些变化影响了整个中国哲学思想史的走向。

殷商时代的人们即在浓厚的宗教意识中产生了道德意识。如盘庚在关于迁都的几个文诰中流露出明显的道德性的诉求。“呜呼！古我前后罔不惟民之承保，后胥戚，鲜以不浮于天时。殷降大虐。先王不怀厥攸作，视民利用迁。”（《尚书·盘庚中·商书》）这段话的意思是说：“从前我的先王没有不尽心爱护人民的，臣民也互相体谅，无不顺从天意。以前上天降灾给殷，先王不敢留恋旧部，为保护人民的利益而迁都。”盘庚的这些训诫不但凸显了当政者的笃诚敬业，也包含了对民意、民利的尊重，体现了人文主义的萌芽。

周取代殷商以后，周人进一步有了人文自觉，这种自觉源于他们以小邦而承受天命以及对夏殷两代“天命”得而复失的教训的总结。周人的人文自觉主要体现为强烈的忧患意识。强大的夏、殷两朝分别在桀、纣手中败亡，说明“天命”是可以转移、变更的。在《康诰》中，周公告诫康叔“惟命不于常”。意思是，命是可以改变的，关键是主政者要“明德”“敬德”。文王能够“明德慎罚”，即修明自己的德行，小心谨慎地处理刑罚事务，不敢欺侮鳏寡孤独，勤恳，诚敬，审慎，敬畏，任用、尊重贤人，惩罚坏人，其德行在人民中非常显著，上天知道了，这才降给他灭殷的大任。周人认识到“天命靡常”(《诗经·大雅·文王》),懂得了“皇天无亲,惟德是辅”(《左传·僖公五年》引《尚书》)的道理,内心充满了责任感,增强了忧患意识,从把责任、信心交给皇天上帝转而由自我担当。这是中国人文精神最早的表现,是以“敬天”“保民”为基础,以“忧患”“担当”为形式的道德意识,具有浓厚的人文主义色彩,开启了中国人文精神的发展道路。

一、孔子的哲学思想

孔子(前551～前479),姓孔名丘,字仲尼,鲁国陬邑(今山东曲阜东南)人。他的祖先是宋国贵族。孔子3岁丧父,少时“贫且贱”。长大后,曾担任管仓库的“委吏”和管畜牧的“乘田”等小官,颇有才能。他学无常师,努力掌握三代文化,特别是周代的礼乐。30岁左右,孔子开始兴办私学,在社会上渐渐有了名声。50岁时,他当上了鲁国的中都宰。中都是鲁国的公邑,孔子在此任职一年,政绩颇佳,“四方皆则之”。第二年,孔子升任鲁国的小司空,这是掌管土木的副官。后升任大司寇,这是负责国家司法、刑狱和治安的最高长官,爵位为大夫。孔子以司寇之职摄行相事。在齐、鲁夹谷之会上,孔子以智谋使鲁国取得了外交与军事胜利。其后,因政局动荡、齐人离间,孔子不得已率弟子离开鲁国,奔走于卫、宋、陈、蔡、齐、楚等国,度过了14年的流亡生涯。由于自己的道德理想主义以及政治主张不为各国执政者所采纳,孔子找不到一个容身之所,在陈蔡之间竟陷于绝粮的窘境。但他仍然“知其不可为而为之”,持守道义,席不暇暖,不畏辛劳,乐以忘忧,在困厄中与弟子“习礼大树下”,“讲诵弦歌不衰”(《史记·孔子世家》)。孔子重返鲁国时已68岁。他在生命的最后5年,专力从事讲学和整理古代文献典籍,删修“六经”。孔子的思想及其开创的儒学奠定了中华民族人文精神的核心价值。

(一)天命

人不能没有终极关怀，这种关怀是支撑生命的信仰。孔子继承了三代天命观念的大传统，一方面保留了天的神秘性和对于天、天命的信仰；另一方面又修正了周代关于天帝、天命只与天子、诸侯、大夫等贵族阶级有关的看法，使君子直接地面对天帝，在人生的道路上由“畏天命”进而“知天命”，从而肯定了个人所具有的宗教性要求。

孔子为什么要反复申言对天的信仰和对天命的敬畏呢？“天”关涉到人的类本质和类特性，首先是宗教性和道德性。他通过对生命的践履与体验，来体悟天命与人之自由的关系：“吾十有五而志于学，三十而立，四十而不惑，五十而知天命，六十而耳顺，七十而从心所欲，不逾矩。”(《论语·为政》)孔子通过对上古思想的改造，把超越与内在结合起来。如果说“命”只是外在的命运的话，那么“天命”就关系到内在。一个能够驾驭生活、驾驭世间的外在力量并全面发展自己的内在本性的人，一个积累了一定的生命体验的人，才能逐渐体悟到天所赋予人的“性”，直接面对一个人的命运或局限，并对天道、天命和道德人格典范有所敬畏，而又积极地去追求生命的意义和死亡的意义，勇于承担自己应承担的一切，包括救民于水火，博施济众，修己安人，杀身成仁，等等。这就把天做主宰转化为人做主宰了。宋国司马桓魋想要杀孔子，孔子说：“天生德于予，桓魋其如予何？”(《论语·述而》)孔子在匡地被人拘禁，他心地坦然地说：“文王既没，文不在兹乎？天之将丧斯文也，后死者不得与于斯文也；天之未丧斯文也，匡人其如予何？”(《论语·子罕》)这是天命内容中的应有之义。这说明，在孔子那里，天命不是被动的、宿命的。相反，有道君子会以天降大任大命为自我担当，以一身正气承担天下兴亡之责、文化神州的安危和人文传统的延续。

（二）仁

孔子重“仁”，“仁”是孔子思想的中心观念，也是中国哲学的中心范畴之一。“仁”是什么？孔子并没有直接表述，正如老子没有直接说“道”是什么一样。我们可以通过孔子与当时人的对话中体悟“仁”的多重意涵。这些对话在具体的时空中进行，在特殊的语言场景中，提问者有不同的年龄、身份、性格、经验、问题意识与提问方式，要求孔子因材施教，因此我们要慢慢琢磨体会孔子“仁”的含义。概括如下：

第一，以“爱人”为“仁”。“樊迟问仁，子曰：‘爱人。’问智，子曰：‘知人。’”（《论语·颜渊》）孔子主张仁智双彰，以爱人为仁，知人为智。他继承周公以来的人道主义传统，不仅反对人殉，甚至对以人形的木陶俑陪葬都表示厌恶。另据《论语·乡党》记载，孔子退朝，闻知马厩失火了，他首先问“伤人乎？”不问马。由此知孔子关心的是人，而不是马（“马”代表的是财产），这种情形体现了他的“爱人”思想。

孔子所重在“民、食、丧、祭”（《论语·尧曰》）。他反对暴政，主张仁政，肯定子产的“惠民”举措，希望统治者不违农时，使百姓维持生活、生产，有一定的生活保证。他关心民生，同时注重教化。如：“子适卫，冉有仆。子曰：‘庶矣哉！’冉有曰：‘既庶矣，又何加焉？’曰：‘富之。’曰：‘既富矣，又何加焉？’曰：‘教之。’”（《论语·子路》）

第二，以“克己复礼”为“仁”。“子曰：‘克己复礼为仁。一日克己复礼，天下归仁焉。为仁由己，而由人乎哉？’”（《论语·颜渊》）“克”是“约”的意思，克己是约束、克制、修养自己，复礼是合于礼。

礼是一定社会的规矩、规范、标准、制度、秩序，可被用来节制人们的行为，调和各种冲突，协调人际关系。一个稳定和谐的社会秩序总是要靠一定的礼仪规范来实现，包括一定的等级秩序、礼义仪节。孔子重礼执礼，发掘礼的让、敬的内涵，一方面肯定“克己复礼”，主张“博学于文，约之以礼”(《论语·雍也》)，即以礼修身，强调教养的重要性；另一方面则转向内在道德的建立，强调“为仁由己”(《论语·颜渊》)。儒家的学问是“为己之学”，而不是做样子给别人看的“为人之学”。

第三，以“忠”“恕”行“仁”。孔子说：“夫仁者，己欲立而立人，己欲达而达人。能近取譬，可谓仁之方也已。”(《论语·雍也》)根据孔子的表述，仁是人自己在社会中要立得住，同时也能影响和开悟别人，让别人也立得住；自己内心通达了，也要帮助别人，让别人的内心也通达。如果人们都可以从当下生活的一点一滴中这样去做，就是为仁。与孔子此语接近的还有另一句话是：“出门如见大宾，使民如承大祭。己所不欲，勿施于人。”(《论语·颜渊》)后人把孔子的这些说法称为“忠恕”之道。“忠恕”之道是孔子指导人们如何行仁的方法，并没有回答仁是什么。但是，通过孔子关于如何行仁的论述，我们可以体会到：仁是以“爱人”为基础的道德要求。

第四，以道广“仁”。仁并非空洞的道德说教，而是具有社会文化的核心价值在内。“子张问仁于孔子。孔子曰：‘能行五者于天下为仁矣。’‘请问之。’曰：‘恭、宽、信、敏、惠。恭则不侮，宽则得众，信则人任焉，敏则有功，惠则足以使人。’”(《论语·阳货》)孔子所讲的仁是社会之“道”。这些“道”不仅是百姓需要遵循的，更是社会中有禄位的诸侯、卿大夫、士等所要遵循的。所以，仁不仅针对个人修养，更是就社会普遍价值的推广。在这个方面，仁对人心起到了一个道德定向的作用。所以，孔子说：“知及之，仁不能守之,虽得之,必失之。知及之,仁能守之,不庄以莅之,则民不敬。知及之,仁能守之,庄以莅之,动之不以礼,未善也。"(《论语·卫灵公》)这里强调了仁德高于个人的聪明才智,强调了严肃庄敬的态度和合理合法施政的重要性。

(三)中庸

孔子把"中庸"作为为人处世的方法。孔子说:"中庸之为德也,其至矣乎!民鲜久矣。"(《论语·雍也》)"中庸"是道德修养的最高境界,一般人很难达到。"中庸"又是普遍的方法学。"庸"有三义,一是"平常",一是"不易",一是"用"。"中"即适中,中和,指的是不偏不倚、无过无不及的标准。"子贡问:'师与商也孰贤?'子曰:'师也过,商也不及。'曰:'然则师愈与?'子曰:'过犹不及。'"(《论语·先进》)他认为,子张处事有点过分,子夏处事有些赶不上,两种做法同样不好。在文质关系上,孔子主张:"质胜文则野,文胜质则史。文质彬彬,然后君子。"(《论语·雍也》)这是文质关系的中道。孔子评论《关雎》:"乐而不淫,哀而不伤。"(《论语·八佾》)这是哀乐情感表达的中道。

中庸之道不是不讲原则,不是迎合所有的人,那是滑头主义的"乡愿"。孔子说:"乡愿,德之贼也。"(《论语·阳货》)《礼记·中庸》引孔子的话说:"君子中庸,小人反中庸。君子之中庸也,君子而时中。"要随时符合标准,而那标准其实也是随时迁移的。如果一定时空条件下的"礼"是标准与原则的话,"时中"的要求则是指与时偕行。孔子主张"立于礼",尊礼,不是机械地执行礼,而是要根据当时的伦理情境,作出合理合礼的决定。所以,中庸的精神是通达权变,强调动态的平衡统一,体现原则性与灵活性的统一。

二、老子的哲学思想

老子是我国著名的哲学思想家、道家代表人物，被奉为道教的鼻祖。关于老子其人，历史上有诸多说法。《史记》中记载了三个老子：老聃、老莱子、太史儋。前两位生活在春秋末期，约与孔子同时；后一位则生活在战国时期。学术界一般认为老子即老聃(大约生于公元前581年，或公元前571年，卒年不详)，姓李名耳，字伯阳，谥曰聃，楚国苦县(今河南鹿邑)人。老子及其先人世代为周史官。他曾做过周朝“守藏室之史”(管理藏书的史官)，后因避内乱，隐归故里。一说老子离开王畿时，守关的长官、他的好友尹喜请他写下了后世称为《老子》的书。老子学问渊博，相传孔子非常敬重他，曾经向他请教过周礼。

(一)“道”是宇宙本体

老子哲学体系的核心是“道”。“道”的本意是道路。春秋时期的文献中，多次提到“天道”“天之道”“人道”等概念。老子的贡献则是把“道”抽离出来，使之成为一个独立的形而上学的哲学范畴。对于什么是“道”，《老子》一书并没有做正面界定，但留下了不同层面的说明、暗示和隐喻，供后世去体会。

第一，“道”是形而上的。《老子》中的“道”是真实存在的、浑然一体的东西，没有具体形象和名字：“有物混成，先天地生。寂兮寥兮，独立而不改，周行而不殆，可以为天地母。吾不知其名，故强字之曰道，强为之名曰大。大曰逝，逝曰远，远曰反。故道大，天大，地大，王亦大。域中有四大，而王居其一焉。王法地，地法天，天法道，道法自然。”(《老子·二十五章》)

“道”不可见、不可说，但又不是无，为非说不可之说。于是，老子用了如上的说法来形容“道”。有一个“物”，先于天地而生，混沌不清，无声无形，自古及今独立存在，没有改易。它不停息地、周而复始地运行，可以作为天地万物的根源。我们或者可以勉强称它为“道”或者“大”。“大”则逝去，逝去则遥远，遥远则又返归本原。道、天、地、人是宇宙间最重要的存在，人只是其中之一。人效法地，地效法天，天效法道，道则自然而然，即以自己原初的那个样子、那种状态为法则。“先天地生”，“独立而不改”，表明“道”是独立的，无对待的，无生灭的，不依于现象世界的。这个“先”，不是时间的先后，而是逻辑的先在，这表明了“道”的形而上特点。

第二，“道”是宇宙发源。“道，可道，非常道；名，可名，非常名。无名，天地之始；有名，万物之母。故常无欲，以观其妙，常有欲，以观其徼。此两者同出而异名，同谓之玄。玄之又玄，众妙之门。”(《老子·一章》)这里涉及“道”与“名”、“道”与“有”“无”、“道”与万物的关系。“徼”指边界，即事物间的界限，也可引申为端倪。“玄”即谓幽深难测。“道”是整体性的，它在本质上既不可分割，也不可界定、言说。“道”是无限的，不可以用有限的感观、知性、名言去感觉、界说或限制。可以言说、表述的“道”与“名”，不是永恒的“道”与“名”。“无名”才是万物的本始和源泉；“有名”只是事物多样性的开端。这表明“道”也是先于语言概念的。无欲之人才能体悟“道”的奥秘，利欲之人只能认识事物的边界或表层。“道”与“无名”是同一个东西的两个不同的名称，都叫作“玄”。“无名”是无形无限的宇宙本体，“有名”则是有形有限的现象世界，通过两者之间的变化，人们可以探索幽深玄远的宇宙本体和奥妙无穷的现象世界。

(二)“道”是鼓动万物的力量

“天下万物生于有，有生于无。”(《老子·四十章》)“无名”包含着“有名”，“有生于无”。“道”生成并包含着众有、万象、万物，但又不是众有、万象、万物的机械相加。老子的哲学并不排斥和否定“有”，也不排斥事物的种、类以及个体之间的差异，相反，他肯定殊相才是“道”呈现的前提。

第一，万物的产生是“道”的展开。“道生一，一生二，二生三，三生万物。万物负阴而抱阳，冲气以为和。”（《老子·四十二章》）事物源于原始混沌的东西，在道的作用下，产生阴阳两种东西。阴阳两种东西又产生中和之物，中和之物化生万物。万物各自具有阴阳两种力量，二者交错缠绕，形成“和”的状态，“和”催生万物。“道”是一种力量，一直鼓动这个过程的进行。

第二，“道”与“德”。老子不仅讲“道”，而且讲“德”。“德”是“得”的意思。“道生之，德蓄之，物形之，势成之。是以万物莫不尊道而贵德。”（《老子·五十一章》）就是说，自然天道能够产生万物，同时能够使万物发育、繁衍。自然天道养育了万物，使万物得以以一定的形态而存在，并使万物千姿百态，各有特性。万物各自从天道那里获得的“道”成为“德”，所以，万物没有不尊崇“道”而珍贵“德”的。“道”使万物生长，“德”使万物繁殖。一般说来，“道”成就了万物之“德”，“德”代表了“道”，内在于事物之中。

第三，反者道之动。老子一方面以虚无为用；另一方面，又以反向为用。老子认为，“道”的变化、功用有一定的内在规定，即“反者，道之动；弱者，道之用。”（《老子·四十章》）意思是，向反的方向变化发展是“道”的运动；柔弱，是“道”的作用。举凡自然、社会、人生中的各种事物现象，其中都有向相反的方向运行的力量和趋势。既如此，柔弱往往会走向刚强，生命会渐渐走向死亡，事物则处于相互依存、彼消此长的状况。老子说：“天下皆知美之为美，斯恶矣；皆知善之为善，斯不善矣。故有无相生，难易相成，长短相形，高下相倾，音声相和，前后相随。”（《老子·二章》）人们都知道美之所以为美，善之所以为善，那也就知道丑恶了。因为有无、难易、长短、高下、音声、前后都是相对的，它们相比较而存在，相辅相成，相互应和。《老子·七十六章》记载：

人之生也柔弱，其死也坚强。万物草木之生也柔脆，其死也枯槁。故坚强者死之徒，柔弱者生之徒。是以兵强则不胜，木强则折。强大处下，柔弱处上。

老子认识到事物发展的极限，主张提前预测设计，避免事物向相反的方向发展，以防患于未然，因而他提出了“不争”“贵柔”“守雌”“安于卑下”的原则。他主张向水的品格学习，《老子·八章》对此有记载：

上善若水。水善利万物而不争，处众人之所恶，故几于道。居善地，心善渊，与善仁，言善信，政善治，事善能，动善时。夫唯不争，故无尤。

面对万事万物走向自身反面的不可逆转性，老子提出居弱守雌的方法，以使自身在万物轮转之必然中立于不败之地。从这一意图上来看，老子的哲学思想有着积极的意义。

总之，老子的“道”是终极实在，它既是形上的本体，又是人生的法则。它是整体性的，在本质上既不可界定也不可言说，不能以任何对象来限定，也不能将其特性表达出来。所以，“道”又叫“无”“无名”“朴”“一”“大”，不受局限，无终止。“道”是一切事物的源泉与原始浑朴的总体，但它绝不是一个抽象的共相，而是一个流转与变迁的过程。它周行不殆，循环往复，不断返回本根处，在这个运行中实现有形有象的万物世界，即“有名”的世界。“道”是“有名”与“无名”、流变与不变、整体与过程的统一，因此，在一定的意义上，老子之“道”是有与无、虚与实的整体。

三、孟子的哲学思想

孟子(前372～前289),名轲,战国中期邹国人,鲁国孟孙氏后代。孟子幼年丧父,靠母亲仉氏抚育长大。“孟母三迁”“断机教子”的故事成为流传至今的佳话。

(一)人性本善

战国时期,人性问题成为各派争论的焦点。《孟子·告子上》记载了孟子的弟子公都子的提问,这一提问概括了当时有代表性的几个观点:一是告子主张的“性无善无不善”论,二是有人主张的“性可以为善,可以为不善”论,三是无名氏的“有性善,有性不善”论。

告子主张“生之谓性”。在上古时代,“生”字与“性”字可以互训。告子的主张代表了当时流行的看法,他认为,人性如河水一样,引向东方则东流,引向西方则西流,都是由外在环境和条件决定的。孟子则提出了与这一看法迥然有别的新观点。他指出,水可以向东流,也可以向西流,但水总是向下流,虽然人们可以把水引上山,但向上流却不是水的本性,而是外力使它这样的。人也是这样,人性本善,就像水总是向下流。而人的不善,不是由他的本性决定的。也就是说,人之为善,是他的本性的表现。人之为不善,是违背其本性的。例如,牛山草木繁盛,即使通过人为破坏将之变成秃山,也不能说牛山“本性”是不能生长树木的。同样,人在事实经验上的不善并不能证明其本性不善。

孟子认为,人有自然的食色之性,但人之所以为人,或者说人与禽兽的本质差异,在于人有内在道德的知、情、意,这是人所固有的道德属性。《孟子·告子上》认为:“恻隐之心,人皆有之;羞恶之心,人皆有之;恭敬之心,人皆有之;是非之心,人皆有之。恻隐之心，仁也；羞恶之心，义也；恭敬之心，礼也；是非之心，智也。仁义礼智，非由外铄我也，我固有之也，弗思耳矣。故曰：‘求则得之，舍则失之。’”

恻隐之心等情感是善的开端和萌芽。人先天具有对恻隐、羞恶、恭敬、是非等道德的同情心、正义感、羞耻感、崇敬感和道德是非的鉴别和判断能力，这些就是道德理性仁、义、礼、智的萌芽。这是人内在具有的，而不是外力强加的。如果把这些萌芽扩充出去，就可以为善。孟子认为，仁是人的心，义是人的路。人都有仁义之心，如果不加以保养，就会丧失良心。孟子对此举例说明：人们丢失了家养的鸡犬还知道去寻找，然而丢失了良心却不知道去找回来。因此，孟子提出“求放心”，“放心”是放逸散失掉的心，“求放心”就是把那丧失的善良之心找回来。

孟子认为，人与禽兽的差别本来就小，君子保存了人的先天之性，而一般人就丢掉了。《孟子·离娄下》记载：“人之所以异于禽兽者几希，庶民去之，君子存之。舜明于庶物，察于人伦，由仁义行，非行仁义也。”

孟子关于人性的讨论，是从人的情感，即恻隐之心出发的。人的道德直觉和当下的正义冲动，并没有任何其他的功利目的。例如，人们要冲过去救一个落入水井的孩子，在刹那之间，并未做思考。施救者并不是要结交孩子的父母，也并非要在乡人面前展示自己，满足虚荣。之所以施救，是因其内心有一个无条件的道德要求，即绝对命令，此命令使施救者不假思索，当即行动。人作为道德主体，自己为自己下命令，自己支配自己。这一主体既是意志主体，又是价值主体，更是实践主体。仁、义、礼、智不完全是社会中的道德规范，同时也是本心所制定的法则，这体现道德生活的内在性。恻隐、羞恶、辞让、是非等心，既是理，又是情。“四端之心”本身既含有道德价值，同时又是道德判断力和道德实践的驱动力，成为现实的道德主体自我实现的原因。

(二)仁政

孟子的社会政治思想以他的性善论为前提，正因为人有“不忍人之心”，所以才能行“不忍人之政”。他把道德仁义推行到社会、国家的治理之中，提出“亲亲而仁民，仁民而爱物”(《孟子·尽心上》)的推恩原则，“仁者以其所爱及其所不爱”(《孟子·尽心下》)，因为“推恩足以保四海，不推恩无以保妻子”(《孟子·梁惠王上》)。如此，治天下“可运于掌上”(《孟子·梁惠王上》)。他反对“以力服人”的“霸道”，反对以暴力和强权对待百姓，主张“以德服人”的“王道”，提出要爱护百姓，认为只有不喜欢杀人的人才能统一天下。

仁政学说的目的是为民。因此，仁政首先要解决民生问题，在养民、富民的思想基础上，孟子首次明确提出为民制产，认为人民只有在丰衣足食的情况下才不会胡作非为，并接受教化。《孟子·梁惠王上》中认为：“无恒产而有恒心者，惟士为能。若民，则无恒产，因无恒心。苟无恒心，放辟邪侈，无不为已。及陷于罪，然后从而刑之，是罔民也。焉有仁人在位，罔民而可为也？是故明君制民之产，必使仰足以事父母，俯足以畜妻子，乐岁终身饱，凶年免于死亡；然后驱而之善，故民之从之也轻。”孟子认为，仁政应从划分田界开始。人民有土地宅院，有桑麻、家禽、家畜，无冻馁之虞；有丝衣、肉食，是行仁政的结果。在战乱频仍之际，孟子反对不顾人民死活，驱民耕战来满足人君私欲。他反对暴政，反对滥杀无辜，主张轻刑薄税。

孟子的“仁政”思想是对孔子“德治”“重民”思想的发展。他提出了“民贵君轻”的著名思想。他很看重民心，认为民心向背是政治上成功与否的决定因素。《孟子·离娄上》有云：“桀纣之失天下也，失其民也；失其民者，失其心也。得天下有道，得其民，斯得天下矣；得其民有道，得其心，斯得民矣。”他又在《孟子·尽心下》提出：“民为贵，社稷次之，君为轻。”在治理国家、统一天下的问题上，老百姓是最重要的，国家政权是次要的，国君是更次要的。《孟子·离娄下》中提出：“君之视臣如手足，则臣视君如腹心；君之视臣如犬马，则臣视君如国人；君之视臣如土芥，则臣视君如寇仇。”他认为，君有过错，臣可规劝，规劝多次不听则可将其推翻。残暴的君主是独夫民贼，人民可以诛杀他。这是孟子思想中的精华。

四、庄子的哲学思想

庄子(约前375～约前300)，名周，今河南商丘人。庄子生活在齐宣王、魏惠王时期，与惠施为友。他曾做过蒙地漆园小吏。后来因厌恶政治，脱离仕途，靠编草鞋糊口，过着隐居生活。

(一)道论

第一，具有宇宙生成意义的“道”。庄子的“道”是宇宙的本源，《庄子·大宗师》中记载：

> 夫道有情有信，无为无形；可传而不可受，可得而不可见；自本自根，未有天地，自古以固存；神鬼神帝，生天生地；在太极之先而不为高、在六极之下而不为深，先天地生而不为久，长于上古而不为老。

这表明了“道”是无作为、无形象而又真实客观的，是独立的、不依赖外物、自己为自己的根据的，是具有逻辑先在性与超越性的，是有神妙莫测的、创生出天地万物之功能与作用的本体。这个“道”不在时空之内，它超越空间，无所谓“高”与“深”；也超越时间，无所谓“久”与“老”。“有先天地生者物邪？物物者非物，物出不得先物也，犹其有物也。犹其有物也，无已。”(《庄子·知北游》)“道”先于物并生成各物，是使万物成为各个个体的那个“物物者”，即“本根”。它不是“物”，即“非物”，即“道”。由于“道”之生物，万物得以不断生存。这个“道”是“未始有始”和“未始有无”的，他认为：“有始也者，有未始有始也者，有未始有夫未始有始也者。有有也者，有无也者，有未始有无也者，有未始有夫未始有无也者。俄而有无矣，而未始有无之果孰有孰无也。”(《庄子·齐物论》)宇宙无所谓开始，亦无所谓结束，这是因为“道无终始”。

第二，具有普遍意义的“道”。《庄子·天地》中有言：“夫子曰：‘夫道，覆载万物者也，洋洋乎大哉！君子不可以不刳心焉。无为为之之谓天，无为言之之谓德，爱人利物之谓仁，不同同之之谓大，行不崖异之谓宽，有万不同之谓富。’”意思是说，“道”广大恢弘，包容万物。“道”以无为的方式作用万物，没有偏私，如果一个人心怀万物，没有偏私。也会具有“道”的品格，庶几可以近“道”。《庄子·天道》中有言：“夫道，于大不终，于小不遗，故万物备。广广乎其无不容也，渊乎其不可测也。”也就是说，万物都具备“道”，“道”内在于一切事物之中。没有“道”，物不成其为物。“道”无所不在，甚至存在于低下的、不洁的物体中，如在蝼蚁、稊稗、瓦甓甚至尿溺中。

第三，具有整体意义的“道”。《庄子·齐物论》中有言：“夫道未始有封，言未始有常，为是而有畛也。”“道”是浑然一体的，没有任何割裂，没有封界。“道”是圆融的、包罗万象的、无所不藏的。同时，“物固有所然，物固有所可。无物不然，无物不可。故为是举莛与楹，厉与西施，恢恑憰怪，道通为一。其分也，成也；其成也，毁也。凡物无成与毁，复通为一”(《庄子·齐物论》)。这是说，世间的事物，都有其存在的原因、合理性与价值，每一个体的禀赋与命运虽然千差万别，但无论有什么差别，或成或毁，在“道”的层面上，却并无亏欠，万物都是可以相互适应、沟通并在价值上齐一的。也就是说，莛虽小而楹虽巨，厉虽丑而西施虽美，只要不人为地干预，因任自然，因物付物，任万物自用，便可使之各尽其用，各遂其性，万物都有自我存在的价值。“道”是一个整体，通贯万物。庄子所谓“一”“通”“大通”，都是“道”。

（二）与“道”同体

庄子提出“逍遥无待之游”，“至人无己，神人无功，圣人无名”的理想。他的人生态度是“不以心损道，不以人助天”，依此而可以达到“寥天一”的境界。其生命体验、审美体验的方式是直觉主义的“坐忘”。

“仲尼蹴然曰：‘何谓坐忘？’颜回曰：‘堕肢体，黜聪明，离形去知，同于大通，此谓坐忘。’”（《庄子·大宗师》）该篇借孔子与颜回的对话，通过颜回之口表达与“道”同体的感受。“坐忘”即通过暂时与世俗绝缘，忘却知识、智力、礼乐、仁义，甚至我们的形骸，达到精神的绝对自由。“坐忘”的要点是超脱于认知心，即利害计较、主客对立、分别妄执，包括仁、义、礼、乐等。庄子认为，这些都妨碍了心灵自由，妨碍了灵台明觉，妨碍了心对“道”的体悟与回归。

《庄子·大宗师》记载一故事，叙述了人与“道”同体的过程，具体如下：

南伯子葵问乎女偊曰：“子之年长矣，而色若孺子，何也？”曰：“吾闻道矣。”

南伯子葵曰：“道可得学邪？”曰：“恶！恶可！子非其人也。夫卜梁倚有圣人之才而无圣人之道，我有圣人之道而无圣人之才。吾欲以教之，庶几其果为圣人乎？不然，以圣人之道告圣人之才，亦易矣。吾犹守而告之，参日而后能外天下；已外天下矣，吾又守之，七日而后能外物；已外物矣，吾又守之，九日而后能外生；已外生矣，而后能朝彻；朝彻，而后能见独；见独，而后能无古今；无古今，而后能入于不死不生。杀生者不死，生生者不生。其为物，无不将也，无不迎也，无不毁也，无不成也。其名为撄宁。撄宁也者，撄而后成者也。”

“见独”之后，即可进入所谓无古今、无生死、无烦恼的宁静意境。这里强调的是顺其自然，不事人为，以便与“道”同体，与天同性，与命同化。

五、荀子的哲学思想

荀子，名况，亦称“孙卿”，战国后期赵国人，生卒年月不详，其政治、学术活动年代约在周赧王十七年(前 298)到秦王政九年(前 238)。荀子与孟子齐名。荀子年轻时就崇拜孔子，是大儒子弓的私淑弟子。他博学善辩，年轻时便开始于齐国都城稷下学宫游学。后再次入齐，公元前 283 至前 265 年，他在此讲学为师，三次担任稷下学宫的祭酒主管学宫，享有很高的声望。

(一)人性本恶

与孟子的性善论不同，荀子提出性恶论的主张。他提出“性伪之分”的命题，指出：“人之性恶，其善者伪也。”“不可学，不可事之在天者，谓之性；可学而能，可事而成之在人者，谓之伪，是性伪之分也。”(《荀子·性恶》)与生俱来的本能是“性”，而后天习得的则是“伪”。“伪”是人为的意思。“性者，本始材朴也；伪者，文理隆盛也。无性则伪之无所加；无伪则性不能自美。”(《荀子·礼论》)“本始材朴”是人的自然本性，“文理隆盛”是人类的社会制度、文化创造，包括礼义道德。前者需要后者的加工，才能完善美好；后者没有前者作基础，也无可加工。荀子认为道德是后天习得的，是经过人的思虑的积累、官能的反复运用然后形成的行为规范。他认为孟子没有分清“性”与“伪”的区别：“孟子曰：‘人之学者，其性善。’曰：是不然。是不及知人之性，而不察乎人之性伪之分者也。凡性者，天之就也，不可学，不可事。礼义者，圣人之所生也，人之所学而能，所事而成者也。”（《荀子·性恶》）也就是说，礼义是圣人制定的，人们只有通过学习和践行才能将之变为道德品质。

荀子认为人的“性”是“饥而欲饱，寒而欲暖，劳而欲休”，“目好色，耳好声，口好味，心好利，骨体肤理好愉佚”。（《荀子·性恶》）他认为，人的情欲、情感、生理本能是“性”。有肉食，有华丽的衣服，有车马，积累财富，不知满足，这都是人之常情。“性之好、恶、喜、怒、哀、乐谓之情。情然而心为之择，谓之虑。心虑而能为之动，谓之伪。”（《荀子·正名》）耳、目、口、鼻、体等“天官”触物生“情”，但要受心的统帅。心的取舍为“虑”，“虑”之后的行为是“伪”。心为“天君”，其思考、选择是理性思维，理性思维和先验直观必须统御、支配情欲和情感。不然，人们纵情任性，利欲熏心，声色犬马，争夺杀伐，相互欺害，无忠信，无辞让，无礼义文理，整个社会就会陷入淫乱、仇杀、无序的混乱状态。

因此，荀子提出“化性起伪”：“圣人化性而起伪，伪起于性而生礼义，礼义生而制法度；然则礼义法度者，是圣人之所生也。故圣人之所以同于众，其不异于众者，性也；所以异而过众者，伪也。”（《荀子·性恶》）导情、化性而起伪，改变人性，造就治世，是荀子的主要思路。荀子主张“性伪合而天下治”（《荀子·礼论》）。《荀子·性恶》中说：“今人之性，固无礼义，故强学而求有之也；性不知礼义，故思虑而求知之也。”通过后天的教育，或通过国家刑罚与社会规范的制约，让人以理性支配感性，维护社会道德秩序，达到天下出于治、合于善的目标。“凡人之性者，尧舜之与盗跖，其性一也；君子之与小人，其性一也。”“涂之人可以为禹。”（《荀子·性恶》）因此，凡人只要改变内己的性情，化性起伪，化恶为善，就可成为像禹那样的圣人。但这只是一种可能性。在现实性上，并非人人都可以成为君子、圣人。因为人性随后天环境可以发生多重变化，人们“可以为尧禹，可以为桀跖，可以为工匠，可以为农贾，在注错习俗之所积耳”。（《荀子·荣辱》）“注错习俗”是指行动和习惯的积累以及人接受的客观生活环境的影响。君子和小人在本性上是一样的，都爱好虚荣，憎恶耻辱，爱好利益，憎恶危害，但他们求得的方式却是不相同的。君子修行正常的道术——仁义道德，小人修行诡异的道术。在他看来，“性也者，吾所不能为也，然而可化也；积也者，非吾所有也，然而可为也。”（《荀子·儒效》）这是因为人们通过教育和主观努力，可以“习俗移志，安久移质”，从而“积善而全尽，谓之圣人”（《荀子·儒效》）。荀子提出性恶论的主要意图是要改变人的恶性之质而迁于善，因为凡是善的、有价值的东西都是人努力的结果。他肯定了人有智能，可以向善，可以通过后天的学习、教化，成就自己，所以他在《荀子·性恶》中说：“涂之人也，皆有可以知仁、义、法、正之质，皆有可以能仁、义、法、正之具；然则其可以为禹，明矣。”

（二）礼治

性恶是礼治的基础。正因为人性本恶，所以才需要以礼义、法治来教育、改变和制约人性。《荀子·性恶》中说：“古者圣人以人之性恶，以为偏险而不正，悖乱而不治，故为之立君上之势以临之，明礼义以化之，起法正以治之，重刑罚以禁之，使天下皆出于治，合于善也。”人们的物质欲求需要社会规范来加以调节、疏导、约束甚至压制，才不致造成纷争混乱。

何为礼？《荀子·礼论》中说："礼有三本：天地者，生之本也；先祖者，类之本也；君师者，治之本也。无天地，恶生？无先祖，恶出？无君帅，恶治？三者偏无，焉无安人。故礼，上事天，下事地，尊先祖而隆君师。是礼之三本也。"这是说，礼有三种本原：天地是生命的本原，先祖是族类的本原，君长是政道的本原。没有天地，不会有生命；没有先祖，不会有族类；没有君长，不会有政道。如果三者偏失一种，就无从安定人民。所以，礼，在上事奉天，在下事奉地，尊敬先祖，尊重君长。这里所说的"三本"，便是指人们生命、族类的本原与政治的基础。人之所以要祭祀天地、先祖，尊重君师，就是因为人总是要问所从来，总是要眷怀、追思。不仅如此，人还要关心回归何处。因此，祭祀天地、先祖，尊重君师的礼仪逐渐演变成礼制。礼制是表达人心的感情，促进社会的秩序化。

从社会与人的性情角度看，荀子认为，礼起源于对人的自然之性（包括情欲情感）的限制，起源于平衡人们无限的欲求与社会有限的财富的矛盾。《荀子·礼论》中说："礼起于何也？人生而有欲，欲而不得，则不能无求，求而无度量分界，则不能不争。争则乱，乱则穷。先王恶其乱也，故制礼、义以分之，以养人之欲，给人之求。使欲必不穷乎物，物必不屈于欲，两者相持而长，是礼之所起也。"人们正当的物质欲求需要满足，但社会财富毕竟有限，因此只能确立社会名分以及等级来进行分配，以解决欲求无限和生活资料有限的矛盾，这套制度就是礼。

礼与政治不可分。荀子认为，人们的生存离不开社会，一个社会的组成及其秩序化，靠社会分工和等级名分制度加以确立，礼是维系一个秩序正常运转的方式。荀子指出，人与动物的区别就在于能"群"，而人之所以能"群"，在于能"分"。以什么"分"？他认为是义，并指出："故义以分则和，和则一，一则多力，多力则强，强则胜物。故宫室可得而居也。故序四时，裁万物，兼利天下，无它故焉，得之分义也。故人生不能无群，群而无分则争，争则乱，乱则离，离则弱，弱则不能胜物。"（《荀子·王制》）人是社会性的动物，面对自然，面对野兽，必须联合成群体，而任何群体，必然有一定的组织形式，要有分工和合作。这样一来，群体中难免就会出现等级名分，以决定消费品之分配，以避免发生争斗和内乱。他提出"明分使群"的命题，指出："欲恶同物，欲多而物寡，寡则必争矣。故百技所成，所以养一人也。而人不能兼技，人不能兼官；离居不相待则穷，群而无分则争。穷者患也，争者祸也，救患除祸，则莫若明分使群矣。"（《荀子·富国》）一个人的能力再大，他也不能兼通数种技艺，兼管各种事务，一个人的生活所需，要靠众多人的各自的生产。在群居生活中，一定要明确各自的职分和等级。明确各人的职分是人能"群"的前提，反之则乱，礼义则是维持"分"的手段。荀子把合群的力量归结为"圣王""君主"。他在《荀子·君道》中指出："君者，何也？曰：能群也。"《荀子·富国》中亦有："人君者，所以管分之枢要也。"

荀子主张"以礼正国"。他所倡导的"礼治"，是通过社会分工来确立等级秩序。他在《荀子·富国》中说："礼者，贵贱有等，长幼有差，贫富轻重皆有称者也。"他指出，少事长，贱事贵，不肖事贤，是天下之通义，要求人们遵守贵贱贫富等级秩序，安分守己。他说："人无礼则不生，事无礼则不成，国家无礼则不宁。"（《荀子·修身》）"国无礼则不正，礼之所以正国也，譬之犹衡之于轻重也，犹绳墨之于曲直也，犹规矩之于方圆也，既错之而人莫之能诬也。"（《荀子·王霸》）礼一旦制定，就不能违反。即使是王公士大夫的子孙也不能违反，一旦违反，则将被贬为庶人。相反，庶人子孙如果遵守礼义，注重修身，也能被擢升至社会上层。礼有一套传承系统，《荀子·修身》中说："礼者，所以正身也；师者，所以正礼也。无礼何以正身，无师吾安知礼之为是也。"同时，荀子主张在不同的等级中运用不同的约束手段，不能一概而论。他在《荀子·富国》中说："士以上则必以礼乐节之，众庶百姓则必以法数制之。"

"礼治"包括"法治"，归根结底仍然是"人治"。荀子强调隆礼义，也强调法度，是因为礼义、法度属于后王现行的东西，比起先王的《诗》《书》更具有现实意义。他在《荀子·君道》中指出："有乱君，无乱国，有治人，无治法。羿之法非亡也，而羿不世中；禹之法犹存，而夏不世王。故法不能独立，类不能自行。得其人则存，失其人则亡。法者，治之端也；君子者，法之原也。故有君子，则法虽省，足以遍矣。无君子，则法虽具，失先后之施，不能应事之变，足以乱矣。不知法之义而正法之数者，虽博，临事必乱。"法令固然重要，但根本上是人的问题，特别是任用贤人的问题。有法更要有人，用势不如用贤。君子可以制定法、执行法，小人则只可能践踏法，利用法生乱。"好法而行，士也。笃志而体，君子也。齐明而不竭，圣人也。人无法则伥伥然，有法而无志其义则渠渠然，依乎法而又深其类然后温温然。"（《荀子·修身》）

（三）天人之分

荀子提出"明于天人之分"的思想。天的职分和人的职分不同，各有所司。荀子说："强本而节用，则天不能贫；养备而动时，则天不能病；循道而不贰，则天不能祸。故，水旱不能使之饥，寒暑不能使之疾，祆怪不能使之凶。本荒而用侈，则天不能使之富；养略而动罕，则天不能使之全；倍道而妄行，则天不能使之吉。故，水旱未至而饥，寒暑未薄而疾，祆怪未生而凶。受时与治世同，而殃祸与治世异，不可以怨天，其道然也。故，明于天人之分，则可谓至人矣。”(《荀子·天论》)“本”是指农业生产,强本而节用,天就不会使人贫穷;给养充备,动作得时,天就不会使人困顿;遵循着“道”,不出偏差,天就不会使人受祸。违背自然,任意妄行,天就不会使人吉祥。人事处理不当,即使没有发生自然灾害,人民也要遭殃,因此不可以埋怨天。所以说,懂得区分天与人的职分不同的人,即为“圣人”。

天和人各有不同的职能:“人之命在天,国之命在礼”;“天有其时,地有其财,人有其治”(《荀子·天论》);“天能生物,不能辨物,地能载人,不能治人”(《荀子·礼论》)。天产生万物和人类社会,而人能够治理万物和人类社会。荀子主张不要迷信上天,但要尊重天道,在尊重天的前提下,人要有所作为。荀子进而提出了“制天命而用之”的思想,《荀子·天论》即提出:“大天而思之,孰与物蓄而制之?从天而颂之,孰与制天命而用之?望时而待之,孰与应时而使之?因物而多之,孰与骋能而化之?思物而物之,孰与理而勿失之也?愿于物之所以生,孰与有物之所以成?故,错人而思天,则失万物之情。”荀子主张,在区分自然与社会、天与人的基础上,人可以依据自然天道的特点,去使用、因循,以更好地展开人类生活。

第二节　汉代哲学

西汉初期,天下始定,思想界努力从秦朝“焚书坑儒”的极端专制主义及其文化政策的打击中恢复。汉代各种思想由微而显,思想界呈现出异彩纷呈的局面。但总体来说,汉初哲学在形式上表现出两大鲜明特点:一是继续了战国晚期以来的百家思想的融汇;二是思想家们总结秦朝教训,提出治国方略,具有学术与政治结合、思想为政治服务的特点。

一、汉初的黄老思想

黄老道家的盛行是在西汉初期，但是，其思想的渊源则可以追溯到战国中期。在齐国的稷下学宫，以慎到、田骈、环渊等为代表的一批学者对老子的道家思想进行了改造和发展。在与其他稷下学者的长期切磋、辩难的过程中，他们保留了老子的天道观念和无为思想，同时吸纳了诸子百家特别是法家的思想，形成了“以虚无为本，以因循为用”的道家学派。新的道家学派，集中体现了道家在政治哲学方面的新发展，含有丰富的人君南面之术。为了与其他学派相抗衡，这个新的学派假借了黄帝和老子的名义，称自己的学说是从黄帝、老子那里传下来的，故而自号“黄老道家”。

黄老道家思想的理论比较集中地保存在《论六家要旨》和《黄帝四经》中。《论六家要旨》是司马迁的父亲司马谈所作的一篇评论六家短长得失的论文，其中在论及道家时，说了这样一段文字：

> 道家使人精神专一，动合无形，赡足万物。其为术也，因阴阳之大顺，采儒、墨之善，撮名、法之要，与时迁移，应物变化，立俗施事，无所不宜，指约而易操，事少而功多。……道家无为，又曰无不为，其实易行，其辞难知。其术以虚无为本，以因循为用。无成势，无常形，故能究万物之情。不为物先，不为物后，故能为万物主。有法无法，因时为业；有度无度，因物与合。故曰圣人不朽，时变是守。虚者，道之常也；因者，君之纲也。群臣并至，使各自明也。

司马谈所讲的道家实际指的就是汉初盛行的黄老道家。从他的描述中可以看出，黄老道家在思想上兼取了儒、墨、名、法各家之长，并以道家的虚无来加以统御。具体来说，黄老道家崇尚清静无为、因循变化，希望以“无为”的形式来做到“无不为”。因此，它将道家的虚无精神与法家思想融合在一起，从而建构起一种具有自然意义的政治哲学。

长沙马王堆出土的《黄帝四经》则系统地阐发了汉初黄老道家思想的理论实质。《黄帝四经》继承了老子自然天道的思想，认为恒无之初，惟有太虚；太虚浑蒙一体，无形无名，天不能覆，地不能载，而万事万物得之以成。此“太虚”即“道”。“道”超越天地之外，又居于四海之中，万事万物正是因它得以生成。所以，“道”是天地间一切事物产生和变化的终极根据。“道”是自然，是虚无。自然之“道”衍生出了“法”，《经法·道法》记载：

> 道生法。法者，引得失以绳，而明曲直者也。执道者，生法而弗敢犯也，法立而弗改废。能自引以绳，然后见知天下而不惑矣。

“法”就是标准。它由“道”产生，因而也是合于自然之道。因此，“法”的意义在于为人的行为提供合理的行为准则。从此以后，人们有法可循，以法为治，赏罚分明，并最终实现天下大治。

“法”的确立是“因循”的基础，而“形名”则是“以虚无为本，以因循为用”。“形名”是整个黄老道家思想的核心。“形”，从字面上看是指事物外在的形态；“名”，则是指事物的名称。所谓“形名”，实际上就是“因形循名”。事物在外顺应其形而变化流转，在内执守其名而推究其理。

黄老道家的旨趣在于建构一套政治哲学，形名法度因而成了君王操纵天下的权柄，一旦全社会都因形循名、遵守法度，君王自然可以双手揽袖、垂拱而治。

二、董仲舒的哲学思想

董仲舒(前179～前104),广川(今河北枣强)人,两汉时著名的经学家、哲学家。因善治《春秋》,其在景帝时被举为博士。汉武帝即位,在全国范围内举贤良文学以求治国之方。董仲舒先后三次上《天人对策》,主张顺应“大一统”的趋势,结束“师异道,人异论,百家殊方,指意不同”的混乱局面,实现思想上的“大一统”。所谓“诸不在六艺之科、孔子之术者,皆绝其道,勿使并进”,从而达到“统纪可一而法度可明,民知所从”的目的,这就是著名的“推明孔氏,抑黜百家”。(《汉书·董仲舒传》)

(一)人副天数

董仲舒的天人关系理论的起点是“人为天所生”。在他看来,天是包括人在内的万物的始祖。董仲舒在《春秋繁露·为人者天》中论证了人与天的生成关系:“为生不能为人,为人者,天也。人之为人本于天,天亦人之曾祖父也,此人之所以乃上类天也。”“为生”者指的是父母。父母能使子女出生,但不能使人类产生。那么人类是怎么产生的呢?人的出现,只能是天生的。所以,如果说父母给予了人具体的生命,那么天就是人的曾祖父。董仲舒用“曾祖父”表达“远祖”与“始祖”含义。人之所以类天,根本上是因为天按照自己的形象来创造人。人类模仿、类比他的“始祖”生长。从形体上看,人的头,隆而圆,像天之圆;头发,像天之星辰;耳目,像天之明;等等。董仲舒说:“人之形体,化天数而成。”(《春秋繁露·为人者天》)在“人副天数”中,“数”,是指天与人的结构;“副”为“符合”,“人副天数”即指人的结构符合天的结构。

从道德情感上看,“人之德行,化天理而义;人之好恶,化天之暖清;人之喜怒,化天之寒暑;人之受命,化天之四时。人生有喜怒哀乐之答，春秋冬夏之类也”（《春秋繁露·为人者天》）。人间的一切道德和情感都来源于天，甚至人类最重要的道德属性也是源于天。董仲舒在《春秋繁露·王道通三》中说：

> 仁之美者在于天。天，仁也。天覆育万物，既化而生之，有养而成之，事功无已，终而复始，凡举归之以奉人。察于天之意，无穷极之仁也。人之受命于天也，取仁于天而仁也。

从终极的意义上讲，“仁”并不是人所自我拥有的道德秉性，而是天所具有的道德特性。人类模仿天而产生自我，也从天那里复制了“仁”德，并将其视作人类最基本的属性。所以，天并非是在有了人类之后才具备喜怒哀乐等情绪，而是这些情感和道德原本就是属于天的。

（二）天人感应

董仲舒首先从自然界的“同类相动”的现象入手，他注意到大自然中存在着这样一类现象。例如：把琴和瑟两种乐器摆放在一起，当人们拨动其中一个乐器的宫弦时，另一个乐器的宫弦也会自动震动并发出声响。这就是所谓的“气同则会，声比则应”。他认为“同类相动”的原因就在于“类”的相同，具体地说，两种事物在“数”上“相副”，使它们在结构上是相似的，在种类上是相同的，因而在功能上是相通的。

人是效仿天的形象而产生的，人是天的副本，而天是人的“曾祖父”。因此，人与天是同类的。而“同类”事物之间会出现相感相动的现象。所以，天与人之间也存在相互感应的关系，这就是所谓“天人感应”。

“天人感应”的主要作用表现在人类社会的治乱与天道运行之间的关系上。具体来说，人类社会的治乱兴衰状况会影响到天道的运行；反过来，天也会通过灾异或祥瑞来体现它对人间社会治理情况的评判。《春秋繁露·必仁且智》中写道：

天地之物有不常之变者，谓之异，小者谓之灾。灾常先至，而异乃随之。灾者，天之谴也，异者，天之威也。谴之而不知，乃畏之以威，《诗》云："畏天之威。"殆此谓也。凡灾异之本，尽生于国家之失。国家之失乃始萌芽，而天出灾害以谴告之。谴告之而不知变，乃见怪异以惊骇之。惊骇之尚不知畏恐，其殃咎乃至。以此见天意之仁而不欲陷人也。

在董仲舒的思想体系里，灾异不再是自然的、无意义的现象，而是天意对人间治乱的关心和干预。董仲舒的本意，是借助天对人间帝王起到限制、威慑与警示的作用。

（三）性禾善米

董仲舒的人性论可以追溯到天，他认为，人性与天道相吻合。受到孔子"上智与下愚不移"思想的影响，董仲舒认为人性可以养，但是不可以改。他认为，人性如鸟卵一样，是卵而不是鸟，也就是说，人性是潜在的，需要发展培养。因此，"性"是质朴的，它本身并不是善的。为了更好地解释这个道理，董仲舒提出了"性禾善米"的比喻，《春秋繁露·实性》说：

善如米，性如禾，禾虽出来，而禾未可谓米也；性虽出善，而性未可谓善也。米与善，人之继天而成于外也，非在天所为之内也；天所为，有所至而止，止之内谓之天，止之外谓之王教，王教在性外，而性不得不遂，故曰：性有善质，而未能为善也。岂敢美辞，其实然也。

又《春秋繁露·深察名号》记载：

> 故性比于禾，善比于米；米出禾中，而禾未可全为米也；善出性中，而性未可全为善也。善与米，人之所继天而成于外，非在天所为之内也。天之所为，有所至而止，止之内谓之天性，止之外谓之人事，事在性外，而性不得不成德。

董仲舒把人性比喻成禾苗，把善比喻成稻米。禾苗能够生出稻米，但并不能就此说禾苗就是稻米。同样，人性可以为善，但并不能说人性就是善。禾苗长出稻米，还需要接受外界的阳光、雨露的滋养。同样，人性为善，也需要外在的王道教化。

第三节　魏晋玄学

玄学是三国魏晋时期流行的社会思潮，它一改汉代哲学的烦琐和神秘，在思想界吹起了一股思辨的清风。这一时期的思想家们集中围绕在有无、本末、体用、动静、言意、自然与名教等抽象论题上展开形上玄思，建构起风格各异的哲学体系。魏晋玄学的发展大致可以分为三个阶段：第一个阶段是正始时期，这是魏晋玄学的形成期，以何晏、王弼为代表；第二个阶段是竹林时期，这是玄学的拓展期，以阮籍、嵇康为代表；第三个阶段是元康时期，这是玄学的成熟期，以裴頠、向秀、郭象为代表。

一、正始玄学

魏齐王曹芳正始年间(240～249)，以何晏和王弼为代表的学者试图沟通儒道，祖述老庄，纵横易孔，他们以“无”为立论之本，开始探讨有无、本末、体用等抽象论题，振起玄风，开启了魏晋玄学。

这一时期最为推崇的经典是《论语》《老子》和《周易》。

(一)何晏

何晏(约193～249),字平叔,今河南南阳人,魏晋玄学的创始人之一。与王弼并称于世。

何晏是“正始玄风”的主要倡导者之一。在哲学上,他主张以“无”为立论之本,提倡“贵无论”。所谓“无”,是何晏对《老子》和《论语》中“道”的理解。一方面,他认为“道”是《周易》所形容的“元亨日新之道”;另一方面,他又借用了老子哲学的幽深玄远、不可闻见的说法来界定“道”的本性是“无”。正因为将“道”的本性规定为“无”,所以何晏对“道”的强调实际上就意味着对“无”的突出。在他看来,“有”与“无”两者之中,“无”才是根本,才是真正起决定作用的。他在《道论》中说:“有之为有,恃‘无’以生,事而为事,由‘无’以成。”“无”是宇宙间万事万物产生的依据和根源,也是人类社会的最高法则。

(二)王弼

王弼(226～249),字辅嗣,今山东金乡人,中国哲学史上的著名哲学家,魏晋玄学最重要的奠基人之一。在其短短不过24年的生命里,王弼完成了《老子道德经注》《周易注》《论语释疑》《老子指略》《周易略例》等大量思辨性极强的哲学论著。

王弼哲学的根本主张也是讨论“无”。他提出“以无为本”,“举本统末”,第一次引入“本末”概念来讨论“有无”的关系。他在《老子道德经注·四十章》中写道:

> 天下之物,皆以有为生。有之所始,以无为本。将欲全有,必反于无也。

又《老子指略》中记载：

> 夫物之所以生，功之所以成，必生乎无形，由乎无名。无形无名者，万物之宗也。

与老子强调“无为有之始，有从无中生”的宇宙生成论不同，王弼更加关注“有”“无”以及何者为本、何者为末的问题。因而，他的“以无为本”的主张带有了明显的本体论色彩。这也是玄学区别于汉代学术的一个重要特征。

在“以无为本”的基础上，王弼进而提出了“崇本息末”的主张。《老子指略》中记载：

> 《老子》之书，其几乎可一言而蔽之。噫！崇本息末而已矣。观其所由，寻其所归，言不远宗，事不失主。文虽五千，贯之者一，义虽广赡，众则同类。解其一言而蔽之，则无幽而不识；每事各为意，则虽辩而愈惑。

又《老子道德经注·五十七章》记载：

> 夫以道治国，崇本以息末；以正治国，立辟以攻末。本不立而末浅，民无所及，故必至于以奇用兵也。

在哲学上，王弼把本末关系看成是本体与现象的关系。“崇本息末”不是说只要本体，不要现象，而是说本体比现象更为重要，本体具有统率的地位与作用。他又从本体的实践功能讲内圣外王之道，在现实生活中，这是一种为政智慧。王弼的观点为统之有宗，会之有元，以寡制众，以静制动，约以存博，简以济众。

二、竹林玄学

竹林玄学是魏晋玄学发展的第二个阶段，得名于这一时期非常活跃的“竹林七贤”。所谓“竹林七贤”，包括阮籍、嵇康、山涛、刘伶、阮咸、向秀、王戎七位名士。这一时期的一个显著变化是《庄子》取代了《论语》的地位，与《周易》《老子》一起正式构成了所谓的“三玄”。阮籍和嵇康是竹林玄学的代表人物。阮籍和嵇康以名教与自然的关系为核心，将玄学探讨的领域拓展到文学、美学、语言、哲学等多个方面，并以自己的生命体证和实践玄学的精神使魏晋玄学真正成为一种极具影响力的社会思潮。

（一）阮籍

阮籍（210～263），字嗣宗，今河南开封人，三国时期著名文学家、思想家，“竹林七贤”之一。

阮籍认为自然为本、名教为末。这一观点集中地反映在他的《大人先生传》中。所谓“大人先生”是阮籍心目中的理想形象，也是自然精神的凝聚。与“大人先生”相对的是所谓的“域中君子”，是那些拘束于礼乐名教的世俗之人。在阮籍看来，“大人先生”是与道同体、与天地并生的，他的行为高妙，不拘于俗，以天地为家，与造化为友，视自然为生命。而“域中君子”则是“服有常色，貌有常则，言有常度，行有常式”，他循礼守则，“诵周孔之遗训，叹唐虞之道德”，以名教为圭臬。（《大人先生传》）这两个形象形成鲜明的对照，体现了阮籍崇尚自然、反对名教的自由精神。

（二）嵇康

嵇康（223～263），字叔夜，今安徽宿县人，三国时期著名文学家、音乐家、思想家，“竹林七贤”之一。

“名教”与“自然”的关系是嵇康哲学的核心主题。“名教”是对社会的等级名分、伦理仪则、道德法规、制度典范等的统称；“自然”则是指人的本初状态或自然本性，同时也指大地万物的自然状态。魏晋玄学家对“名教”与“自然”的关系格外重视。王弼从道家自然哲学的立场出发调和两者，主张“名教本于自然”。以“自然”为“无”，为本，以“名教”为末，强调“名教”应该顺应人的自然本性，阮籍则以“大人先生”的形象喻示了自然对“名教”的突破。但是，直到嵇康，才明确地把“名教”与“自然”的关系作为哲学的主题，提出了“越名教而任自然”的思想主张。

在嵇康生活的时代，儒家思想及其所宣扬的忠、孝、节、义等规范已经逐渐被司马氏集团所利用，成为他们维护统治、钳制人心的有效工具。嵇康对此深恶痛绝。由于深受道家思想的影响，嵇康追求精神的自由独立，不愿意接受名教的规范。所以，他将“名教”和“自然”对立，认为“名教”是违背自然本性的，他在《难自然好学论》中说：

> 及至人不存，大道陵迟，乃始作文墨，以传其意，区别群物，使有类族；造立仁义，以婴其心；制其名分，以检其外；劝学讲文，以神其教。故六经纷错，百家繁炽，开荣利之涂，故奔骛而不觉。

在这里，秘康继承了老子的“绝仁弃义”的思想，认为“名教”乃是“自然”破坏之后的产物。“自然”是合乎大道之本性的，是天地间的最高法则，也是最真实的存在。因此，针对时人推崇名教的风尚，嵇康提出要“越名教而任自然”，反对“名教”对大道的分离和对人性的伤害，从而超越名教，让人的自然本性得以彰显。

三、元康玄学

魏晋玄学发展到元康时期，进入到第三个阶段，即完善、成熟阶段。这一时期的代表人物分别是裴頠、向秀和郭象。裴頠从玄学内部修正了“贵无论”，提出了“崇有”哲学，后二者则主要通过对

《庄子》文本的解读，将魏晋玄学发展到极致。本文对郭象的主要思想进行介绍。

郭象(252～312)，字子云，今河南洛阳人，西晋时期著名玄学家。

郭象关注的是“有”“无”相生问题。他赞同裴頠的“无不能生有”的观点，认为如果“无”能够生“有”，那么它又怎么能被称为“无”呢？所以，“有”并不是由“无”产生的，从而否定了“贵无论”“以无为本”的观点。但是，郭象也不赞同裴頠的“济有者皆有也”的“崇有”观点，认为“有”既不能生“无”，也不能生“有”。

“有”既不是从“无”产生的，亦不是从“有”产生的。那么，“有”从何而来？郭象认为，“有”只可能是“自生”“自有”的。他在《庄子注·齐物论》中写道：

> 然则生生者谁哉？块然而自生耳。自生耳，非我生也。我既不能生物，物亦不能生我，则我自然矣。自己而然，则谓之天然。天然耳，非为也，故以天言之。以天言之，所以明其自然也，岂苍苍之谓哉！而或者谓天籁役物，使从己也。夫天且不能自有，况能有物哉！故天者，万物之总名也。莫适为天，谁主役物乎？故物各自生，而无所出焉，此天道也。

在郭象看来，万物不是由虚无中产生的，也不是万物相互作用产生的。万物的出现和存在，只能是自己显现、自己存在。所谓“自”是“自然”，是自己而然、不待他物而然。

万物何以能“自生”“自为”“自有”？郭象认为万物“独化于玄冥之境”。“独化”，就是“无待”之化。“若责其所待而寻其所由，则寻责无极。卒至于无待，而独化之理明矣。”(《庄子注·齐物论》)如果一定要追溯万物生化的条件和原因，就会陷入无穷无尽的因果循环。所以，世间万事万物的生成变化是独立的、不待他物而然的。

万物“独化”的另一个依据在于万物“各有定分”。郭象对庄子的《齐物论》思想加以改造，指出大鹏与小鹊各有其定分，“小大之殊，各有定分，非羡欲所及”(《庄子注·逍遥游》)。所以，它们不必彼此羡慕，而应该“各适其性”。

从“各适共性”的观点出发，郭象主张调和“名教”与“自然”的关系，认为“名教”即是“自然”。他说：“牛马不辞穿落者，天命之固当也。苟当乎天命，则虽寄之人事，而本在乎天也。”(《庄子注·秋水》)因此，仁义之类的道德规范并不在人的本性之外，而是人性自然的一部分。人们如果能够“各安其天性”，顺应“名教”的规范，就可以各遂其欲、各尽其性，实现自然。所以，郭象在《庄子注·逍遥游》中认为：“夫圣人虽在庙堂之上，然其心无异于山林之中。”

第四节　宋明理学

宋明理学指的是宋明时期的儒家学术思想体系，它萌芽于唐代，形成于北宋，流行于宋明两朝。理学家们一方面批判佛道思想，另一方面又吸收两家思想，创立了一个融合三教于一体的新的儒学形态，所以，宋明理学又被称为宋明新儒学。

一、理学的先声：韩愈和李翱

随着东汉的灭亡，儒学也因失去了政权的支持而衰落。长期的分裂和混乱状态，给宗教带来了大好的机会，这一时期的佛教和道教获得了长足的发展，反观儒学则陷入了低谷。直到隋唐时期国家再次统一，儒学才再次获得了用世的机会。唐初的几代皇帝都推崇儒学，并将其视为治国的基本方略。但在思想文化层面，儒学仍然面临着佛、道二教的巨大挑战。在这样的情势之下，一些儒者提出了复兴儒学的口号，其中最著名的代表人物就是韩愈。

韩愈(768～824)，字退之，孟州河阳(今河南孟州市)人，因原籍昌黎，故世称韩昌黎。他服膺孔孟，崇信儒家经典，是儒家思想的坚定信徒。但当时的皇帝唐宪宗崇信佛教，还要迎“佛骨”入宫供奉，这引发了一场对宗教的狂热。这时韩愈挺身而出，写下了著名的《论佛骨表》。韩愈认为，佛教是外来的宗教，不仅语言不通、服饰不同，而且不知君臣之义、父子之情，与中国固有的文化体系是相冲突的，不但不应扶植，反而要加以排斥。他要求宪宗将佛骨“投诸水火，永绝根本”(《昌黎先生集·论佛骨表》)。同时，由于佛教寺庙拥有大量的土地和劳动力，而且享有免除徭役和赋税等特权，这使得寺庙经济空前发展，但同时也大大减少了政府的财政收入，破坏了社会生产力。所以，韩愈主张对佛教应该“人其人，火其书，庐其居”(《昌黎先生集·原道》)，即强迫僧侣还俗，烧毁佛教典籍，改寺庙为民宅。韩愈提出的激烈的毁佛主张当然不为唐宪宗所采纳，其本人因而被贬潮州，但韩愈并没有放弃自己的主张，只是在行动上趋于谨慎。为了维护儒家的思想地位，他又提出了儒家的道统学说。

韩愈发现，佛教有一个明确的传授系统，称为法统，里面完整地记录了从佛教祖师释迦牟尼开始以来的传承脉络，对佛教的认同与发展十分有利。反观儒家，却没有这样一个从头数到尾的、完完整整的传承谱系，这当然对儒家的认同与发展十分不利。于是，韩愈就为儒家建立了一个传承的谱系，这个谱系是从尧开始的：“尧以是传之舜，舜以是传之禹，禹以是传之汤，汤以是传之文武周公，文武周公传之孔子，孔子传之孟轲。轲之死，不得其传焉。”

(《昌黎先生集·原道》)这就是儒家的道统:尧把道传给了舜,舜把道传给了禹,禹把道传给了商汤,商汤把道传给了周文王、周武王和周公,他们把道传给了孔子,孔子把道传给了孟子。孟子之后,儒家之道就失传了。虽然这个道统是模仿佛教的法统而作的,但其中的道绝不是佛教道教之道,而是儒家所宣扬的仁义之道。在韩愈看来,儒家之道失传的一个重要原因就是佛、道二教的兴起,而他的理想就是要把这个失传千年的儒家道统重新发扬起来。因此,韩愈是以传承儒家道统为己任的。他在《昌黎先生集·与孟简尚书书》中说过:“使其道由愈而粗传,虽灭死,万万无恨。”所以,他要同佛、道二教进行不屈的斗争。

韩愈虽然建立了儒家的道统,但他在理论上缺少建树,他的仁义、性情思想亦少有新意。但他的学生李翱(772～841)(字习之,陇西人)对此做了有益的补充和发展,尤其是在宋儒所擅长的心性之学方面,继承了思孟学派的传统,以孟子的人皆可以为尧舜的性善论来对抗佛教人人都可以成佛的佛性论。韩愈和李翱开启了儒学的复兴运动,被后人并称为“韩李”,他们的思想也在诸多方面影响了宋儒,无疑是宋明理学的先驱。但在宋儒看来,二人显然还没有达到接续儒家道统的高度,他们自己才是接续儒家道统的人。所以,宋儒虽然继承了“韩李”的道统学说,却抛开了二人,把自己放在了孟子之后,这对“韩李”二人不能不说是一个遗憾。

二、理学的奠基:周敦颐和张载

从唐朝开始的复学复兴运动,直到北宋初年才真正结出了果实,这就是宋明理学。宋明理学的实际开创者是周敦颐,正是他开启了宋代儒学的心性义理之学,对后来理学的发展产生了巨大的影响。与他同时的张载也是宋明理学的一个重要奠基人,他提出的“德性之知”和“见闻之知”、“天命之性”和“气质之性”以及“变化气质”等，对宋明理学的形成和发展产生了重大的影响。

（一）周敦颐

周敦颐（1017～1073），字茂叔，道州营道（今湖南道县）人，曾建濂溪书堂，故称濂溪先生，其学亦被称为“濂学”。他的思想主要体现在《太极图说》和《通书》两本著作中，前者讲的是宇宙论，后者讲的是伦理学。《太极图说》篇幅极短，但包含深刻的含义：

> 无极而太极。太极动而生阳，动极而静，静而生阴，静极复动。一动一静，互为其根。分阴分阳，两仪立焉。阳变阴合，而生水火木金土。五气顺布，四时行焉。五行一阴阳也，阴阳一太极也，太极本无极也。五行之生也，各一其性。无极之真，二五之精，妙合而凝。乾道成男，坤道成女。二气交感，化生万物。万物生生，而变化无穷焉。唯人也，得其秀而最灵。形既生矣，神发知矣。五性感动，而善恶分，万事出矣。圣人定之以中正仁义而主静，立人极焉。

在周敦颐看来，宇宙的本原是无极，无极演化出太极，太极运动产生阴阳二气，阴阳二气相反相成，相互作用而生出水火木金土，即为五行按照一定的顺序运行就形成四时。人和万物都是由作为本体的无极和作为质料的二气五行巧妙结合而成的，处在无穷无尽的生灭变化之中。人是由二气五行中的精华构成的，是宇宙中最有灵性的，具有意识，能区分善与恶。人中最优异的是圣人，他以中正仁义为人的最高准则，而要达到圣人的境界，必须要通过主静的修养功夫。

虽然人与万物都是自然的产物，但人毕竟不同于万物；虽然人道的确立也是天道流行的一部分，但人道也有自己独特的呈现状态和存在价值。显然,《太极图说》对人道问题的说明过于简单,于是周敦颐在《通书》中对人道问题做了进一步的系统论述。在《通书》中,周敦颐把“诚”作为人性的最高根据,认为它是“无常之本”,人的仁义礼智都来自“诚”,所以“诚”就是人性善的根源,就是中正仁义的来源,也是圣人成圣的根本,即所谓“诚者,圣人之本”。“诚”与无极相应,是“寂然不动”的,但又是“感而遂通”的;它的发动之际,就是善恶产生的时机,即所谓“几”。所以,为学要善于把握这个“几”,而道德修养则要“主静”。“主静”的关键在于无欲。《太极图说》中说:“无欲故静。”《通书》则指出,学做圣人要以“一”为要,“一者,无欲也”。这种“主静”(无欲)的思想,对后来理学各派的功夫论有很大的影响。

周敦颐建立了一个天人一贯的儒家形而上学体系,并因此被尊为孟子之后儒家道统的传人、宋明理学的开山鼻祖。不过,与韩愈激烈的排斥佛道不同,周敦颐的思想中明显有佛道的影子,体现出以儒为主融合三教的思想倾向,而这正是宋明理学的一个重要特征。

(二)张载

张载(1020～1077),字子厚,祖籍河南开封,后迁居陕西眉县横渠镇,故称横渠先生,因其在关中讲学,所以其学被称为“关学”。张载的思想以气本论为理论基础,认为世界是由气构成的。气有两种表现形态:一是太虚,一是万物。他说:“太虚无形,气之本体;其聚其散,变化之客形尔。”(《正蒙·太和》)“本体”指本然状态,太虚就是气的本然状态。太虚凝聚起来就成为万物,万物消灭后又复归于太虚,这些都是气的变化形态,就像水凝结成冰、冰融化成水一样。气是永恒的,而万物是暂时的、不断变化的,所以称“客形”。太虚虽然无形不可见,但不同于佛教、道教的虚空、虚无,它是真实的存在，也就是说，世界上根本没有绝对的空无，有的只是实实在在的气，这是对佛道思想的一种批判。

以气本论为基础，张载把天与人、天道与人道连在了一起。世界的本原是气，而气是运动的，气的运动产生了万物，所以万物之性就来源于气化。人也是万物之一，所以人之本性也来源于气化。具体说来，人都是由气构成的，所以人都禀有气的根本之性——太虚之性，这对每个人都是相同的。同时，人在气化的过程中所禀受的气的清浊、厚薄不同，形成了不同的气质，如刚柔、缓急等，这也是人性的一个来源。所以，人性实际上是由两部分构成的，一部分来源于太虚，叫作天地之性，如仁义礼智等，是善的源头；一部分来源于气质，叫作气质之性，如饮食男女等，是恶的源头。可以看出，虽然天地之性和气质之性都是人之性，但二者差异巨大，一个是形而上的，一个是形而下的。张载说："形而后有气质之性，善反之，则天地之性存焉。故气质之性，君子有弗性者焉。"（《正蒙·诚明》）可见，天地之性才是人的本质属性。"善反之"，即从形而下返至形而上。在现实中，虽然人人都有天地之性，但不是每个人都能够成为善人，反而很多人成为恶人，这都是气质之性在作祟。所以，要想成为善人，必须抑制气质之性的负面影响，才能发挥天地之性的积极作用，这叫作"成性"。张载说："恶尽去则善因以成，故舍曰善，而曰'成之者性也'。"（《正蒙·诚明》）这同时也说明，气质之性也是可以改变的，因为它是后天的。所以，"为学大益，在自求变化气质"（《张子语录·中》）。气质变化了，气质之性自然也会变化。当然这是向好的方面变化，如此才能达到返本成性的目标。

返本即返回太虚本体，成性即成就太虚之性，这就是一种天人合一的境界。在这种境界下反观现实的社会人生，也会达到一种意境高远的人生境界。因为，它能使人胸怀天下、放眼宇宙，把自己看成宇宙的一个部分，把万物看作和自己息息相通的整体，在这样一种认识中来了解个人的地位。张载的《西铭》所体现的就是这样一种人生境界。在他看来，人和宇宙万物都是由气构成的，在本原上人和宇宙万物是一体相通的，所以天地就是我们的父母，民众是我们的同胞，万物是我们的朋友，君主则为这个“宇宙大家庭”的嫡长子。从这一角度来看，人就会对自己的道德义务有一种更高的自觉，对个人的利害穷达有一种超越的境地。从这一立场出发，尊敬年高长者，抚育孤幼弱小，都是自己对这个“宇宙大家庭”及其亲属的神圣义务。这样一来，宇宙的一切都无不与自己有一种直接的联系，一切道德活动都是个体应当实现的义务。达到这样一种境界，个人的生与死、富与贫、贵与贱在广大的宇宙洪流面前就显得微不足道了。人的生命是属于宇宙的，活着应当对天地奉行孝道，死亡使人永远安宁，富贵得以养生，贫贱使人发愤。人应当把自己有限的生命投入到人类最伟大的事业之中，即张载所言：“为天地立志，为生民立道，为去圣继绝学，为万世开太平。”(《张子语录·中》)

三、理学的形成：程颢和程颐

程颢(1032～1085)，字伯淳，人称明道先生；程颐(1033～1107)，字正叔，人称伊川先生。二人是兄弟，合称“二程”，他们的思想虽有差异，但基本上是一致的。程颐曾说：“我昔状明道先生(程颢)之行，我之道盖与明道同，异时欲知我者，求之于此文可也。”(《河南程氏遗书》附录)程颐认为二人所传的是同一个道，即理，或曰“天理”。程氏兄弟是河南人，长期在洛阳讲学，所以他们所创立的学说被称为“洛学”，这是理学的第一个典型形态。

理或天理是“二程”哲学的核心概念，是其思想的理论基础。

在他们看来，宇宙万物皆有其理，理是万物运行的必然之则和所以然之故。“二程”认为：“凡眼前无非是物，物物皆有理。如火之所以热，水之所以寒。至于君臣父子间皆是理。”（《河南程氏遗书》卷一九）宇宙的运行、万物的生长、社会的更替、人伦的彰显，都是依据它们的各自之理展开的。理虽然无所不在，但又是唯一的，因为它是最高的本体，是独一无二的。也就是说，万物之理虽然各不相同，但说到底只是“一个理”。理是形而上的，是无形无相的，但绝不是佛道二教所说的空虚之性，它藏于万象之中，又超乎万象之上，是实实在在的“实理”。所以，“二程”不同意张载把本体称为“太虚”的做法，他们指出：“皆是理，安得称为虚？天下无实于理者。”（《河南程氏遗书》卷三）

理是无形无相的，必须借助于其他有形之物才能彰显它的存在。“理无形也，故因像以明理。”（《河南程氏遗书》卷二一上）理所借以彰显自己的，就是气。“二程”的气不同于张载的气，已经没有了本体的地位，有的只是作为质料的能聚能散的特性。不过理与气虽然有着形而上与形而下的本质区别，但在现实中却是不能分离的。万物一方面莫不有理，另一方面又莫不有气。而具体到人类社会中，理就是仁义礼智、君臣父子等伦理纲常，所谓“人伦者，天理也”（《河南程氏遗书》卷七）。具体来说，理就是礼，是人的一言一行、一举一动都必须遵守的当然之则，这就为儒家的伦理纲常找到了本体的依据。“二程”理学的最终目的就是接续孔孟道统，传承儒家之道，重振儒家的伦理纲常，实现修齐治平的社会理想。

要探讨社会人生问题，必然要追寻到人性问题。“二程”的人性论是其天理论在人性问题上的进一步展开，二人在融合了孟子的性善论和荀子的性恶论的基础上，又借鉴了张载的“天地之性”和“气质之性”，提出了“天命之性”和“生之谓性”。所谓“天命之性”，是指从天而来的性，而天即理，所以“天命之性”就是理在人身上的体现，是人天生就具有的本然之性。“二程”说：“斯理也，成之在人则为性。”(《河南程氏遗书》卷一)因为理是善的，所以人的本然之性也是善的。所谓“生之谓性”，就是人生而禀受的气质之性，因气禀不同而有善有恶。所以，“天命之性”是先天就有的，是不可变的；“生之谓性”则是后天获得的，因而是可变的，是可以通过为学的功夫去改善的。不过，“天命之性”和“生之谓性”虽然有本质上的不同，但二者缺一不可，是不可分的，只有把二者结合起来，才能把人之性讲清楚。程颐说：“论性不论气，不备；论气不论性，不明。”(《河南程氏遗书》卷六)也就是说，如果只讲“天命之性”而不讲“生之谓性”，那么人之性就不完备；而如果只讲“生之谓性”而不讲“天命之性”，那么就不会明白人之性的本质所在。

虽然人的本然之性是善的，但由于气质的偏差，人在受到物欲的蒙蔽时，不能按照本然之性去行动，于是作出了违背天理之事。所以学者的功夫，就是要去改变气质的偏差，消除物欲对人的本然之性的遮蔽，使其完全呈现出来。可以看出，这实际上就是张载的“变化气质”的功夫，用“二程”的话说则是“存天理，灭人欲”。在“二程”看来，天理与人欲不可并立，天理存则人欲自灭。要达到这一目标，“二程”提出要“涵养须用敬，进学则在致知”(《河南程氏遗书》卷一八)。涵养的对象是人的本心，而本心就是天理；用敬就是人心中时刻要有个主宰，从而不为外物所牵引，使人的本然之性不为物欲所遮蔽。要涵养本心，首先就要认识天理，这就须要进学，具体说来就是格物致知，就是要去和外物相接触以探求事物之理，通过不断地积累，到最后豁然贯通，达到对天理的体认。这种理论后来被朱熹所继承，对理学的发展影响巨大。

四、理学与心学：朱熹和陆九渊

宋明理学经过了北宋的充分发展，到南宋达到了高潮。朱熹继承“二程”的思想，并充分吸收其他各家的思想营养，创立了一个完备的理学体系，达到了理学的巅峰。但与此同时，陆九渊却以心或本心为其思想的核心，提出了不同的学说，被称为心学。理学和心学都尊崇孔孟，从本质上说并没有不同，但在形态上却是对立的。朱熹和陆九渊时常进行后人称为“朱陆之争”的辩论，成就了中国学术史上的一段佳话。

（一）朱熹

朱熹（1130～1200），字元晦，号晦庵，祖籍徽州婺源（今属江西），生于南剑州尤溪（今福建南平），是“二程”的四传弟子，是程朱一系理学的集大成者。因其长期在福建讲学，他的学说又被称为“闽学”。朱熹和“二程”一样，也把理作为其思想体系的核心概念。朱熹认为，理是宇宙的本体，天下万物虽然千差万别，但都各有其理，人伦世事、万物生化都是依理而行的。他说：“至于天下之物，则必各有其所以然之故与其所当然之则，所谓理也。”（《大学或问·上》）“理”在朱熹这里是最高层次的概念，是形而上的道，因而又被称为“天理”。理是无所不在、无时不有的，在时间上是永恒的，在空间上是普遍的。他说：“未有天地之先，毕竟是先有此理。”（《朱子语类》卷一）“近而一身之中，远而八荒之外，微而一草一木之众，莫不各具此理。”（《朱子语类》卷一八）尽管万事万物之理各不相同，但从根本上说都只是一个理。“万物各具一理，万理同出一原。”（《朱子语类》卷一八）理虽然是形而上的，但与佛道二教的空无不同，是真实的存在。他说：“如释氏便只说是空，老氏便只说是无，却不知道莫实于理。”（《朱子语类》卷九五）理还具有鲜明的伦理性，儒家的伦理道德都是理的基本内容，三纲五常都是天理的流行。在人类社会中，不论君臣、父子、夫妇、兄弟、朋友之间，还是出入起居、应事接物之际，都有理存在。遵循儒家的伦理纲常，是人理所当然的义务。

理是形而上的，但它必须借助形而下的气才能流行开来。从表面看来，万物都是阴阳二气聚散流行的结果，但实际上，万物都是理与气结合而产生的。朱熹说："天地之间，有理有气。理也者，形而上之道也，生物之本也；气也者，形而下之器也，生物之具也。"（《晦庵集·答黄道夫》）理与气的关系是相即不离的。"天下未有无理之气，亦未有无气之理。"（《朱子语类》卷一）"有是理，必有是气。"（《朱子语类》卷三）"但有此气，则理便在其中。"（《朱子语类》卷一）不过，理与气的差别也是很明确的，一个是形而上的，一个是形而下的，二者"决是二物"。朱熹说："理搭在阴阳上，如人跨马相似。"（《朱子语类》卷九四）一方面，人依靠马来行走，但马又受人的主宰；另一方面理附着在气上，但气又依理而动。理气之间，终归还是以理为主、以理为先。当然这种先后是在逻辑上的，而不是在时间上的。

在朱熹的理气论中，贯穿着"理一分殊"的思想。所谓"理一"，是指天理作为本体从根本上说是唯一的，也就是说万事万物之理本是同一个理；所谓"分殊"，是说天理体现在万事万物之中有千差万别的表现，万事万物各有其特殊的理。朱熹说："和天地万物而言，只是一个理；及在人，则又各自有一个理。"（《朱子语类》卷一）"理一分殊"体现的是本体之一理与现实之万理之间的关系，每个具体事物之理，不是对本体之理的分有或模仿，它本身就是本体之理，只是在不同的事物中体现得不一样而已。

朱熹谈理气是为了谈社会人生之理，所以他的理气论必然要落脚于心性论。他说："人物之生，必禀此理，然后有性；必禀此气，然后有形。"(《晦庵集·答黄道夫》)从理气论到人性论是一贯下来的。他和张载、"二程"一样，把性分为"天命之性"和"气质之性"。"天命之性"是理在人身上的体现，是性的本然状态，是纯粹至善的；"气质之性"是因人所禀受的气质而有的，是性的实然状态，是有善有恶的。在物欲的驱使下，人的"气质之性"得到了充分的显扬，而"天命之性"则暗而不彰，所以现实中出现了太多的恶。所以为了为善去恶，就必须要变化气质，抛开"气质之性"的局限，复归于"天命之性"，使人的善之本性充分发挥出来。

为了达到这一目标，朱熹也继承了"二程"的"涵养须用敬，进学则在致知"的思想，主张持敬涵养、格物致知。一方面，人只有保持本然之性不丧失，才不会作出违背天理之事；另一方面，由于万物之理就是本体之理，所以可以通过即物穷理来体认天理。这两个方面如同鸟之两翼、车之两轮，不可偏废。持敬之中须要穷理，穷理之时也要持敬，目的都是要体认天理，灭除人欲。所以，为学的功夫归根到底还是要"存天理，灭人欲"。朱熹说："圣贤千言万语，只是教人明天理、灭人欲。"(《朱子语类》卷一二)这不是朱熹一个人的结论，而是理学家们的共识。

(二)陆九渊

陆九渊(1139～1193)，字子静，抚州金溪(今属江西)人，因曾讲学于象山(今贵溪应天山)，故称"象山先生"。他是与朱熹同时的儒学思想家，也是朱熹的好朋友，同时也是学术上的对手，两人长时间的辩论，不仅没有影响两人的友情，反而促进了儒家思想的发展，陆九渊的心学也成为当时与理学并称的儒家学说。

"心"或"本心"是陆九渊思想中最重要的概念，而它显然是来自孟子。他说："孟子曰：'所不虑而知者，其良知也。所不学而能者，其良能也。'此天之所与我者，我固有之，非由外烁我也……此吾之本心也。"(《陆九渊集·与曾宅之》)他还曾对其弟子讲过，本心即孟子所谓的"四端"(《陆九渊集·年谱》)。所以，陆九渊的本心就是人先天就具有的道德理性，是人心的本然状态，是普遍的和永恒的，是道德原则的根源，实际上就是理。

陆九渊认为，在不同时代、不同地方的人，他们的本心都是相同的，即人同此心、心同此理，圣人和普通人的本心也是相同的。"心只是一个心。某之心，吾友之心，上而千百载圣贤之心，下而千百载复有一圣贤，其心亦只如此，心之体甚大。"(《陆九渊集·语录下》)所以，"人皆有是心，心皆具是理，心即理也。"[《陆九渊集·与李宰(二)》]这个理就是宇宙所固有之理，"此理在宇宙间，固不以人之明不明、行不行而加损"(《陆九渊集·与朱元晦》)。即理是客观存在的，它不为人的思维和行为所影响。"万物森然于方寸之间，满心而发，充塞宇宙，无非此理。"(《陆九渊集·语录上》)也就是说，理是普遍存在的。由此他得出结论："宇宙便是吾心，吾心即是宇宙。"(《陆九渊集·杂著》)所以，理不是人心的产物，而是与内心的道德准则具有同一性的，了解这一点才能正确理解"心即理"的内涵。

由于心即理，所以人的本心是善的，为学的功夫就在于发明本心。陆九渊认为，发明本心首要的就是要格物致知。从表面来看，这与"二程"、朱熹的观点是一致的，但实际上并不相同，因为他要探究的理不是外在事物的规律，而是内在的本心。所以，陆九渊所说的格物实际上是格心，即在本心上下功夫，来保存和养护本心。此外，陆九渊还很重视通过静坐来发明本心。对此，朱熹曾批评陆九渊教人"不读书，不求义理，只静坐澄心"(《朱子语类》卷五二)。当时的其他学者也有类似的说法，说明陆九渊确实是把静坐作为发明本心的一个很重要的功夫。

陆九渊还有一种“剥落”的修养方法。尽管人的本心是善的，但在现实中人总是存在一些不善的行为。对此，他和理学家们的看法是一致的，认为这是由于本心受到了物欲的蒙蔽而产生的，所以需要剥落物欲。剥落物欲就是要把物欲一层一层地去除，但往往不能一次去除干净，所以需要多次用功，“剥落得一番，即一番清明，后随起来，又剥落，又清明，须是剥落得净尽方是”(《陆九渊集·语录下》)。除了物欲之外，陆九渊要剥落的还有意见，意见出于人的一己之私，与物欲一样能够蒙蔽本心。把这些意见统统剥落掉了，本心自然就明了了。剥落与格物、静坐都是为了发明本心，是相通的，只是它和后二者一外一内，下手之处不同而已。

五、心学之大成：王守仁

王守仁(1472～1529)，字伯安，浙江余姚人，因曾筑室于会稽山阳明洞，故称阳明先生。王守仁是明朝人，与陆九渊虽然没有师承关系，但二人在思想是一脉相承的，都以心或本心为核心概念。他继承了陆九渊的“心即理”的思想，又进一步提出了“心外无理”“心外无事”的命题。

“心即理”，说明心与理本是一个，是不能分割的，那么理自然不在心之外。“有孝亲之心，即有孝之理；无孝亲之心，即无孝之理矣。有忠君之心，即有忠之理；无忠君之心，即无忠之理矣。理岂外于吾心耶?”(《王阳明全集·答顾东桥书》)同时，王守仁又认为理是“心之条理”，即人的行为的道德准则。“理也者，心之条理也。是理也，发之于亲则为孝，发之于君则为忠，发之于朋友则为信，千变万化至不可穷竭，而莫非发于吾之一心。”(《王阳明全集·书诸阳伯卷》)理作为道德准则是心的发用，自然也不在心之外。

王守仁对“物”有着特别的理解。一般情况下，物就是事，即日常人伦之事，目的是为了论证规范人伦世事的伦理纲常的合理性。“物者，事也。凡意之所发必有其事，意所在之事谓之物。”（《王阳明全集·大学问》）人所做之事由人心为之主宰，也就是人的心意之所发。“如吾心发一念孝亲，即孝亲便是物。”“如意在于事亲，即事亲便是一物；意在于事君，即事君便为一物；意在于仁民爱物，即仁民爱物便是一物；意在于视听言动，即视听言动便是一物。”（《王阳明全集·传习录上》）也就是说“心外无物”。

既然心就是理，那如何认识心和理呢？王守仁主张要格物。王守仁把“格”解释为“正”。“格物如孟子‘大人格君心’之格，是去其心之不正以全其本体之正。但意念所在，即要去其不正以全其正。”（《王阳明全集·传习录上》）所以格物就是格心，就是纠正人心的不正以回归于正。

针对当时社会上普遍存在的知而不行的现象，王守仁提出要知行合一。他指出，之所以出现知而不行的现象，根本的原因就在于把知与行分而为二。那种脱离了行的知，其实并不是真知，知而不行其实还是不知。王守仁将真知叫作“知行本体”，即知行的本来意义。在他看来，从知行的本来意义上说，知和行是一种互相联系、互相包含的关系，知包含了行。知行合一不是说知和行完全是一回事，而是说它们不能分割，知必然会付诸实施，行必然是知的实施。他还认为，不行就不知道什么是真知，只有通过行才会得到真知，真知离不开行。“知痛必已自痛了方知痛，知寒必已自寒了，知饥必已自饥了，知行如何分得开。”（《王阳明全集·传习录上》）他还进一步指出：“知是行之始，行是知之成。”（《王阳明全集·传习录上》）知和行构成一个有机的过程，知是这个过程的第一阶段，在这个意义上，知是行为过程的一部分，也可以说是行。同样，行也可以被看作整个认识过程的终结,即认识过程的最后阶段,从而也可以说是知。这样,知中有行,行中有知,知行是合一的。他又指出:“知是行的主意,行是知的功夫。”(《王阳明全集·传习录上》)认为行要以知为指导,知只有通过行才能去实现自己。总之,王守仁主张没有脱离行的独立的知,也没有脱离知的独立的行。他认为:“若会得时,只说一个知,已自有行在;只说一个行,已自有知在。”(《王阳明全集·传习录上》)知与行是不可分割的,但很明显可以看出,王守仁的知行观是重行的。

王守仁在其晚年时提出“致良知”,这很显然是从《大学》的“致知”发挥而来的。什么是良知呢?他说:“吾心之良知,即所谓天理也。”(《王阳明全集·传习录中》)良知就是天理,自然就会发用流行,因为“知是心之本体,心自然会知,见父自然知孝,见兄自然知弟,见孺子入井自然知恻隐,此便是良知,不假外求”(《王阳明全集·传习录上》)。具体说来,良知就是“是非之心”。王守仁指出:“良知只是个是非之心,是非只是个好恶,只好恶就尽了是非,只是非就尽了万事万变。”(《王阳明全集·传习录下》)可见,良知是人内在的道德判断与道德评价体系,是道德意识与道德情感的统一,具有先验的、普遍的品格,是人的道德实践的指南。

所谓“致良知”,就是把人先天具有的良知从内心向外推开去,使其发用流行,贯彻于人的意识和行为之中。具体说来,致良知有两方面的内涵:一方面是指人扩充自己的良知,另一方面则是指把良知付诸行动,从内外两个方面加强为善去恶的道德实践。由于人在心体发动之时,往往受到私欲的蒙蔽,而作出不善的行为,这时就要做致良知的功夫,使其恢复它的本来面目,按其本然状态去发用流行。王守仁指出:“学者用功,虽千思万虑,只是要复他本来体用而已。”(《王阳明全集·启问道通书》)可以看出,行是致良知的一个内在的规定和要求，包含着将良知诉诸行动的意义。他又指出："所谓致知格物者，致吾心之良知于事事物物也……致吾心良知之天理于事事物物，则事事物物皆得其理矣。"（《王阳明全集·答顾东桥书》）致知就是致良知。由此可见，王守仁的致良知的目标不只是自己，更重要的是他人，体现出他胸怀天下的理想和抱负。

第五节　明清实学

明清实学是指从明朝中期至鸦片战争前后流行于中国的一种社会思潮，它渊源于宋明理学，但反对理学空谈心性，而重视经世致用，强调实事求是，包容实证学科，从而以一种清新的学术风格开创了中国社会思想史的一个新阶段。

一、元气实体学说：罗钦顺和王廷相

（一）罗钦顺

罗钦顺（1465～1547），字允升，号整庵，泰和县（今属江西）人。罗钦顺以气为宇宙万物的本体或本原，认为"通天地，亘古今，无非一气"（《困知记》卷上）。气是宇宙万物的根本，具有超越时空限制的特性，并且处于不断的运动变化之中；而理是气运动变化的规律，不能脱离气而独立存在。虽然理与气不可分，但理并不等同于气，二者是形而上与形而下的区别。罗钦顺认为："理须就气上认取，然认气为理便不是。"（《困知记》卷下）但理不是超脱于自然界和人类社会而存在的虚理，自然界的温凉寒暑、万物生灭，社会上的人伦日用、成败得失，都受到理的支配。他认为："有莫知其所以然而然，是即所谓理也。"（《困知记》卷上）罗钦顺主张理气既不相

同又不可分，比较好地把握了气与理的关系。

以气本论为基础，罗钦顺反对朱熹分理气为二物的观点，并由此走向了气一元论。他还对心学和禅学展开了批评，认为禅宗思想与儒家的内圣外王、经世致用原则迥然对立，而以陆九渊和王阳明为代表的心学，与禅宗有着直接的思想渊源，他们的理论都是讲空虚、幻妄，流祸误人。罗钦顺对理学、心学和禅宗的批判，使他成为明清实学思潮的起始人物。

（二）王廷相

王廷相（1474～1544），字子衡，号浚川，又号平崖，别号河滨丈人，河南仪封（今兰考县）人。王廷相的实学思想与罗钦顺相比更富有系统性和代表性，他在继承前人气一元论的基础上发展了传统的元气论，提出了“元气之上无物、无道、无理”（《雅述》上篇）的著名论断。他反对道家的“无”和佛教的“空”的观点，认为元气是“通极上下造化之实体”（《慎言·道体篇》），即一种物质性实体，无形无象、无偏无待、无始无涯、无生无灭，是宇宙万物的终极根源。元气还是“造化之本”，日月星辰到昆虫草木，都是从元气而来的。在此基础上，他主张元气是自本自根的，在它之前或之上不允许有任何神秘的东西存在，“元气之上无物、无道、无理”，从而彻底否定了程朱理学“理本气末”和道家“无中生有”的观点。

在认识论上，王廷相提倡“知行兼举”（《慎言·小宗篇》），强调笃行，注重实践。王廷相反对理学家不于实践处用功、不在人事上体验的错误思想，大力提倡笃行、实践，强调力行重于致知；认为力行不但是致知的目的，而且也是检验真知的标准。在他看来，只有在实践处用功、在人事上体验，才能够获得真知。他说：“讲得一事即行一事，行得一事即知一事，所谓真知矣。徒讲而不行，则遇事终有眩惑。”（《王氏家藏集·与薛君采二首之二》）王廷相强调人们只有深入到现实生活中去，亲自参加社会实践，才能达到对客观事物的规律性认识。同时，他力图贯彻以力行为检验是非的原则，反对“惟前言之是信”（《慎言·见闻篇》），提倡“随事体察，以验会通”（《慎言·潜心篇》），把参验看作判定真知的标准。

二、人本主义实学：王艮和李贽

（一）王艮

王艮（1483～1541），字汝止，号心斋，泰州安丰场（今江苏东台市）人，是王守仁的大弟子，泰州学派的创始人。在思想上，他既继承了王学，又在一些重要问题上背离了王学。他认为，所谓“道”就是“百姓日用之道”，指人对物质生活的需求；与之相对的是“身”，指具有精神与肉体的活生生的个人。“身”与“道”一样，都是至为尊贵的，他说：“身与道原是一件。至尊者此道，至尊者此身。尊身不尊道，不谓之尊身；尊道不尊身，不谓之尊道。须道尊身尊，才是至善。”（《遗集·答问补遗》）个人只有认识到“身与道原是一件”，才能认识到人的价值，而人的价值只有在个体身上才能体现出来，所以应该既尊道又尊身，这种主张与宋明理学大不相同。比如，人与天下国家之间的关系，在他看来，二者是不可分割的统一体，是本与末的关系。他认为：“身与天下国家一物也，惟一物而有本末之谓。”（《遗集·答问补遗》）由此，王艮提出了他的格物说。

王艮认为，格物之物就是“物有本末”之物，身与天下国家原是一物，但身是本，而天下国家是末。所谓“格物”就是去正确地认识和处理这种本末关系，既不失本，也不遗末。他认为：“格如格式之格，即后絜矩之谓。吾身是个矩，天下国家是个方，絜矩则知方之不正，由矩之不正也。是以只去正矩，却不在方上求，矩正则方正矣，方正则成格矣。故曰物格。”（《遗集·答问补遗》）如果发现天下国家不正，应该反己去端正自我，但正己不只是独善其身，做一个脱离社会的隐士，而是要去正天下国家，即把天下国家纳入由自我的价值自觉所确立的格式之内，这就叫物格。格物之“格”就是“絜矩”，意思是以自我的价值自觉为尺度去衡量天下国家。这样的“格物说”已经背离了宋明理学“存天理，灭人欲”的思想路线，而开了近代启蒙思想的先河。这种重视人的自我价值、要求个性解放的思想，有力地推动了实学思潮的发展。

（二）李贽

李贽(1527～1602)，号卓吾，又号宏甫、百泉，别号温陵居士，福建泉州晋江人。李贽是王艮的再传弟子，其思想明显受到王艮的影响，在王艮的“百姓日用之道”思想的基础上，主张“穿衣吃饭即是人伦物理”。他认为所谓的“道”，是人自身的道。“人外无道，道外亦无人。”(《李氏文集》卷一九)道与人是一体而不可分的，它就是人的本性。具体说来就是人的需要，离开人的需要去寻求道是错误的；对于道，应当到“百姓日用”之“迩言”中去寻找。所谓“迩言”，是“治生产业”之事，就是经营个人的物质生活，谋求自己的物质利益。李贽认为，从市井小民到大贤大圣、正人君子，都不可能没有势利之心。他认为：“夫私者，人之心也。人必有私，而后其心乃见；若无私，则无心也。”(《藏书·德业儒臣后论》)概括起来就是：“穿衣吃饭，即是人伦物理。”(《焚书·答邓石明》)这与宋明理学的“存天理，灭人欲”是根本对立的。

由此出发，李贽提出了改造社会的政治主张，主要集中在礼和善的问题上。什么是礼？李贽认为：“好恶从民之欲，而不以己之欲，是之谓礼。”(《李氏文集》卷一八)意思是说，只有顺从天下百姓穿衣吃饭、治生产业的愿望，让他们去自由地追求自己的物质利益，而不是强迫他们去顺从统治者的利益和愿望，这才称得上礼。

什么是情？李贽认为，“民情之所欲”即为“至善”(《李氏文集》卷一九)。所以，市井小民的物质和精神需要都是合理的，这就否定了封建伦理道德对人性的桎梏。李贽的这种思想深刻反映了新兴市民阶层重视物质利益、要求个性解放的愿望。以此为基础，李贽主张经世致用，要求一切学问和事业都应面向现实生活，形成了他的功利主义的价值观。

三、经世致用实学：黄宗羲、顾炎武和王夫之

(一)黄宗羲

明清之际，许多知识分子都投身到抗清的斗争之中，用自己的实际行动去实践自己的思想，把实学思潮推向了顶峰，从中产生了一大批著名的实学家，黄宗羲、顾炎武、王夫之是其中的杰出代表。

黄宗羲(1610～1695)，字太冲，号南雷，世称梨洲先生，浙江省余姚市人。黄宗羲是明清之际开一代新风的启蒙思想家，出于王门，师从王学大师刘从周，但他主张为学应当以实践为主，大力倡导经世之学。他毕生潜心于史学、经学、天文、历算、音律学等实际学问的研究，尤精于史学，倡导注重研究史料和通经致用的学风。通过总结明朝亡国的历史教训，特别是通过对中国历史的系统反思，他得出了一切祸患都来自君主的观点，认为“为天下之大害者，君而已矣”。(《明夷待访录·原君》)在他看来，最初的君主，“不以一己之利为利，而使天下受其利；不以一己之害为害，而使天下释其害”。后来的君主却把天下视为自己的莫大产业，把君主之位传之子孙。为了争夺天下，他们“屠毒天下之肝脑，离散天下之子女，以博我一人之产业”；天下一旦到手，便“敲剥天下之骨髓，离散天下之子女，以奉我一人之淫乐”。其结果是“使兆人万姓崩溃之血肉，曾不异夫腐鼠”。所以黄宗羲号召人们起来反对封建君主专

制，“今天下之人，怨恶其君，视之如寇仇，名之独夫！”（《明夷待访录·原君》）因此，他提出君臣共治、学校议政的设想和“工商皆本”的观点，前者类似于近代西方君主立宪的议会制度，后者则有助于促进当时资本主义萌芽的发展。这些思想观点都闪烁着早期民主启蒙思想的光辉，对我国近代启蒙运动起了重要的启迪作用。

（二）顾炎武

顾炎武（1613～1682），原名绛，字忠清，明亡后改名炎武，字宁人，学者称为亭林先生，江苏昆山市人。顾炎武为学以经世为志向，一生以“国家治乱之源，生民根本之计”（《亭林文集·与叶讱庵书》）为怀，这是他的实学思想的鲜明特征。面对明清朝代更迭的现实，他从历史反思中得出结论：“有亡国，有亡天下，亡国与亡天下奚辨？曰：易姓改号谓之亡国；仁义充塞而至于率兽食人，人将相食，谓之亡天下。……是故知保天下，然后保其国。保国者，其君其臣肉食者谋之；保天下者，匹夫之贱与有责焉耳矣。”（《日知录·正始》）后世学者将他的这一思想归纳为“天下兴亡，匹夫有责”，使之成为中华民族优秀传统的一个重要组成部分。

顾炎武针对明末空疏的学风，以孔子的“博学于文”“行己有耻”作为自己立身行事的最高标准。“博学于文”的“文”不是文章的“文”，而是指有益于社会的经世致用的学问，“文”应该被用以“明道”，即表明自己对社会和人生的理想原则。“行己有耻”是说对于不合理的事要有所不为，比如，耻于做八股文，耻于讲空虚玄妙的天道性命等，而应以天下国家为己任。顾炎武认为道不能离开器而独存，道就寓于具体的器物之中，道离开了器就无处藏身，“非器则道无所寓”（《日知录》卷一）。他批判宋明理学家的“明心见性”之类的空谈，指出道就是人们通过日常生活的经验而归纳得出的原则，一旦离开人的日常生活，就没有什么“性”和“天道”可言。正是在批判宋明理学的过程中,顾炎武建立起了以经学济理学之穷的思想,试图发扬儒学通经致用的优良传统,昌盛经世致用的实学。他宣告了晚明空疏学风的终结,开启了一代汉学的先路,对实学思潮的发展有很大的影响。

(三)王夫之

王夫之(1619～1692),字而农,号姜斋,湖南衡阳人,世称船山先生。王夫之治学强调一个“实”字,特别重视经世致用之学,认为不论做什么学问,都必须立足现实,以求“经世之大略”。他强调“言必有征”,主张任何学说、理论,都必须从实际出发,建立在确实可靠的事实基础之上。比如,对于明朝极为流行的王学,他就持批判态度,认为王氏之徒“废实学,崇空疏,蔑规模,恣狂荡,以无善无恶尽心意知之用,而趋入于无忌惮之域。”(《礼记章句》卷四二)正是从这种废虚返实、崇实黜虚的精神出发,王夫之总结和发展了我国古代的唯物主义和辩证法思想,使之达到了一个新的理论高度,从而为明清实学思潮的高涨奠定了坚实的哲学基础。

王夫之认为,世界的本原是太虚,即气。他认为:“阴阳二气充满太虚,此外更无他物。”(《张子正蒙注·太和篇》)气是客观存在的,所谓“太虚,一实也”(《思问录·内篇》)。他用“诚”来表示这种客观实在,所谓“诚者,实有者也”(《尚书引义》卷三)。气是运动的,所谓“太虚者,本动者也”(《周易外传》卷六)。而天地间万物的生灭变化,都不过是气的聚散的结果罢了。气是阴阳变化的实体,理则是变化过程所呈现出的规律性,理是气之理,没有离开气而独立存在的理。关于器与道,他认为“天下惟器而已矣”,宇宙间的一切事物都是具体的存在;而道只能是器之道,是事物发展变化的规律。二者虽然分属于形而上与形而下,却是不可分的,“无其器则无其道”(《周易外传》卷五),“尽器则道在其中矣”(《思问录·内篇》)。现实中的“器”是不断运动的,那么“道”也就势必随之而变化,所以他坚决反对那种“天不变道亦不变”的形而上学思想。历史是不断变化的,那么其规律也不会是一成不变的,所以必须要用一种发展的眼光去看待历史的变化,从历史本身去探索其发展规律,具体说来就是“只在势之必然处见理”(《读四书大全说·孟子·离娄上》)。“势”是历史发展的必然趋势,“理”则体现于历史过程中的内在规律。只有认识到理势相成而不可分,才能把握历史发展的必然趋势和内在规律。

四、实用科学实学:徐光启和方以智

(一)徐光启

徐光启(1562～1633),字子先,号玄启,上海人。徐光启是明代著名的科学家,他的科学知识有三个来源:中国古代优秀的科学传统,他本人的科学观察、实验和研究,当时新传入的西方自然科学。他既能融合中国和西方的科学传统,又能把理论与观察、实验相结合,从而使他的科学成就和思想能够突破前人,达到新的高度。

徐光启十分重视运用科学的方法论。他认为:“下学工夫,有理有事。”(《几何原本杂议》)即科学既包括经验的事实或数据,也包括对事实或数据的理论化。“事”指科学实验,“理”指从自然知识中总结出的原理。他认为,高度精确性的历法,必须是既从经验事实出发又受经验事实的验证,而其本身又由严谨的数学原理推导而出。正是这一点,使他成为中国近代自然科学的先驱,并趋向于揭开近代中国自然科学思想的帷幕。

徐光启也是个优秀的思想家,这主要表现在他对西方文化的态度上。明末,大批耶稣会士来中国传教,在传播天主教义的同

时，他们也把西方近代的一些科学知识带到了中国，这立即引起了当时有识之士浓厚的兴趣，他们与之交往，有的还信奉了基督教。徐光启等人满腔热情地引进西学，将之用以发展中国的自然科学。他们学习西学的目的在于“会通以求超胜”，认为中国人要超胜西方，必须要走会通中西即综合中西之长的道路，对西学要全面介绍，但要根据自己的需要而有选择地吸取。

（二）方以智

方以智（1611～1671），字密之，号蔓公，自号浮山愚者，后又更名弘智、无可、药地，江南安庆府桐城县（今安徽省桐城市）人。方以智年轻时极为关注西学，与诸多当时来华的传教士有交往，而之所以如此，是由于他有着强烈的经世实学思想。西学不仅刷新了方以智的耳目，开拓了他的视野，而且促进了他的以“质测通几”之学为特质的实学思想的形成。

“质测”和“通几”相当于今天的科学和哲学。方以智认为，质测之学旨在研究客观的物质世界，并把握其具体规律，即“物理”，相当今天的实证科学或自然科学。通几之学则旨在深究天地万物动静变化的“至理”，揭示事物之所以发生神妙变化的原因，相当于今天的哲学方法论。哲学原理贯穿于具体的科学之中，即“质测即藏通几者也”。他指出：西学“详于言质测，而拙于言通几”，所以应当吸收其科学内容；但同时又要看到西学“彼之质测犹未备也”（《物理小识·自序》）。这种见识远远超越了同时代的学者，达到一个新的高度。

方以智的实学思想还表现在其重实测、重实证、重实功的“求实”学风和治学路线。方以智认为：“圣人教人，求实而已。”（《骚首问》）此所谓“求实”，是针对宋儒的执虚而言的。他批判宋儒只知抱住前人的教条，不去实施考察，专事穿凿附会，脱离实际。他自己则与之相反，注重实测、实证与实功。他所著的《物理小识》《通雅》等著作，保留了大量由他亲自验证过的科学史料，有很高的科学价值。他将中西自然科学知识与自己的科学实践紧密地结合起来，在自然科学领域和哲学领域都取得了重大的成就，为实学思潮的发展做出了积极的贡献。

五、功利主义实学：颜元和李塨

（一）颜元

颜元（1635～1704），字浑然，号习斋，直隶博野（今属河北省）人，颜李学派的创始人。他对道统做了新的规定，认为圣学在于开物成务的“实学”，而不是宋明理学家那种静敬空谈的“虚学”。儒学真正的“道统”是尧舜“三事”（即正德、利用、厚生）、周公“三物”（即六德：知、仁、圣、义、忠、和；六行：孝、友、睦、姻、任、恤；六艺：礼、乐、射、御、书、数）、孔子“四教”（即文、行、忠、信）的实学，是古圣先贤的学术统绪，实质在于以“事”“物”为教。宋明理学家则是“专以心头之静敬、纸上之浮文冒认道统”（《习斋言行录·法乾》）。从这一立场来看，所谓汉儒训诂、晋人清谈、佛道虚无、宋明理学等，都是无关实际的虚学，都应该加以摒弃；实学与理学的分野在于：实学是“见理于事”，落脚于实，而理学则侈谈“无事之理”，着眼于虚。

颜元对宋儒的言行进行了严厉的批驳，指出：“宋儒与尧舜周孔判然两家，自始至终无一相同，宋儒只是书生，故其学舍直曰书院，厅事直曰讲堂，全不以习行经济为事。”（《朱子语类评》）颜元主张，为了救治宋明理学空谈良知心性、不以习行经济为事的弊端，应该培养一批具有“内圣外王”的理想人格的“通儒”，即能够办艰危、任繁难的通才。所以颜元在主持漳南书院时，有针对性地设立了“文事”“武备”“经史”“艺能”四类学科，对学生进行各方面能力的培养。这些学科增加了一些与国计民生密切相关的现实内容，使传统“六艺”具有了新的时代意义。他还把董仲舒的“正其谊不谋其利，明其道不计其功”的教条改为“正其谊以谋其利，明其道而计其功”，表现了实学思潮的重利务实作风。

（二）李塨

李塨（1659～1733），字刚主，号恕谷，直隶蠡县（今属河北省）人。李塨在对比过“古之学”与“今之学”之后，主张复兴古代实学。他说：“古之学一，今之学棼；古之学实，今之学虚；古之学有用，今之学无用。古今不同，何其甚也！”（《恕谷年谱》卷二）他所说的“今之学”即宋明理学，“古之学”即“六艺之学”。“古之学”注重“实事实物”。在他看来，学者要能干济实事、有用于世，应致力于“礼乐兵农之学，水火工虞之业”，掌握社会生活生产中的各种实际本领。理学家“阁置六艺专为穷理之功”，是违背圣人“六艺之学”之遗教的。道理就寓于艺能之中，所以“穷理”只能在“六艺”精熟的基础上去做。人不能脱离具体的事物去空谈“穷理”，人只有在实际的处事接物、躬行践履中，才能获得对事物的规律性认识。

李塨认为，“古之学”与“今之学”的不同，还在于“古之学”有用而“今之学”无用。他主张学术的价值在于现实的社会生活和政治实践，而理学则脱离社会生活与政治实践，学用脱节，成为“无用”之学。他认为：“养心必养为无用之心，致虚守寂；修身必修为无用之身，徐言缓步；为学必为无用之学，闭门诵读，不去其病尽，不能入道也。”（《恕谷年谱》卷四）又说：“学非所用，用非所学，此天下所以寡成材，朝廷所以多废事也。”（《瘳忘编》）所以，他主张要用实学、有用之学去代替虚学、无用之学。可见，在学术立场上，李塨与理学家是根本对立的。

六、社会批判理论:龚自珍和魏源

(一)龚自珍

龚自珍(1792～1841),字璱人,又字爱吾,号定庵,又名易简、巩祚,晚年自号羽琌山民。他处于传统与现代的交接点上,其思想是中国近代人文主义思想的开端。他认为:“众人之宰,非道非极,自名曰我。”(《壬癸之际胎观第一》)人的主宰就是自己,不是外在的道与极,这标志着现代“自我”觉悟的开始,而创造和实践是自我价值确证的方式之一。人是一种情感的存在,有自己的情绪、欲望和利益要求。龚自珍肯定人是真实的感性存在,反对把欲望视为不合理的要求。他认为,人生在世首先需要解决衣、食、住、行的生活问题,在基本的物质生活满足之后,才有“性与天道”,是人先于天,而不是天先于人。

就个人的发展来看,龚自珍认为心力极为重要,人的一举一动都有赖于心力。社会发展变化也依赖于人的心力,心力决定了具体社会行为的成败。善与恶是一对矛盾,并存于人性中,彼消此长,相互抑制。善抑制了恶,人就会成为尧那样的大圣人;恶抑制了善,人就会成为桀那样的大暴君。龚自珍反对传统的复古政治主张,认为政治应当关注当下,因为“一代之治即一代之学也”(《乙丙之际箸议第六》),而不应当以尧、舜、禹的三代模式来规范当代。他认为应将天命与君命分离,确立以人类自身需要为目的的主权意识,以便通过人的主观努力、理性创造来达到合理的政治。这种政治不再诉诸传统的权威和习俗,而是诉诸人的理性的筹划。龚自珍是中国近代哲学的开端人物。

(二)魏源

魏源(1794～1857),原名远达,字良图,又字默深、汉士,湖南邵阳人。魏源认为，学问应当以“经世致用”为宗旨，学者应当把研究当今不断变化的事物、现实社会的各种问题、提出变革的途径作为关注的重点，体现出学术为现实服务的精神，注重学术对社会的导向性功能。魏源的学术思想从理学入门，进而转入今文经学，“以经术为治术”，研究公羊学的“微言大义”。他认为公羊“三世”说包蕴着“变易”观念，可作为社会改革的指导。他推崇西汉“六经治世”的治国方略，主张将治经、明道、政事三者相结合，为解决现实的社会政治问题服务。后来，魏源又由治经转向治史，以史学为治术，开启了传统史学向近代史学过渡的先河。他的《海国图志》作为第一部较为完整的世界历史著作，大大开拓了中国人开眼看世界的视野。

魏源主张打破学术上的门户之见，融会贯通各家各派，以儒家思想为基础，融合各家各派，为解决社会现实问题，尤其是维护社会秩序，提供理论指导和解决方案。他特别强调要学习西方，这是他的“经世之学”的重要组成部分，体现了传统经世之学在近代的延伸，而中国文化与西方文化的交汇最初就实现于这种延伸之中。他提出要“师夷长技以制夷”，开启了中国了解世界、向西方学习的新潮流，这是中国思想从传统转向近代的重要标志。

第四章　西方哲学概观

从公元前6世纪～21世纪的2600多年间，西方哲学历经产生、形成、发展和演变的历史过程。按照约定俗成的划分方式，西方哲学可分为四个时期：古希腊哲学、中世纪哲学、近代哲学和现代哲学。古希腊哲学开始于公元前6世纪，结束于5世纪，主要探讨本原论、自然和社会关系的重大问题，大致可以分为早期希腊哲学、古典希腊哲学、晚期希腊哲学（希腊化和古罗马哲学）三个时期。古希腊哲学作为西方哲学的最早形态，流派繁多、思想庞杂，在很多方面为现代科学与现代哲学铺设了道路，是现代哲学的思想源泉。中世纪哲学记录的是5～14世纪的1000年时间里欧洲的哲学发展情况，此时期基督教思想占主导地位，哲学沦落成神学的婢女，以其理性成为人们解释信仰的工具。中世纪哲学的代表是为基督教服务的经院哲学，其围绕一般（共相）和个别（殊相）的关系问题产生了著名的唯名论和实在论两大派别。近代哲学开始于15世纪中期的文艺复兴，结束于19世纪40年代的启蒙运动，此时期哲学的兴趣集中在主体与客体的关系、思维与存在的统一等问题上，出现了以英国为中心的经验主义和欧洲为中心的理性主义两大哲学思潮，其发展可分为三个时期：15～16世纪的“文艺复兴”时期、17～18世纪末的近代哲学中期、18世纪末至19世纪中叶的德国古典哲学时期。伴随着科技革命带来的自然科学和技术科学的发展和生产关系的巨大转变，从19世纪40年代起，西方哲学进入了现当代哲学的发展时期，这段时期的思想方式经过德国古典哲学的洗礼，呈现出“百花齐放、百家争鸣”的态势，出现了人文主义和科学主义两大哲学思潮。此外，还有托马斯主义等其他一些非主流流派也非常活跃。

第一节　古希腊哲学

古希腊哲学(Graeco Philosophy)，又称“古希腊罗马哲学”，是公元前7~5世纪出现在希腊本土以及地中海沿岸，特别是小亚细亚西部、意大利南部的哲学学说。在古希腊，哲学被视为第一科学、科学之科学，一切科学知识门类都在其统辖之下，所以，古希腊哲学的兴起，在很多方面为现代科学与现代哲学铺设了道路。恩格斯说：“在希腊哲学的多种多样的形式中，几乎可以发现以后的所有观点的胚胎、萌芽。”[①]古希腊哲学的历史大体分为三个时期：(1)公元前7～前6世纪，古希腊哲学开始萌芽。在古希腊人控制的周边殖民地，思想极为活跃，产生了大量的哲学流派，如伊奥尼亚学派、毕达哥拉斯学派、爱利亚学派等。(2)公元前5～前4世纪，希腊哲学走向成熟，又被称为“古典希腊哲学时代”。这一时期，古希腊本土(尤其是雅典)成为当时的哲学中心，古希腊哲学达到了黄金时代，诞生了许多伟大的哲学家，如苏格拉底、柏拉图、亚

① 《马克思恩格斯选集》第3卷，人民出版社2012年版，第877页。

里士多德等，出现了以多元论、原子论等元素论为代表的古代素朴的唯物主义哲学流派，确立了古希腊哲学乃至两千多年西方哲学上唯物与唯心两条哲学斗争路线的最早典型：德谟克利特的原子论的唯物主义和柏拉图的理念论的唯心主义。(3)公元前4～5世纪，希腊哲学开始衰退，宗教神学开始兴起，一般被称为希腊化和古罗马时期。这一时期，雅典先被北方的马其顿帝国所征服，而后又为古罗马所吞并，哲学舞台上有雅典、罗马和亚历山大城。这一时期的主要流派有伊壁鸠鲁学派、斯多亚学派以及各种怀疑主义、神秘主义，并逐渐与基督教结合，对诸如犹太教、基督教和伊斯兰教等不同宗教的发展都具有深远的影响。

一、早期古希腊哲学

公元前7～前6世纪，在希腊的东部(即地中海的东岸)、意大利的南部的殖民地，出现了希腊早期的哲学家。这些哲学家的主要观点分为自然论和本体论，他们研究的主题也比较宽泛，主要侧重于自然哲学，例如，世界的本原、宇宙的究极存在等，代表学派有伊奥尼亚学派、毕达哥拉斯学派、埃利亚学派和元素学派等。希腊早期的哲学思想虽不清晰完备，但都围绕着世界的本原，启蒙人类通过理性分析来探讨最基本的哲学问题。所谓的本原，又译为“始基”，为古希腊用语，指万物的最初根源或构成世界的最根本实体。古希腊最早的哲学流派米利都学派首先提出和探讨了世界本原的问题，后续各哲学流派又相继提出了独立的哲学思想。其中，主张世界只有一种本原的被称为一元论，譬如坚持世界本原是物质的唯物主义一元论；主张存在物质与精神两种本原，且二者相互依赖、彼此独立的则被称作二元论。下面我们将以本原论为中心简要介绍早期西方哲学的基本情况。

古希腊乃至西方哲学最早的哲学流派为米利都学派，被誉为是西方哲学的开创者。米利都学派大约于公元前6世纪产生于爱琴海东岸小亚细亚沿海的伊奥尼亚地区（希腊人的殖民地，希腊早期哲学流派主要在希腊的殖民地一带产生），开创者主要包括三位重要的思想家：泰勒斯（Thales，约前624～约前547）、阿那克西曼德（Anaximandros，约前610～约前546）和阿那克西美尼（Anaximenes，约前588～约前525）。米利都学派实现了从神话向哲学的转变，试图用观测到的事实而不是用古希腊神话来解释世界，故被称为西方哲学的第一个唯物主义流派。米利都学派开创了理性思维，提出了西方哲学史上第一个哲学范畴——本原，如泰勒斯认为世界的本原是"水"，阿那克西曼德认为世界的本原是"无限者"，阿那克西美尼认为世界的本原是"气"。他们都肯定事物是不断运动变化的，将事物运动的原因归于事物内在的力量，而不是神的作用，例如，阿那克西美尼用气的稀散和凝聚来说明各种事物的产生和消灭，开始提出了事物的质和量的关系问题，是"质归结为量"以及"量变引起质变"的最早的思想萌芽，具有自发的辩证法思想。

西方哲学第一个唯心主义的流派为毕达哥拉斯学派。该学派的活动中心也是在古希腊人位于意大利南部的一些殖民地，因此亦被称为"南意大利学派"，是一个集政治、学术、宗教于一体的神秘组织。该学派因由古希腊哲学家毕达哥拉斯所创立而得名。毕达哥拉斯（Pythagoras，约前570～约前500），生于萨摩斯岛，于公元前529年移居到位于意大利西南端的克罗通，在建立毕达哥拉斯同盟后形成该学派，该同盟大约在公元前510年的一场暴力叛乱中被驱逐，并在公元前450年后被迫解散，但该派一直延续到公元前3世纪，对古希腊的影响长达数百年。毕达哥拉斯学派在哲学、数学、音乐、医学、天文、政治等领域都颇有建树。其主要哲学思想是认为万物皆“数”，提出了“数”的本原学说，发展了数的理论。例如，毕达哥拉斯定律等，发现了音乐和数学的关系，并以此论证了“和谐”学说，认为和谐即对立面的协调。在神秘的奥尔弗斯宗教教派的影响下，该学派提出了灵魂不朽和轮回转世说，认为灵魂是独立于肉体而存在的不朽的东西，肉体则是灵魂的坟墓或囚笼，并制定戒律，声称遵守这些戒律就可使灵魂得以净化，脱离轮回之苦。毕达哥拉斯建立的哲学团体是后来许多此类机构的雏形，对柏拉图、亚里士多德建立学院有较大的影响。由于该学派组织非常神秘，思想秘而不宣，也未留下著作，这导致该派的一些思想难以考证。但作为西方哲学诞生之初的重要一支唯心主义哲学流派，其对后来的唯心主义哲学尤其是柏拉图思想产生了重要影响。

与毕达哥拉斯学派的存世时间大致相当，对后世唯心主义哲学产生重要影响的另一个哲学流派是埃利亚学派。该派于公元前6世纪～前5世纪产生于南意大利半岛的埃利亚地区，并因此得名，善诡辩。它的创始人代表是色诺芬(Xenophenes，约前565～约前473)，但真正的代表人则是巴门尼德(Parmenides，约前515～约前445)、芝诺(Zenon，非塞浦路斯岛的芝诺)等。这派的学说与米利都学派特别是赫拉克利特的思想针锋相对，否定事物运动变化的真实性，认为宇宙必定是永恒不动的，永不变化的。作为埃利亚学派的世纪创始人、前苏格拉底哲学家中最有代表性的人物之一的巴门尼德，在其《论自然》一书中探讨了西方哲学最基本的范畴之一的“存在”(being，有、是)，提出“存在”是宇宙的本体、实在，是唯一的(全)、不动的。芝诺是巴门尼德的学生，其诡辩术极其高超，提出了永远不变的观点，并用著名的“飞矢不动”和“阿喀琉斯与乌龟赛跑”的悖论来加以论证。比如,“飞矢不动”指的是一只飞出去的箭在看似运动的过程中,实际上箭在飞行时只是占据着空间里的位置,在一瞬间就静止在这个空间位置上,也就是说其整个飞行过程实际上是许多个静止的空间的集合,所以“飞矢不动”(其错误在于没有认识到运动是间断性与不间断性的矛盾统一)。埃利亚学派是古希腊哲学发展的一个重要环节,在哲学史上占有重要地位。

在早期的希腊哲学中,除米利都学派之外,另一大唯物主义哲学流派便是以赫拉克利特(Heraclitos,约前549～前470)为代表的原子论的唯物主义哲学家。赫拉克利特生于伊奥尼亚地区爱菲斯城的一个贵族家庭,著有《论自然》一书。赫拉克利特继承了米利都学派的唯物主义传统,对宇宙万物的本原、运动的本质等问题进行探讨。他认为“火”是万物的本原,万物从永恒的活火产生而又重新分解为火。火的运动遵循的规律是“逻各斯”①。逻各斯具有普遍性和共同性,万物以及人类社会都遵循着逻各斯。赫拉克利特还提出了万物皆流、无物常住的变动观,强调了事物发展变化的绝对性和永恒性。赫拉克利特从唯物主义观点出发,反对灵魂不死、灵魂轮回的迷信思想,提出人类必须懂得自然的规律,只有认识逻各斯、按逻各斯生活,才是真正的智慧,最高的道德。赫拉克利特这种把道德和真理、知识结合在一起的伦理观直接影响了后来古希腊各家的伦理学说。他还提出了矛盾的双方相互依赖、相互斗争和相互转化的思想,即对立统一思想,这是马克思主义产生

① 逻各斯(logos),为西方哲学的核心概念,原义为“话语”,但由此延伸出多种含义:一方面它代表了语言、演说、交谈、故事、原则等意涵;另一方面,它也代表了理性、思考、计算、关系、因果、类推等。通常来说,作为欧洲古代和中世纪常用的哲学概念,它一般指世界的可理解的规律。在现代西方哲学中又恢复了它的话语、语言的意义。

以前辩证法学说在西方哲学史上最早的表述形态。继赫拉克利特之后，在公元前5世纪，出现了一大批唯物主义哲学家和学说，如阿那克萨戈拉的种子说，恩培多克勒的“四根”说，留基伯、德谟克里特的原子说。其中留基伯、德谟克里特的原子说是早期希腊哲学中比较系统完整的唯物主义学说。原子论的唯物主义是古希腊素朴唯物主义发展的最高形式，它与毕达哥拉斯学派、埃利亚学派以及以后的苏格拉底、柏拉图等唯心主义派别是根本对立的，马克思高度评价了原子论的唯物主义，其博士论文便是《德谟克利特的自然哲学和伊壁鸠鲁的自然哲学的差别》。

二、古典希腊哲学

所谓“古典”是相对于公元前8～6世纪的上古时期而言的，大体上是指从公元前5世纪～前4世纪40年代马其顿统一古希腊之前的100多年，这是古希腊城邦制从繁荣走向衰落的时期，也是古希腊哲学发展史上的黄金时代。与早期希腊哲学相比，这一时期的哲学的主要特点是：从地域来看，此时期的哲学主要是雅典哲学；从内容来看，研究主题从天国转向人世、从自然哲学转向人的哲学；从研究方法来看，主要以逻辑论证为主要手段。古典时期的希腊哲学由智者派的大师们开其先河，因苏格拉底而确定方向并由此而奠定了坚实的基础，其后由柏拉图建立体系从而使之发扬光大，而亚里士多德则在批判的基础上集之大成，写下了最为辉煌的一页。

智者学派随着古希腊城邦民主制的繁荣，从公元前5世纪中叶到前4世纪，在希腊本土出现一批以传授关于政治的知识（辩论术）、语法、修辞学为职业的教师，即智者。智者与哲学家不一样，他们拥有的是演说和辩论的技巧，但在思想倾向上既有创新，又有共同之处，故有这一称号，又被译为“诡辩派”。智者的主要代表人物有普罗泰戈拉（Protagoras，约前 481～前 411）和高尔吉亚（Gorgisa，约前 483～前 375）等。他们从感觉论出发，在世界的本原、主体与客体关系的基础上得出了相对主义或怀疑论的结论，比如，高尔吉亚提出关于事物存在的三原则：无物存在；即使有物存在，也不可知；即使无物存在而又可知，也不可能传授给别人。智者学派的思想肯定了认识主体的能动作用，比如普罗泰戈拉提出“人是万物的尺度”，是存在的事物存在的尺度，也是不存在的事物不存在的尺度，揭示了思维与存在的差异，标志着哲学研究的深化。智者冲破了传统宗教神话的桎梏，强调人在自然面前和在社会生活中的创造作用，具有明显的反神学意义。智者在哲学史上具有重要的地位，他们的出现宣告了古希腊自然哲学的终结，开始了由自然哲学向苏格拉底的人的哲学转变。

苏格拉底（Socrates，前 469～前 399）出生在雅典，父亲是石匠，母亲是产婆。其为人善辩论，经常在公共场所同人谈论各种问题，特别是伦理学问题。苏格拉底本人没有留下著作，但是他的学说被他的学生色诺芬和柏拉图记录下来，尤其是柏拉图的所有著作的主角都是苏格拉底。苏格拉底的哲学思想主要围绕三个问题：(1)提出“自知自己无知”的命题，阐释一切都是由神所创造与安排，体现神的智慧与目的；(2)提出“美德即知识”的命题，阐释善出于知，恶出于无知；(3)宣称自己是知识的“助产士”，倡导美德“接生术”，提出归纳论证，注重一般定义的方法。苏格拉底在西方哲学史上具有重要的地位，在罗马著名哲学家西塞罗的眼中，他是第一个把哲学从天上拉到人间的哲学家，在黑格尔看来，苏格拉底不但是哲学史中极其重要的人物——古代哲学中最饶有趣味的人物，而且是具有世界史意义的人物。苏格拉底是西方哲学史上第一个因为思想和言论而被处死的哲学家。由此,“苏格拉底之死”是西方哲学史乃至人类思想史上的一桩重大事件。公元前399年,苏格拉底被人控告有罪,罪名主要是两项:不敬城邦所敬的诸神而引进了新神,并败坏了青年。朋友们打算营救他逃离雅典,但他拒绝了。他认为自己必须遵守雅典的法律,因为他和国家之间有神圣的契约,他不能违背。苏格拉底认为,如果城邦的法律是不公正的,你就不必遵从它们,但是如果违反了城邦的法律,你仍然必须服从惩罚。苏格拉底这样做,使他感到有一种服从城邦的合法权威和城邦法律的义务,所以他十分自觉地接受了死刑,在临终前仍同朋友们讨论哲学问题。作为一位古希腊也是人类思想史上的大哲学家,苏格拉底之死充满了悲剧色彩。不论这是古希腊民主的过错还是苏格拉底自己的选择,仅仅因为思想和言论就受到法律的追究,这就足以让号称民主的雅典蒙羞。苏格拉底的死亡并没有阻止雅典的加速衰落,随着古希腊北部马其顿王国的崛起,雅典也很快失去了政治独立。

苏格拉底之后,他的一部分学生(柏拉图是苏格拉底学说的真正继承者)围绕“美德即知识”命题开展论述,基于对“善”(美德)是什么的不同理解,分别建立了犬儒学派、昔勒尼学派、麦加拉学派。比如,犬儒学派(昔尼克学派)认为善就是自制,提倡“返归自然”;昔勒尼学派认为善即快乐、实用;麦加拉学派认为善是“存在”。其中,麦加拉学派擅长命题逻辑分析,如欧布里德提出了重要的辩论术——“谷堆论证”(也叫累计悖论),借以论证“多”是不成立的,否定量变会引起质变。他认为如果一粒谷子落地不能形成谷堆,两粒谷子落地不能形成谷堆,三粒谷子落地也不能形成谷堆。依此类推,无论多少粒谷子落地都不能形成谷堆。按照这个结论,无堆与有堆、贫与富、小与大、少与多本应该都没有区别,而现实中无堆与有堆、贫与富、小与大、少与多都有区别，悖论由此产生。这个悖论的根源在于：否认量变会引起质变，否认谷粒的量变会产生“堆”的质变。谷粒从量变到产生“堆”的质变中间有个“度”，这个度只能通过直觉来把握，不可能通过对谷粒量的增加的数学计算来把握。

苏格拉底最著名的学生当属柏拉图。柏拉图（Plato，约前427～前347）生于雅典一个贵族家庭，他母亲是古希腊历史上著名的政治改革家梭伦的后代。柏拉图从小受到良好的教育，于公元前407年开始跟随苏格拉底学习。苏格拉底死后，柏拉图和其他同门子弟周游各地，并于公元前387年在雅典创办了一所学园，该学园是古希腊最早的一所固定学校，亚里士多德曾来此受业。柏拉图在继承前人哲学观点基础上，形成了客观唯心主义的理念论，并以理念论为中心建立了宇宙论、知识论以及政治伦理说、国家说，形成了西方哲学史上第一个庞大的客观唯心主义体系。他在自然观、认识论上坚持宇宙生成说和回忆说；在伦理观上系统阐发了四主德（即智慧、勇敢、节制和正义）理论；在政治理论上提出了统治阶级、武士阶级和劳动者阶级等级森严的理想国制度与以“哲学王”为统治者的思想。柏拉图是西方哲学史上第一个有大量著作传世的哲学家。他在学园中的讲稿虽未流传下来，但他的对话却被全部保存下来，现已比较确定的有28篇，其中比较著名的有《普罗塔哥拉》《美诺》《理想国》《法律篇》等。关于柏拉图的生平，有一个著名的哲学事件，即柏拉图的三次西西里之行。柏拉图在其多部著作中讨论了政治问题，如《国家篇》《政治家》和《克里底亚篇》。可以说，柏拉图的政治志向贯穿其一生，他为了把政治理想付诸现实，曾进行了三次危险的西西里之行，又被称为“叙拉古之行”。第一次是公元前387年，柏拉图到达西西里岛，在叙拉古宫廷会见僭主狄奥尼修一世，宾主交谈不投机，柏拉图后被卖为奴隶，幸得阿尼刻里出资将他赎了出来；第二次是公元前 367 年，柏拉图应戴昂邀请去叙拉古担任新即位的狄奥尼修二世的教师；第三次是公元前 361 年，狄奥尼修二世再邀柏拉图前往叙拉古，结果仍不顺利，柏拉图被软禁在叙拉古，后得到阿启泰等人的斡旋才得以回国。柏拉图的三次西西里之行并未实现其理想国的志愿，在第三次西西里之行后，他无奈地说道："狄奥尼斯拥有极大的权力，如果在他的帝国中哲学和政治权力能在一个人身上统一，那么帝国的光辉将照耀所有人。"

柏拉图之后，他的学生亚里士多德（Aristotle，前 384～前 322）横空出世。作为古典希腊哲学的集大成者，亚里士多德是举世公认的历史上第一位百科全书式的思想家，被马克思称为"古代最伟大的思想家"。亚里士多德曾在柏拉图学园中师从柏拉图达 20 年之久。公元前 343 年，他接受马其顿腓力二世邀请，担任亚历山大的老师。公元前 335 年，他前往雅典，创办吕克昂学园，被称为"逍遥学派"。亚里士多德一生所从事的学术研究涉及逻辑学、修辞学、物理学、生物学、心理学、政治学、经济学、伦理学、历史学、哲学等学科领域，并写下了大量的著作。在哲学上，通过对柏拉图"理念论"的反驳，亚里士多德提出了系统的倾向于唯物主义的哲学体系，涵盖了许多重要的哲学概念，如实体、"四因"、潜能与现实、第一推动力、"灵魂好比蜡块"等学说。作为欧洲形式逻辑的奠基人，他研究了概念、判断和推理等形式逻辑，提出了形式逻辑的三个基本规律，即同一律、矛盾律和排中律，首创了三段论推理的格和规则学说，从而确立了形式逻辑的基本内容，使之成为一门科学。在社会政治观上，亚里士多德认为人在本质上是政治动物，提出城邦应是自然共同体，城邦应先于家庭，家庭应先于个人，通过对希腊

160 多个城邦政体形式进行的比较分析，提出最好的政体是由中产阶级执政的混合政体。在伦理学上，他认为伦理不仅是理论的、更是实践的学科，认为道德包括行德与知德，提倡“中道”（中庸），即行为包括过度、不足与适中三种状况，其中过度与不足是恶行的特征，而适中则是美德的特性，亦即“中道”。在美学上，他曾给悲剧下过定义，提出“净化说”，并指出艺术作品在“模仿”个别事物时，目的在于使事物的一般特征得以表现出来。在教育上，他认为理性的发展是教育的最终目的。恩格斯曾称亚里士多德是古希腊哲学家中最博学的人物，称他是“古代的黑格尔”。亚里士多德的主要著作有《工具论》《形而上学》《伦理学》《政治学》《尼各马可伦理学》《诗学》等。亚里士多德去世后，他建立的逍遥学派被弟子继承下来，并存续了两个多世纪，但该学派后续主要从事自然科学研究，在哲学思想上并无新的建树。亚里士多德的哲学因战乱被东移，直到 11 世纪后才逐渐被世人所知，并成为中世纪经院哲学，尤其是托马斯·阿奎那哲学思想的重要理论依据。

三、晚期古希腊哲学

在西方史学家视域里，晚期古希腊哲学可以分为希腊化时期和古罗马时期两个阶段。亚历山大建立的地跨欧亚非的大帝国随着他的去世而分崩离析，帝国分裂为三个王国。从公元前 3 世纪末起，这些王国不断受到侵略，并于公元前 30 年被古罗马全部征服。这段时期，帝国虽然分裂，但古希腊文明在各地得到传播，并与当地文化融合在一起，从公元前 334 年～前 30 年的这段时期被西方史学家称为“希腊化时期”。此后，古希腊作为独立国家的历史就暂时中断了，欧洲的政治中心转移到了古罗马。从公元前1 世纪开始，罗马逐渐成为囊括整个地中海地区的世界强国，并于公元前27年建立帝制，走向帝国的强盛时期，但自3世纪起，帝国因腐败而走向危机，并于395年分裂为建都于罗马城的西罗马和建都于君士坦丁堡的东罗马两部分，476年，西罗马灭亡，这段时期又被称为“古罗马时期”。晚期古希腊哲学正如马克思所说，任何事物都必定经历发生、繁荣和衰亡的过程，古希腊哲学在亚里士多德那里已经达到了最兴盛的阶段，之后就衰落了。古罗马时期的哲学家们，已不再致力于解决自然和社会的根本问题，而是在寻求个人的幸福和摆脱痛苦的途径。因此，伦理学成为这段时期的哲学体系的中心或根本。伦理学得到了巨大的发展，产生了著名的伊壁鸠鲁学派和斯多亚学派。

伊壁鸠鲁学派是古希腊哲学家伊壁鸠鲁(Epikouros，前341～前270)所创立的哲学派别。公元前307年，伊壁鸠鲁在雅典的一座花园里创办学校，史称“伊壁鸠鲁花园”。不同于柏拉图极高的收徒标准，他主张有教无类，学生中既有妇女也有奴隶，这在古希腊是个创举，后逐渐形成伊壁鸠鲁学派。其学说在这段时期影响极大，被广泛传播于古希腊—古罗马世界，其影响存续了6个世纪之久。伊壁鸠鲁把哲学分为三个部分：物理学、逻辑学和伦理学。在哲学方面继承和发挥了德谟克利特的原子论思想，提出了原子自动倾斜或偏离说。在伦理学方面坚持幸福即快乐的快乐主义，认为所谓的“快乐”，即“身体的无痛苦和灵魂的无纷扰”，提出了快乐与德性相互蕴含的观点，伊壁鸠鲁主义由此成为快乐主义的代名词。伊壁鸠鲁还从个人自由的观点出发，提出了一种国家起源学说：基于自愿基础上的“共同协定”的契约论，这对后来的政治理论产生了深刻的影响。伊壁鸠鲁学派的唯物主义观点推动了当时唯物主义、无神论思想以及自然科学的发展。伊壁鸠鲁的思想后来由同时期的卢克莱修(古罗马时期最杰出的唯物主义哲学家、伊壁鸠鲁主义的最大代表)忠实继承下来,他的《物性论》宣传了伊壁鸠鲁的原子论和快乐论观点。该派的伦理学和原子论思想,在文艺复兴时期和启蒙时期均得到广泛的继承和传播,对于确立现代性思想、推动西方社会的发展起到了巨大的作用。

在这段时期与伊壁鸠鲁学派的影响不分上下的另一大哲学派别是斯多亚学派,亦称"画廊学派""斯多葛学派"。这也是一个传布很广并且存在很久的哲学流派,其出现在希腊化时期(约公元前4世纪末到3世纪),由塞浦路斯岛的芝诺(Zenon,约前336～前264)创立。这派学说的核心是以宿命论为主导思想的伦理学,他们反对伊壁鸠鲁学派的原子论、无神论和快乐论。斯多亚学派的流传和发展大体可分为早、中、晚三个时期。早期代表人物有芝诺、克利安提斯和克里西普斯,他们把哲学分为逻辑学、自然哲学与伦理学三部分,提出"顺从自然(或本性)而生活","顺从本性"即"顺应理性",各种情感诸如快乐、烦恼、欲望等是灵魂的病态,需要加以节制,人们应"断激情"、禁欲望。中期代表人物有巴内修、波塞冬尼,他们将该派思想传入古罗马,其思想已经开始抛弃早期的唯物主义因素,并加强了折中主义和唯心主义倾向。晚期代表人物有塞涅卡、爱比克泰德、奥勒留,他们的思想具有浓厚的宿命论、神秘主义和禁欲主义特点,对基督教影响很大。

伊壁鸠鲁学派和斯多亚学派是这段时期哲学的主流,除此之外还出现了怀疑主义学派、折中主义学派和犹太哲学。怀疑主义学派是对客观世界和客观真理是否存在、能否被认识表示怀疑的学说。爱利斯的皮浪(Pyrrhon,约前360～前270)首先提出怀疑论的学说,因此该学说也被称为"皮浪主义"。皮浪希望通过否认知识的可能性来达到"不动心"的理想生活,他认为由感觉与理性得来的知识都不可靠,事物是不可认识的,人们对任何事物都应存疑。皮浪用许多方式表明现象世界充满着对反,没有任何东西可以担保我们理解的事物就如它们的实际所是。因此,最好的办法就是对判断采取悬置态度,对一切事物都漠然置之、淡然处之,采取莫之是、莫之非的态度,以获得宁静的状态。最终,皮浪主义走向了一种不可知论。在近代,怀疑论的代表性人物是休谟,他拒绝答复精神实体、物质实体及因果关系是否客观存在的问题。在现代,也存在着一股怀疑论思潮,如现象学、诠释学等。在古罗马时期,还出现了拾取古希腊各派哲学中对自身最适合的东西的折中主义学派,其最为典型也最为著名的代表人物为西塞罗(Cicero,前106～前43)。他是一位著名的律师、政治家、罗马元老院议员,公元前63年当选为罗马执政官。在内部夺权斗争中,他支持元老院制度,反对独裁制,于公元前43年被杀。西塞罗是一位拉丁作家,他是把希腊哲学翻译为拉丁文的第一人,其译作流传至今。犹太哲学产生于希腊化时期前后出现的被用以专门论证犹太教教义的宗教神学化哲学体系。众所周知,以色列人通过为人类贡献《圣经》在人类历史上第一次确立了一神教。但是,《圣经》作为宗教的经典也包含了一些宇宙论和人生论的哲学思想,但它不是哲学著作,其中没有系统的哲学。犹太哲学的产生是和犹太教与古希腊哲学的相遇分不开的。最早的犹太哲学家是亚历山大的斐洛(Philo Judaeus,约前30～约45)。他用柏拉图主义、新斯多亚主义解释犹太教经典,他认为上帝是纯存在,是超验的,故我们只能说上帝不是什么,而不能说他是什么。他认为上帝和世界是以神秘的逻各斯为中介而联系起来的。中世纪最主要的犹太哲学家迈蒙尼德继承了斐洛的否定神学,对犹太教教义进行了系统的总结和解释,认为上帝和世界根本不同,故我们对世界万物的存在及其属性和特点的描述都不适用于上帝,并引用亚里士多德关于第一推动者、宇宙第一因和绝对必然的存在等观点进行论证。他认为,通过人的能动理智的活动,人能与上帝建立直接关系,对上帝的知识才是最高知识,真理标准在于其是否符合《圣经》。迈蒙尼德死后,犹太神秘主义有很大发展,其中又以诺斯替教的神秘主义最为突出,并由此引发了对立和争论,这种争论一直持续到17世纪。

第二节　中世纪哲学

中世纪哲学是5～14世纪欧洲封建社会时期产生的哲学,在西方哲学史上起到承上启下的作用。5世纪后,西罗马帝国逐渐瓦解,欧洲向封建社会过渡。在日耳曼人征服罗马的过程中,基督教得以保全,并成为中世纪占统治地位的意识形态。这一时期的哲学的核心论题是企图结合信仰和理性,力求使基督教信仰可以理喻。因此,中世纪哲学探讨的问题是神与人、天国与世俗、信仰与理性的关系问题,哲学沦为基督教神学的婢女。这个历史时期的哲学大致经历了三个阶段:第一阶段,从2世纪末到5世纪,基督教教父致力于把基督教的信条理论化,这一阶段被称为"教父哲学时代"或"前经院哲学时代";第二阶段为8～14世纪,一批著名的经院哲学家在教父哲学的基础上,继续为天主教的教条和教义论证和辩解,使其系统化和哲学化,此即经院哲学时代;第三阶段为14世纪,经院哲学内部出现了一些反托马斯·阿奎那为正统经院哲学的派别和思潮,经院哲学走向衰落和瓦解。在此时期,西方文明的三大来源——古希腊的理性主义、古罗马的法制和希伯来的宗教精神,通过基督教的哲学和神学,被整合为一个完整的文明传统。中世纪哲学对于现代人理解西方文明传统的起源和性质具有十分重要的意义。

一、前经院哲学时代:教父哲学时代

教父哲学产生于罗马帝国时期。宗教神职人员为了更好地传播基督教,利用古希腊哲学思想把基督教的信条理论化,形成了一整套的基督教教义,即所谓的“基督教哲学”,因这些制定教义的人被教会尊称为“教父”,其学说也被称为“教父哲学”。教父哲学与教父生活的年代一致,约介于新约时代末期或使徒时代(约1世纪)末期与451年的迦克墩公会议或8世纪的第二次尼西亚公会议之间。教父为了使基督教信仰更具吸引力和更富有知识性,便开始将《圣经》教训与古希腊哲学融合,即主要利用柏拉图和亚里士多德的哲学思想,将基督教思想加以系统化、理性化和神圣化。因写作语言的不同,教父又分为希腊教父和拉丁教父两个派系。希腊教父的主要代表是查士丁、塔提安、奥利金,拉丁教父的代表主要是德尔图良、奥古斯丁。教父们制定的基本信条有:(1)创世说:认为上帝从虚无中创造出世界上的一切事物。上帝是世界的主宰,是一个有意志、有智慧、有感情的人格化的神,具有圣父、圣子、圣灵三个“位格”,即所谓的“三位一体”论。(2)原罪说:人类的祖先亚当和夏娃因偷吃禁果,犯下了大罪,所以他们的罪恶就遗传下来,其后的子子孙孙生下来就有罪。(3)救赎说:世人受难、无法自救,上帝派遣一位救世主下凡,教导人们忍受苦难,信奉上帝,这样,来世便可得救。(4)来世赏罚(天国报应)说:人在死后升入天堂的条件是接受天命所确定的尘世身份地位,摒弃物欲,否则死后被打入地狱,遭受永刑。(5)天启说:一切真知都是“天启”的产物,人们的认识和理性要服从信仰,跟信仰抵触的一切知识都是无用的。

提到教父哲学,我们就不能不提及德尔图良和奥古斯丁。德尔图良(Tertullianus,约 160～约 225),是古罗马基督教著名的神学家和哲学家,第一位拉丁教父,被誉为教父时期仅次于奥古斯丁的神学家。德尔图良于 193 年皈依基督教,197 年著有《护教篇》,为当时受迫害的基督徒辩护,以教义教规说明教徒有忠君守法和以爱心待人的良心责任。德尔图良首先发现理性有极限,人在冲破这个极限的时候,应该有信仰做指南指导自己的发展,他认为在人性的能力中,除了感观之外,还有理性,在理性之上,还有信仰,人的感观所不能达到的极限,理性可以补足,在理性所不能达到的极限,信仰可以补足。其许多思想论证了基督教的基本教义,如"三位一体"说,论证了"上帝(神)"只有一位,三个位格同一神质;用传殖说代替了希腊的神创说,为原罪教义的发展铺平了道路。德尔图良最先提出了宗教信仰自由的观点,在神学上首先采用"三位一体""圣礼""洗礼""救赎"和"功德"等名词,这些思想深刻影响了奥古斯丁,间接推动了基督教思想的发展。

教父哲学最重要的代表人物是奥古斯丁(Aurelius Augustinus,354～430),亦即"奥斯定",为古罗马帝国时期的天主教思想家,是欧洲中世纪基督教神学、教父哲学的重要代表人物。在罗马天主教系统中,他被封为圣人和圣师,并且是奥斯定会的发起人。他把神学和哲学结合起来,提出"理解为了信仰,信仰为了理解"的论点。他宣扬"恩宠论",认为人只有依赖上帝的恩宠乃能得救。他还提出"预定论",认为善人灵魂升天为上帝所预定,恶人灵魂下地狱为上帝所预知。他强调教权,声称人们虽应服从世俗政权,但世俗政权只是"世人之城",最终将覆灭,并逐步由"上帝之城"完全取代,教会则是"上帝之城"在地上的体现。奥古斯丁的思想为中世纪西欧基督教的教权至上理论提供了理论依据,他的"恩宠论"是近代欧洲宗教改革的救赎和恩典思想的源头。奥古斯丁的主要著作有《忏悔录》《上帝之城》,其思想体系达到了教父哲学的顶峰,是整个基督教文化的典范,对以后的宗教哲学产生了深刻的影响,为后续经院哲学的形成打下了理论基础。《上帝之城》(拉丁文:De Civitate Dei)为奥古斯丁历经十余年心血所著的历史哲学著作,被称为"奥古斯丁思想的成熟之花"。"上帝之城"的说法源于《圣经》,是一个真实存在上帝的国度。该书写作的背景是在410年,被当时的世人称为"上帝之城"的罗马被野蛮民族攻破,并且被劫掠了三天三夜,当时很多的基督徒非常悲观,异教徒乘机对基督教信仰进行攻击、责难。于是,奥古斯丁写作该书,批驳了异教徒对基督教的责难,通过对罗马史的评论告诉世人罗马的毁灭是咎由自取,与基督教无关,并对上帝的创造和人类的起源、发展、结局进行了阐述,歌颂上帝的伟大创造与救赎计划。奥古斯丁认为,自从人类背叛上帝以来,就出现了两座城池:上帝之城和尘世之城。人类的历史就是上帝之城战胜尘世之城的历史。这两座城池在最后审判之前,是混在一起的,审判之后就完全分开了。《上帝之城》一书共分二十二卷,前十卷主要在驳斥对基督教不实的攻击,为基督教做有力的辩护,反驳异教主义及罗马爱国主义;后十二卷论述了地上之城及天上之城的源起、发展及指归,地上之城因不自爱,藐视上帝,终必衰弱,上帝之城则以神爱为本,必然兴旺长存。奥古斯丁在书中提出:国家必须从属于教会,唯有这样才能成为上帝之城的一部分。这种观点后来成为教会的基本原则,贯穿于整个中世纪,在教皇和皇帝的历次冲突中,为西方教会的政策提供了理论依据。

二、经院哲学时代

经院哲学是对中世纪西欧基督教哲学思想的统称,在早期"教父学”的基础上形成并逐渐发展起来，其目的和任务是论证基督教教义。因其在基督教会的学院（亦称“经院”）中讲授而得名，是在中世纪西欧占统治地位的哲学。经院哲学的发展大致经历了三个阶段：形成于9～10世纪，成熟系统化则是在13世纪，13世纪以后出现了逆流，其内部围绕着关于一般（共相）与个别（特相）的关系问题的唯名论和唯实论的斗争加剧，加速其走向衰落。经院哲学是一种为宗教神学服务的思辨哲学，它将所有研究限制在基督教允许的范围内。它以柏拉图和亚里士多德的哲学思想为信仰寻找合理的根据，主张理性服从信仰，提出“哲学是神学的婢女”的观点。经院哲学的主要代表人物有安瑟伦、托马斯·阿奎那等。这段时期，发生了中世纪最终的历史事件：十字军东征（Cruciata，伊斯兰世界称之为“法兰克人入侵”；始自1096年，止于1291年）。这是一场经罗马天主教教皇批准的、罗马天主教势力为占领穆斯林统治的西亚地区，并建立基督教国家而进行的持续近200年的宗教战争。十字军东征最初的参与成员，如骑士、商人、农民，多数是自愿的，他们受拜占庭帝国之邀，参与“夺回”圣地战争，他们都配有十字标志，因此被称为“十字军”。史料认可的十字军东征是9次，其实多达10次，给西欧各国和地中海沿岸人民带来了深重的灾难。比如，十字军在1202年的第四次东征中攻占君士坦丁堡，对该城进行了为期一周多的掠夺与屠杀。其间，在1212年，还发生了由法国和德意志组织的儿童十字军东征。美国学者朱迪斯·本内特在他的著作《欧洲中世纪史》里写道，十字军远征聚合了当时的三大时代热潮：宗教、战争和贪欲。1291年，随着基督教世界在叙利亚海岸的最后一个桥头堡——阿卡被攻陷，十字军国家的命运告终。十字军东征对西方基督教世界的社会、经济和政治造成了深远的影响，其中有些痕迹至今尚存。

经院哲学时代最著名的哲学事件，便是经院哲学内部一直存在的唯名论与唯实论两大派别的斗争。唯名论（Nominalism）是中世纪西欧经院哲学的两大派别之一。唯名论的思想起源于古希腊柏拉图一派，后经中古欧洲经院哲学家的发展，成为哲学长期探讨的主题。它讨论的是关于事物的概念（共相）与实在（个别）事物之间存在的关系与其出现的先后顺序。唯名论认为现实事物并没有普遍本质，只有实质的个体是存在的；共相非实存，而是代指事物性质的名称，故称“唯名”。在唯名论之下，发展出两种版本的唯名论哲学：极端唯名论和温和唯名论。极端唯名论者以洛色林等为代表，认为客观上和人的思想中并不存在一般，只有一个个分别的实存事物；温和唯名论，又称概念论，以阿伯拉尔、邓斯·司各脱为代表，认为共相是由实存事物推导出来的，所以存在先于共相。但是，共相一旦建立之后，它就是存在的，是表示许多事物的相似性或共同性的概念。唯实论（Realism）是中世纪西欧经院哲学的另一大派别。同唯名论相反，它认为共相（一般）先于个别事物而存在，是独立于个别事物的客观实在；共相是个别事物的本质，个别事物只不过是由共相所派生出的个别情形、偶然现象，并不是真实存在。它也有两种版本：极端唯实论和温和唯实论。极端唯实论者以安瑟伦为代表，他认为越是一般越实在和完善；上帝观念最普遍，因此上帝最实在、最完善。“不是理解了才能信仰，而是信仰了才能理解”，他认为：“只有信仰上帝，才能理解上帝。”温和唯实论者以托马斯·阿奎那等为代表，认为一般是一种实体形式，它既存在于个别事物之内，又存在于上帝与人的概念之中。唯实论的思想以柏拉图的理念论为基础，对基督教教义，特别是上帝存在作出了各种论证，并提出了“哲学是神学的忠实婢女”的观点。

关于经院哲学家，有两位人物不得不提，一位是安瑟伦，另一位则是托马斯·阿奎那。安瑟伦(Anselm,1033～1109),为中世纪意大利哲学家、神学家,1093～1109年任英国坎特伯雷大主教,被尊称为"最后一位教父"与"第一位经院哲学家"。作为"经院哲学之父",安瑟伦首先提出本体论论证。就理性与信仰的关系而言,他认为理性的思考必须符合信仰的原则,认为不是理解了才能信仰,而是信仰了才能理解;宣扬教权高于政权;认为真实存在不是具体事物,而是共相。他还认为,有一个无始无终的真理存在于一切事物之先。他运用形式逻辑论证了基督教正统教义,提出关于上帝存在的本体论证和神的概念,并提出本体论的重要内涵,即"(如果)我们不能够想象得比他更大的东西,他就存在"。安瑟伦提出了救赎论的补赎说,认为有罪必罚是神绝对的"公义"展现,世人因犯罪而冒犯神的尊严,只有对世人施以刑罚,才不致违反神自己所定下的规矩,而基督以无罪之身代人受死,满足了神的"公义",这个理论被称为救赎论的"满足说"或"补偿说"。其主要著作有《论道篇》《独白篇》《上帝为何化身为人》。

托马斯·阿奎那(Thomas Aquinas,1225～1274),意大利人,1567年被罗马教廷定为普世教会"圣师",有"神学界之王""全能博士"之称,是经院哲学最著名的哲学家,也是欧洲中世纪最重要的神学家。他保存并修改了亚里士多德学派的思想,对西方哲学产生了重大影响,对之后的基督教神学也有着极大的影响,其哲学思想集中体现在其著述的《神学大全》中。他是自然神学最早的提倡者之一,他把理性引进神学,用自然法则来论证君权神圣说,认为神学是一种科学,以文字记载的经籍和教会传统作为其学术的基本资料。在政治哲学方面,他用基督教神学重新阐释了亚里士多德的政治哲学,从而确立了中世纪亚里士多德在基督教世界的地位。此外,他第一次将亚里士多德的《政治学》和《伦理学》译成拉丁文，论证了道德与政治分解的可能性，这一思想直接影响了后来的宗教改革和政教分离。在法学方面，他还是西方世界中自然法理论的倡导者，对后世的自然法学派和宪政革命都有深远的影响。托马斯·阿奎那的主要著作有《神学大全》《反异教大全》，其思想体系被称为“托马斯主义”。托马斯将亚里士多德哲学加以改造后纳入基督教神学体系，成为中世纪罗马教廷的官方哲学，1879年，教皇利奥十三世再次将其确定为天主教的真正哲学。他利用亚里士多德关于第一推动力的说法，推论出上帝的存在，认为宇宙万物是上帝从虚无中创造出来的，有时间的开端。作为创造物的世界并非永恒存在，只有创造者才是唯一的永恒。一切真理都出自上帝，故以“理性真理”为本的哲学不应同以“启示真理”为本的神学相矛盾。但启示真理是第一真理和最终的绝对真理，故启示高于理性，神学高于哲学，哲学应该为神学服务。在庇护十世发出的通谕中指出：圣·托马斯主要的基础哲学论点不应该被人们拿作辩论，争论哪个方向更好，而是应该被作为 ·切自然、神圣的科学的基础。托马斯主义对后续哲学产生了巨大的影响，是当代西方哲学思潮中的重要一支。

三、后经院哲学时代

托马斯·阿奎那使经院哲学成为完整体系，并使之达到发展的顶峰。但与此同时，其内部也出现了反对托马斯主义的思潮，诸如罗吉尔·培根、邓斯·司各脱、威廉·奥卡姆等思想家，其中奥卡姆的思想极大地促成了经院哲学的衰落和瓦解，加速了中世纪哲学走向终结，迎来了伟大的文艺复兴时期。

奥卡姆（William Ockham，1300～1350），被称为经院哲学时代的“不可战胜的博士”，是英国经院哲学家、逻辑学家、圣方济各会修士，主要著作有《逻辑大全》《箴言集》《神学百谈》等。奥卡姆继承了培根、司各脱的经验主义传统，力图把神学和哲学分开，认为神学只能在信仰领域占统治地位，而不能干预知识领域，极力反对托马斯主义，主张政教分离。奥卡姆认为，托马斯提出的普遍观念都是不必要的，如果能用较少的东西说明问题，那么使用较多便是无益之事，为节省时间和精力，就应该用经济原则这把剃刀将多余的东西统统剃掉，即他在《箴言书注》2 卷 15 题中主张“切勿浪费较多东西去做用较少的东西同样可以做好的事情”，后被简称为“如无必要，勿增实体”，史称“奥卡姆剃刀”，其实质是：无论出自逻辑理由还是出自经验理由，都没有必要在个别事物之外设立普遍的实体或实质。奥卡姆是当时反教皇斗争的精神领袖，其思想后被称为“奥卡姆主义”，在 14 世纪流行于欧洲各国，其学说于 1327 年被教皇判为“异端”。

第三节　近代哲学

近代哲学主要是指 17～18 世纪的欧洲哲学。得益于近代自然科学的兴起，近代哲学在方法和精神上都有了较大的变化，讨论的中心问题也由形而上学转移到了认识论（Epistemology）。近代哲学家大都精通数学和自然科学，哲学工作通常带有明显的科学痕迹，这成为该时期哲学的典型特征。从流派上讲，近代哲学可分为英国经验论哲学和欧洲大陆唯理论哲学，它们的分歧主要表现在知识的来源和知识的本质等方面。稍后的德国古典哲学是在近代哲学影响下产生的，也将在这一章进行讨论。因此，本节将主要分为三部分：英国经验论哲学、欧洲大陆唯理论哲学和德国古典哲学。

一、英国经验论哲学

英国经验论哲学可以追溯到弗兰西斯·培根(Francis Bacon,1561～1626),他曾提出著名的口号"知识就是力量",意在引导人们关注知识的实用性。对培根来说,知识的实用性在于知识是可被证明的,而唯一可靠的证明方法就是科学实验。他所谓的"科学实验",实质上是一种科学的归纳法,即通过收集材料、整理材料、推出一般结论的"三表法",帮助人们认识自然界的因果规律,进而利用这些规律获取最大收益。整体而言,培根的哲学思想还比较肤浅,所持的科学观念也较为简单、片面,并且由于对人的精神价值的漠视而形成了唯科学主义的倾向,受到后来哲学家的较多批判。

将经验科学方法推广到政治哲学领域的代表人物是托马斯·霍布斯(Thomas Hobbes,1588～1679)。霍布斯认为人活着总是趋利避害,为了维持各自最为基本的生命权,人们就不得不签订契约。契约让每个人将自己除生命权之外的其他权力转让给国家,从而换取国家对每个人生命权的充分保护,而所谓的"国家"其实是具有绝对权力和至高权威的"利维坦"。一旦国家无法履行保护契约人生命的职责,就会马上被替换掉。霍布斯的契约论第一次用人的自然属性和自然理性来说明国家的起源与本质,既维护了当时的"君权神授"政体,也开创了未来民主国家理论的雏形。

英国经验论哲学的另一个代表人物是约翰·洛克(John Locke,1632～1704)。洛克认为,人生来只是一块白板,并不具有天赋观念,人的知识是通过后天的经验学习得到的。学习知识的过程可被分为感觉和反省两部分:前者指因外部刺激而产生的观念;后者指对各种观念的加工,从而衍生出更多的新观念,最终形成越来越复杂的知识。

从属性上讲，人类知识实际上就是外部事物的性质，可以分为两种：一是事物固有的性质并不因人的感知变化而变化，即“实在的性质”，比如，物体的大小、形相、数目、位置等；二是因为人的感知活动才有的性质，它们随着感知者的不同而变化，被称为“第二性的质”，比如，物体的颜色、气味、味道等。为了说明知识是如何形成的，洛克提出人从根本上拥有两种获取知识的方法：一种是从一般到个别的分析，即演绎推理的方法；另一种是从个别到一般的综合，即归纳的方法。演绎的方法可以保证知识为真，归纳的方法可以保证知识的增长。洛克从经验认知的角度解释了知识的来源和本质，拒斥了先验知识存在的可能，奠定了近代经验论哲学的基础。

洛克在政治哲学领域也颇有建树。作为西方自由主义和民主政治理论的创始人，洛克完善并发展了社会契约论思想。他认为人的本性不是趋利避害而是和平协作，人的生命权、自由权和财产权神圣不可侵犯，人们能转让的只是对财产的判决权和执行权，而非财产权本身。被转让的对象并非君主和强力统治者，而是从所有订约人中推选出来的受信任者，如果他不能真正履行契约，人民将有权推翻其统治。在契约论的基础上，洛克进一步提出“三权分立”“宗教宽容”等思想，对美国《独立宣言》、法国的《人权宣言》产生了重要影响。洛克的代表作有《人类理智论》《政府论》等。

英国经验论哲学的另一个代表人物是乔治·巴克莱(George Berkeley，1685～1763)。巴克莱是英国圣公会的教区主教，曾去美国推广教育，现在加州大学伯克利分校就是为纪念他而命名的。

巴克莱认为，哲学知识与宗教信仰可以并行不悖。人类知识的对象只是观念，人们所能认识的只是观念以及观念之间的关系，而非观念之外的实在。在此意义上，事物的存在就是被我们所感知，这一观点可凝练为一句经典的命题："存在即被感知。"为了保证知识在总体上可靠，巴克莱强调在所有感知主体之上还有一个更根本的感知主体，即上帝，上帝对世界的感知无所不在，所以世界的存在也不可能被怀疑。巴克莱的观点虽然看似违反了常识，但经过一系列复杂的论证，又很难被反驳。许多哲学家试图对其观点进行批评，比如，罗素就在《哲学问题》中就巴克莱思想做了专门讨论，但这些批评似乎难以真正将其推翻。巴克莱的代表作有《人类知识原理》《视觉新论》等。

经验论哲学最重要的代表人物是大卫·休谟(David Hume，1711～1776)。休谟将经验认识的对象称作"知觉"，它又可被分为印象和观念两类。印象对人而言更为直接，所以表现得强烈而活跃，是一切认识的来源；观念则是对印象的"忠实摹写"，所以较为迟钝，但具有归纳、推理等理性特征。知识就是由简单观念向复杂观念转变的过程。复杂的知识可以分为两类：一是观念关系的知识，也就是抽象科学和证明的知识，如数学和逻辑学；二是事实的知识，如生物学、物理学等。不同于巴克莱，休谟认为人们需要通过观念之外的事实来对观念知识的正确与否作出判断。由此，知识便有了明确的界限，要么是通过对观念关系进行分析的结果，要么是对事实进行或然推理的结果。

休谟基本上持温和怀疑论的态度。他一方面与西方哲学的形而上学传统针锋相对，通过否认实体的存在而否认形而上学存在的合理性，并且认为上帝不能成为知识的对象；另一方面，休谟也对自然科学的基础提出质疑，这重点体现在对因果关系的怀疑上。他认为因果关系不过是通过联想而形成的恒常联系，根本上是一种习惯性的倾向，并不能从知识上得到证明。

休谟的知识论反映到实践哲学上，就是一种较为朴素的情感主义道德哲学。他认为人类道德以情感上的快乐和痛苦作为基础，是人类最为强烈的感觉和印象，所以趋利避害是人的最自然的本性。但是，在追求快乐和摒弃痛苦的过程中，人也不得不受同情原则和比较原则的影响，同时还要顾及他人的快乐和痛苦，从而形成可被普遍接受的社会伦理原则。休谟最终持一种性善论的态度，反对基督教原罪说。

在休谟的影响下，他的家乡苏格兰形成了非常著名的苏格兰常识学派。他们继承了休谟的以感官印象作为基础的经验论思想，但放弃了他的怀疑论态度，并影响了美国早期哲学的发展。

二、欧洲大陆唯理论哲学

唯理论哲学的第一个代表人物是勒内·笛卡尔（René Descartes，1596～1650），他既是哲学家也是当时著名的数学家和科学家，其思想被视为近代哲学的开端。笛卡尔认为，哲学将统摄一切科学，因为哲学所研究的是最普遍的科学方法，即“普遍数学”。这一方法不仅可应用于所有的科学门类，也可以应用到专属于哲学的形而上学，成为为形而上学合法性辩护的工具。

笛卡尔对形而上学的辩护是从普遍的怀疑论开始的。他认为人类的一切认识都可以被怀疑，唯有“我正在怀疑”这一点是无可置疑的。而从“我正在怀疑”又可推出一个进行怀疑活动的主体——“我”。所以，在经过彻底的怀疑之后，笛卡尔找到了哲学论证的起点，即“我思故我在”（Cogito，ergo sum），并由此确立了世界的二元论结构——心灵和广延。心灵来自“我思”，是单纯的思维原则；广延则来自“我在”，是客观的实在。整个世界就是心灵和广延相互作用的结果，而它们背后隐藏着终极的原因，即上帝。

摆在笛卡尔面前的难题是，心灵和广延是性质不同的两种实体，它们如何能相互作用呢？这个难题尤其表现在人的身体和心灵的关系上。笛卡尔无法给出满意的解释，只好提出“松果体”的概念，认为在身体和心灵的交界位置有一个叫“松果体”的东西，可以起到信息传输的作用。但后来的医学研究并不能为松果体的存在提供可靠的证明，现代心灵哲学依然致力于解决笛卡尔的身心关系难题。笛卡尔的代表作有《第一哲学沉思集》《哲学原理》等。

唯理论哲学的另一个代表人物是荷兰哲学家巴鲁赫·斯宾诺莎(BaruchSpinoza，1632～1677)。他是犹太人，在 24 岁时因为传播“异端”思想被革除教籍，靠磨眼镜片为生。普鲁士选帝侯曾邀请他担任海德堡大学的教授，遭其婉拒。

斯宾诺莎认为哲学的目的是获取能带来永恒的无上快乐的最高幸福，这决定了哲学的探究对象是终极的至善，它不同于世俗的物质利益，必须通过艰辛的思辨活动才能得到。按照苏格拉底的“德性即知识”原则，斯宾诺莎认为这种追求幸福的哲学终究也是一种知识论，但他所说的知识是一种先天的精确安排，完全不同于后天的经验知识。斯宾诺莎认为，要找到可靠的知识，首先要找到可靠的方法，这一方法只能用于证明知识为真而不需要证明自身的真理性，所以它只能来自人的天赋观念。这种方法要求人们必须从最简单的公理、定义开始，按照从原因到结果的过程推展，最后得出复杂的结论。斯宾诺莎认为，最符合这种方法的无疑是几何学。

依照几何学原理，斯宾诺莎构建了一元论的自然界体系。首先，实体概念是首要的自明无误的知识起点。它是自己的原因，又是无限的而且是唯一的不可分割的整体，与实体相符合的概念也可以被称为自然、神。其次，构成实体本质的东西是“属性”。属性有无限多种，人们能认识的却只有广延和思想两个。实体的特殊状态被称为“样式”，也就是个别事物的实体、属性和样式被因果链条贯穿在一起。它们依照因果关系形成了一幅严格的自然界图式：起点是实体，从实体分出广延和思想两种属性。位于广延属性下的是一系列符合因果关系的“事物”样式，思想属性下的则是一系列符合因果关系的“观念”样式。每种样式都可被分为无限的和有限的两种，前者是普遍的，后者是特殊的。最后，事物样式和观念样式之间具有相互对应的关系。从伦理角度出发，人唯有顺应这种自然结构去生活，才能获得至善和永恒的幸福。

斯宾诺莎运用这种自然的结构去解释身心关系。身体是广延属性下的一种事物样式，心灵是思想属性下的一种观念样式，它们在自然界中按照因果序列机械地对应，身体发生一个变化自然会反映到心灵上去，反之亦然，身心由此总是能协调一致。这一方案在哲学上被叫作“身心平行论”。

斯宾诺莎的自然观实际上一种严格的决定论。值得思考的是，在严格决定论下，人的自由又如何可能存在呢？斯宾诺莎对此的解释是，自由和必然实质上并不矛盾，人们只要按照自然的本性生存，只要顺应必然性的要求，就等于在自觉地实现自由。这一论证可被归结为“自由是对必然的认识”，它构成了人类知识的最高可能。斯宾诺莎的代表作有《伦理学》《神学政治论》《知性改进论》等。

唯理论哲学的第三个重要代表人物是德国哲学家威廉·莱布尼兹(William Leibniz，1646～1716)，他从 13 岁就开始阅读学术著作，后与牛顿一起发明了微积分，与斯宾诺莎也有一定的交往。据传莱布尼兹喜欢中国文化，曾认为《周易》的阴阳八卦与二进制符号系统具有一定的一致性。

莱布尼兹认为，实体的本质既不是笛卡尔的二元论，也不是斯宾诺莎的一元论，因为它们都会导致对人的本质、自由以及上帝的本质的误解。在他看来，世界其实是由多元实体构成的，这些实体被他称为“单子”。单子不同于数学和物理学的微粒，没有广延，相互封闭，各具不同的性质，自身有活力，每个单子都遵循自己的活动规则，自己便是自己活动的目的。这些单子内在的活力被称为“隐德莱希”，是一种很高级的能力，可以使单子对世界进行表象的活动。但这里存在的困难是，单子之间既然是相互封闭的和异质的，它们对世界的表象就应当是支离破碎的，但世界为什么又能呈现出连续和整体的特征呢？为解释这一现象，莱布尼兹提出“预定和谐”说。亦即，性质不同的单子间的活动之所以能具有统一性和连续性，根本是因为上帝在背后为它们的活动做了统一的安排。这一说法不仅证明了上帝的存在，而且也有助于避免笛卡尔和斯宾诺莎在身心关系问题上所遭遇的理论困境。有了上帝的预定和谐后，单子对世界的表象活动便只具有清晰程度上的差别，而不会产生任何间断。所以，莱布尼茨认为“自然界从不飞跃”，他甚至据此推出，在动物和植物之间必然有一个中间物种，即“植虫”。

莱布尼兹要解决的另一个重要问题是恶的产生以及自由如何可能。首先，既然上帝预定了世界的和谐，那世上又为什么会有恶呢？莱布尼兹对此的解释是，世上的恶并不来源于上帝的预先安排，而是由上帝所创造的物的不完善性导致的。所以，恶根本上只是完善性的缺失（privation）。其次，上帝既然预定了世界的和谐，自由又如何可能呢？莱布尼兹认为，人的思想并不能完全理解上帝所做的安排，它一开始是混乱的（恶）。人要做的就是充分发挥自己的潜能，从混乱走向对自己命运的彻底把握。这种从混乱走向清晰的过程就体现了人的自由。在此意义上，走向自由的过程这也就是摆脱恶的过程。

莱布尼兹的又一个重要贡献是提出了“充足理由律”(Principle of Sufficient Reason)。莱布尼兹认为,人类知识呈现为连续的因果序列,哲学要做的就是找寻那个最初和最根本的原因。这一原因既能解释一切其他现象,同时自身须是充足和完备的,不需再诉诸其他的原因。由此,这个原因必然存在于世界的因果链条之外,实际上就是上帝。就这样,充足理由律为预定和谐说提供了逻辑的基础。

充足理由律决定了知识在事实上为真。这种真是经验的、偶然的,可能为假,比如,天鹅都是黑的。它表现为归纳命题的形式,物理学、生物学等都属于此类。还有一种真,即理性上为真。它不受充足理由律支配,而是遵循矛盾律。这种真是理性的、必然的,不可能为假,比如,三角形有三条边。它采取的是分析命题的形式,数学是它的典型表现。莱布尼兹以其杰出的贡献,开启了德国古典哲学的时代序幕。其代表作有《神正论》《形而上学论》《人类理智新论》《单子论》等。

三、启蒙运动

在进入对德国古典哲学的讨论之前,先简单介绍一下启蒙运动。“启蒙”(enlightenment)指以理性的光明驱散蒙昧的黑暗。启蒙运动继承了17世纪科学和哲学的精神,认为在理性的帮助下,人类历史将消除非理性的因素,不断走向进步。启蒙精神的影响非常广泛,欧洲大多数地区都参与其中,尤其以法国启蒙运动最为著名。启蒙运动的主要代表人物有孟德斯鸠、伏尔泰、卢梭等,下面将分别作简单介绍。

孟德斯鸠(Montesquieu, 1689～1755)是法国贵族,曾入选法国科学院，以抨击专制政体而闻名。他从民族性格、政体、地理和物候等方面，对历史上各个民族的法律进行了分析，最后，认为人类的“法的精神”根本上是理性的原则。在此意义上，“法”只能是由万物本性派生出的自然法，它是必然的法则，相当于自然规律。人类作为自然界的存在物，要依照自然法制定自己的成文法，并形成良好的社会政治制度。在孟德斯鸠看来，人类的政治制度大约有三种，即共和制（民主制或贵族制）、君主制和独裁专制，民主制是最好的一种。孟德斯鸠的代表作有《波斯人信札》《论法的精神》等。

伏尔泰（Voltaire，1694～1778）出身于法国平民家庭，曾两次被关入巴士底狱，其作品涉及小说、戏剧、诗歌、历史等多个领域。他倡导一种“理神论”思想，认为上帝的存在对理性而言是必然的，理性精神和宗教宽容根本上是内在一致的。所以，哲学批判的对象不仅是专制体制的非人性，还包括教会信仰的非理性。对教会体制和专制政体的激烈批判是伏尔泰对启蒙运动的最大贡献，其代表作有《宽容论》《理神论者信仰的自白》等。

启蒙运动最有代表性的人物是让·雅克·卢梭（Jean Jacques Rousseau，1712～1778）。卢梭出自日内瓦平民家庭，富有才艺而且思想深刻，深得同道称赞。不过，因为天性多疑，卢梭虽然与百科全书派和休谟都建立了关系，却难以长久维系，最终在贫病交加中孤独离世。

卢梭认为，人类在进入社会状态前处于一种自然状态。这里的“自然状态”是指没有语言、家族、技术、社会关系的一种人类原初状态。在自然状态下，人只需要满足自己的身体欲望，按照自我保存、怜悯同情等善良本能生活就可以了，无须借助理性。在此意义上，可以说卢梭所秉持的是一种性善论观念。人类之所以最终脱离自然状态进入社会状态，根源就在于私有制。一旦建立私有制，人类社会的不平等也就随即出现，对卢梭而言，哲学的根本任务是建立一种可以消除诸多不平等的良好制度。与洛克、霍布斯等人相似，卢梭也采用社会契约论的方式将自己的理想付诸实施，但他的契约论与前两者大不相同。

卢梭契约论的基础是良心，它是一种纯粹天赋的自然情感，相当于一种自然的道德感。在此基础上，“一切人将一切权力转让给一切人”，这种权力的让渡体现了真正的平等，因为人们不仅没有因此失去自由的权力，而且得到了更多的权力输入。权力让渡的结果是公意的形成，也就是全体立约人公共人格的形成，它将使人类社会最终变为道义的共同体。卢梭的代表作有《论人类不平等的起源和基础》《社会契约论》《爱弥儿》《忏悔录》等。

启蒙运动是波澜壮阔的人类历史上最汹涌澎湃的浪潮之一，其影响力一直持续到现在。下面讲的德国古典哲学就是在启蒙精神影响下所达到的一个高峰。

四、德国古典哲学

通常而言，18 世纪中后期到 19 世纪中期的西方哲学被称为“德国古典哲学”。之所以被冠以“古典”称号，原因在于此时期的德国哲学家们醉心于建立无所不包的哲学体系，试图用繁密的概念、精致的推论以及宏大的语言对世界现象做最为透彻的分析，这成为德国哲学独有的风格。古典哲学的代表人物有康德、费希特、谢林、黑格尔等，其中康德和黑格尔最受关注。

伊曼努尔·康德(Immannuel Kant，1724～1804)，人类历史上最伟大的哲学家之一，一生未曾离开过出生地格尼斯堡，过着刻板而有规律的生活。他思想能力惊人，著作等身，向往启蒙精神，受到当时青年人的热烈拥戴。

康德在知识论上首先提出“哥白尼革命”，认为并非概念去符合对象，而是对象要符合概念，从而形成了一种在他看来更接近真理的知识形式，即“先天综合判断”。“先天”是指知识的形式先天为真，“综合”是指经验是知识的唯一来源，而知识的一般样式是“判断”。先天综合判断既保证了知识为真又保证了知识可以不断增长，在结构上最为合理。

康德创建知识论的一个重要目的是为人类的认识能力划界。对康德而言，感性能力是人最基本的认识能力，主要被用以获得知识的基本材料，也就是杂多。更高一级的是知性能力，它属于逻辑思维的范围，主要功能是从先天判断形式中导出范畴。康德认为可被认识的范畴一共有 12 个，最高的是理性能力，也属于逻辑思维，其通过推理的形式使我们获取最高的理性概念，比如，上帝、世界和灵魂等。这三种能力有各自明确的运用对象与范围，一旦被混淆就会犯康德所说的“二律背反”的错误，在康德看来，传统形而上学之所以缺乏合理性，就在于内部普遍存在二律背反的矛盾。

康德哲学不仅是知识论，更是一种实践哲学。康德的实践哲学以善良意志作为开端。这里的善良意志是指以善良本身作为根本目的的先验意志。因为它是纯粹理性的，所以它对自己的规定就是绝对命令。绝对命令表现为直陈式的命题，比如“应当……”“必须……”这种命题被康德称为“道德律”，是道德规则的最一般形式，但它自身并不判定哪些具体内容是道德的，哪些具体内容是非道德的。为了让人们可以遵守道德律而成为有道德的存在，康德善意地给出了三条道德公设：意志自由、灵魂不朽和上帝存在。在此基础上，人们可以建立起去恶向善的信念。

总体而言，康德思想以知识论为起点，最终走向理性的实践哲学，一方面符合当时如火如荼的启蒙精神；另一方面也启发了德国古典哲学新的精神方向，也就是黑格尔意义上的思辨哲学。康德的代表作有《纯粹理性批判》《未来形而上学导论》《实践理性批判》和《道德形而上学》等。

康德开启的德国古典哲学在黑格尔时到达了顶峰。威廉·弗里德里希·黑格尔(William Friedrich Hegel，1770～1831)，出生于斯图加特，早期深受古希腊思想影响，后来进入图宾根神学院，与荷尔德林、谢林成为同学兼朋友，研究兴趣逐步转向对哲学与神学关系的思考。大学毕业后，黑格尔选择哲学作为终身职业，先是在伯尔尼和法兰克福做过6年家庭教师，后来获得耶拿大学、海德堡大学的教职，最后成为柏林大学教授。1831年死于霍乱。

黑格尔的思想以全面而晦涩著称。他试图建立一个庞大的哲学体系来解释世界内的一切现象，最终实现哲学在历史中的完结。在这个体系中，知识的对象乃至整个世界都是人的心灵(mind)，即绝对主体(absolute subject)的产物，也就是说，人的精神是知识的终极来源和根本内容。从主体出发的世界呈现为一个有机的进程，其表现形式是三一式(triadic)辩证结构，它是从“正题”到“反题”最后又发展为“综合”的逻辑活动。它不仅是逻辑的活动，也是世界自我发展的真实过程，主体和客体都被囊括其中，在人类历史中不断进行下去，直至完善。对黑格尔而言，真正的实在(reality)是上述活动在历史中的完结，也就是“绝对精神”(absolutespirit)。总而言之，黑格尔的哲学根本上是辩证法(三一式的辩证逻辑)、历史(世界的自我发展)与认识论(人类的知识)的有机统一，结成了人类理性的全部内容。值得一提的是，黑格尔认为这一过程既是自由的又是理性的、必然的，在高度的辩证中真正实现了自由和必然的统一。

黑格尔哲学不但是抽象的理论思辨，而且有着丰富的实践内涵，这主要体现在他的伦理学和政治学思想上。

首先在伦理学方面，黑格尔认为个人有意志的行为体现了个人的自由，而意志与理性是同义的，因此唯有理性的人才可能是自由的。人的有意志的行为表现为人对财富的占有，人的自由则体现在人可以将自己与财富异化（alienate）。异化的具体形式是“契约”，即两个“自由的意志”能通过“契约”达成财富的交换。契约实现的过程也是人履行责任（duty）的过程。在黑格尔看来，以上作为人的理性活动，应当与普遍意志（universal will）的理性能力保持和谐。这一和谐促使个体将伦理责任转变为范围更广的道德责任，它们之间是一种辩证的关系，正题是个体的抽象权利，反题是普遍的道德性，最终实现的结果是终极意义上的“善”（good）。

其次在政治学方面，黑格尔认为个体伦理最终将上升为国家道德。这期间要经历两个阶段，分别是家庭和社会。家庭是个人意志活动发展的第一步。两个人通过婚姻的形式放弃各自的个体意志，走向更为客观的普遍意志，这可用正题和反题的形式进行表达。正题是，两个人凭借情感的纽带紧密结合为一体，并且两个人各自的财富变为共同的财富。反题是，家庭中的个体依然要成长，乃至要脱离家庭进入更广阔的领域，也就是市民社会（civil society）。市民社会是意志活动发展的第二步骤，个体将追求自己的生活，实现自我的目的。可以说，家庭代表具体化的普遍（universal），而市民社会则代表深具自我目的的特殊（particular）。它们作为对立的要素相互包含，但同时又被统一于国家概念之下。黑格尔反对将国家看作外在强加于个体的权威，认为其是由所有特殊个体所构成的有机的整体，是从个体而来的“绝对理性的实体意志”，是超出所有个体意识的普遍的自我意识。黑格尔的国家观念并不局限于理性的抽象，它本身就指称活生生的现实国家。在他看来，现实国家必须维护市民的自由，这就须诉诸法律。法律督促市民和政府依理性行事，从而在个体的善(private good)与国家公共的善(public good)之间取得某种平衡。至于国家与国家之间的关系，黑格尔认为其不同于个人之间的关系，应当强调各自的自主和主权，不存在凌驾于不同国家之上的普遍意志。

总而言之，黑格尔哲学是德国古典哲学的集大成，不仅发扬光大了康德以降的理性辩证思维，而且继承了费希特的“德意志精神”，提出了有深远影响的民族国家观念。黑格尔的代表作有《哲学史讲演录》《精神现象学》《逻辑学》等。

第四节　现代西方哲学

笼统而言，现代西方哲学可以追溯到黑格尔辞世。随着黑格尔观念论哲学体系的瓦解，从古希腊就已经存在的建立整全哲学的趋势戛然而止，一些由经验出发的哲学思想愈来愈成为主流，它们通常以现代逻辑、英国经验论以及美国实用主义作为基础，力图建立起科学的、尽可能符合常识的、具有现实意义的新型哲学。比如，孔德的实证主义、美国的实用主义、维特根斯坦的语言哲学等。同时，在传统哲学尤其是德国古典哲学的基础上，生发出了仍旧讲求辩证逻辑，讲求本体论意识，讲求人的存在(生存)的似乎较为“传统”的哲学流派，比如，非理性主义海德格尔生存哲学、诠释学等。由此可见，当代西方哲学明显被分为两大派别，即欧陆哲学和英美哲学。英美哲学在美国和英国最为兴盛，现在对欧洲大陆也形成了显著的影响，在全世界范围内占据主流地位；欧陆哲学则主要集中于以法国和德国为核心的欧洲大陆地区，二战前影响很大，战后则逐渐没落。现在的欧陆哲学虽然还在某种程度上保持着“传统”的风貌，但在方法、问题意识和哲学精神上已经被英美哲学浸透，格调早已不同于往常。本节将概括性介绍欧陆哲学和英美哲学的代表性思想，并在一些地方做简单的比较。

一、欧陆哲学

欧陆哲学的流派众多，本节主要拣选几个比较有代表性的进行讨论，包括新康德主义、非理性主义、现象学与存在哲学以及结构主义和解构主义。

（一）新康德主义

新康德主义形成于19世纪中期，试图在黑格尔哲学之后重新复兴康德哲学。新康德主义由两个主流派别构成，即以柯亨、纳托普和卡西尔为代表的马堡学派和以文德尔班、李凯尔特和拉斯克为代表的弗赖堡学派。以下将分别叙述各派别的思想。

马堡学派希望继承康德哲学的先验逻辑方法，进一步完善康德的认识论研究，从而对当代的精神状况进行批判性考察。该派提出“回到康德那里去”的口号，否认康德“自在之物”的客观实在性，认为其终究不过是一种植根于人类思维之内的调节原则而已。康德的先验感性论中存在的意识与实在的双重性内涵由此被消除，全部认识活动都来源于人的思维本身，这实质上是将流行的心理主义倾向排除出严格的哲学论证，最终实现的是一种超出传统形而上学的科学认识论。值得强调的是，这种科学认识论仍旧强调先验原则的重要性，不同于日常流行的科学认识思想。马堡学派的代表性著作有柯亨的《纯粹认识的逻辑》、纳托普的《精密科学的逻辑基础》等。

弗赖堡学派又被称为“西南学派”或“巴登学派”。不同于马堡学派，该派强调康德哲学的价值属性，认为世界可分为事实世界和价值世界两部分，前者是表象的，对应事实知识；后者是本体的，对应价值知识。从根本而言，事实知识将从属于价值知识，而价值本身则取决于主体的情感和意志。但需要强调的是，弗赖堡学派所说的主体的价值并非主观的和相对的，而是一种具有普遍适用性的规范价值。对弗赖堡学派而言，这种规范价值来源于康德的实践理性学说，在某种意义上可等同于道德实践中的“绝对命令”。明确了哲学的价值论属性后，弗赖堡学派即运用其解释社会历史现象。其认为社会科学的目的不在于寻求所谓社会历史的普遍规律或齐一性规律，而是要对具体的、特殊的历史事件进行价值描述。这一描述的主要任务在于对独立的历史事件进行伦理学和美学的价值评估，让人们实现对社会科学的批判性反思。弗赖堡学派的代表性著作有文德尔班的《历史和自然科学》《论意志自由》，李凯尔特的《认识的对象》《历史哲学问题》等。

(二)非理性主义

非理性主义在现代哲学中被用来指 19 世纪左右开始的批判和超越理性主义，尤其是反对理性主义形而上学的哲学思潮。实际上，早在古希腊时代就已经出现了与理性主义相左的思想，如第欧根尼的犬儒主义，不过其在倡导理性的西方哲学中一直未能占据显要位置。德国古典哲学本是理性主义的巅峰，但随着黑格尔的去世，其影响力却瞬间衰减，各种哲学潮流一下子喷涌而出，非理性主义就是其中重要的一支。非理性主义提倡将非理性或超理性的力量作为人类精神活动和认识活动的基础，这一力量不管是人的意志、纯粹的情感还是本能冲动，都有助于使人摆脱长期以来理性所造成的异化的束缚，重新发现人的真实本质。下面简单介绍叔本华、克尔凯郭尔和尼采的思想。

阿图尔·叔本华(Arthur Schopenhauer，1788～1860)是现代史上最早对黑格尔的理性主义哲学体系进行彻底批判的哲学家。他承认康德的基于感性和知性能力的认识论思想,但与康德不同的是,他认为作为纯粹理性的“物自体”同样也是可以被认识的,其本质上并非某种与现象分离的超验物,而恰恰是内在于人的非理性的“意志”。这种意志体现为冲动、渴望、欲求等形式,可以说既不受因果关系控制,也不具备时间性和空间性,完全是活脱脱的生存意识。

从上述生存意志出发,叔本华着手解决困扰形而上学的根本问题,即现象与本质、主体与客体的二分。在叔本华看来,现象与本质、主体与客体都不过是意志自身表象的结果,唯一的差别在于表象的等级和程度不同罢了。这种观点既有点像莱布尼茨的单子说,又有点像柏拉图的理念论,总体上都肯定了在意志的表象活动下,世界多样性的终极统一。由此,黑格尔哲学中深植的二元论困难从根本上得到了解决。作为异质性的主体与客体,之所以能形成辩证的关系,只因为它们都要以同一个意志的表象作为前提,而作为前提的意志同时也是所有现象的本质,这样一来,一切传统形而上学的不可知对象便都可以被消除。虽然将非理性的意志作为本质,但叔本华并不否认理性的存在,只是认为理性乃生存意志实现自己目的的必要工具,且绝对服从于意志自身的品位需要。

叔本华的意志哲学实现了对传统形而上学的超越,但也不免流露出神秘主义的倾向,不过黑格尔本身也受到过德国神秘主义者波墨(Jakob Böhme，1575～1624)的影响,所以并不能由此责怪叔本华。叔本华的代表作有《作为意志与表象的世界》等。

索伦·克尔凯郭尔(Søren Kierkegaard,1813～1855)是丹麦著名的哲学家,一生较为孤僻,将其继承的巨额财富投入哲学研究和著述，生前影响较小，但自 20 世纪开始，其研究受到重视，享誉世界。

克尔凯郭尔同样主要以黑格尔思想作为批判对象，他的落脚点在后者的辩证逻辑上。在克尔凯郭尔看来，黑格尔的辩证逻辑只是一种客观主义的产物，最终使个人陷入理性的重重束缚之中，失去本然的自由和个性。他认为，个人唯有面向上帝，通过与上帝的直接接触，才能重新回归自由的本质。在这一转变的过程中，偶然、可能与个别将取代理性的必然、绝对与普遍，从而造就个人在世界之中的真实的生存处境。这一生存处境的源头是个人特殊的情感，诸如，痛苦、欲望、热情、需要等，它们植根于个人的生存体验内，不能用抽象且清晰的概念进行表达。所以，克尔凯郭尔的哲学终究是一种伦理学，它要求人们在不断地信奉和实践中完成对自己的发现。

克尔凯郭尔的思想常常带有悲观、消极的情绪，后来海德格尔在《存在与时间》中使用“畏”“烦”等概念大抵受此影响。他的代表作有《非此即彼》《恐惧与战栗》《〈哲学片段〉一书最后的非科学性附言》等。

弗里德里希·尼采（Friedrich Wilhelm Nietzsche，1844～1900），德国最伟大的哲学家之一，早期曾受到实证主义影响，也酷爱瓦格纳的歌剧与音乐，后来发展出自己的哲学思想，特立独行、别具一格，其中年陷入疯癫状态，于德国魏玛过世。

尼采在哲学上较为认可源初意义上的古希腊哲学，厌恶近代以来由笛卡尔、康德、黑格尔等所建立的理性主义哲学体系，因为在他看来，所谓“体系”体现的恰恰是人的“完整性”的缺失。在此意义上，他用“上帝已死”的断言表达了理性主义哲学丧失生命力的现实，希望凭借美学来重新判明人和世界的存在，并“重估一切价值”。这一活动的核心与出发点是人的生命力(本能冲动),它自身是两种精神[即狄奥尼修斯(酒神)精神和阿波罗(太阳神)精神]的融合,前者代表舞蹈和音乐,后者代表造型,前者是破坏和重生,后者是形式和创造,二者合力将世界转变为一种美学现象。置身其中,认识论就变得毫不重要,而最值得关注的是人的实践和行动。这时,人就被区分为两种:一种是具有主人道德的人,另一种是具有奴隶道德的人。主人道德的人壮怀激烈、奋发有为,依感受到的生命本能行事,展示了人的高贵;奴隶道德的人则喑哑怯懦、虚伪自私,唯利是图,完全是人类道德的败落。尼采希望高扬主人道德,贬抑奴隶道德,为此提出一种更高的道德:“权力意志”(Will to Power)。他的权力意志是与人的自信、自我充盈相关的创造性活动,并非人对人的统治。适应权力意志的人就将成为“超人”,这是人的升华,摆脱了一切奴性,成为其他人的示范和指引。尼采的理想并非是建立超人的专政,而是期冀所有人都可以被拔擢到超人的高度。

尼采的哲学超越了他所在的时代,直到现在也不过时。但因为采用了格言和诗的表达,他的思想经常被误解,甚至曾被希特勒的纳粹奉为经典。尼采的代表作有《悲剧的诞生》《查拉图斯特拉如是说》(共四卷)、《权力意志:论重估一切价值》(由他的妹妹整理出版)等。

(三)现象学与存在主义

20 世纪最有影响力的欧陆哲学非现象学莫属。现象学发生自胡塞尔,波及了整个欧洲大陆地区。在现象学的影响下,海德格尔创造出了存在主义哲学,其虽然与现象学有明显差异,但基本精神仍然前后相因,所以仍可笼统地将它算在现象学的范畴内。二战后,现象学的研究基地从德国转入法国,并逐渐扩展到其他地区,涌现出了梅洛-庞蒂、列维纳斯、保罗·利科等杰出的哲学家，这股研究热潮至今仍方兴未艾。限于篇幅，本节将主要介绍胡塞尔、海德格尔这两位德国哲学家的思想。

埃德蒙德·胡塞尔(Edmund Husserl，1859～1938)，其原本研究物理学、数学和天文学，后来参加了弗朗兹·布伦塔诺(Franz Brentano，1838～1917)的讲座，兴趣遂转向哲学，并成功开创了现象学。因为自身为犹太血统，胡塞尔晚年被限制参加学术活动，美国南加州大学遂向他提供教授职位，却被拒绝。胡塞尔死时较为凄惨，连最得意的学生海德格尔都没有出席他的葬礼。

胡塞尔哲学的发展大致分为四个阶段。第一阶段：最初着力于逻辑和数学，寻求一种纯形式；第二阶段：开始转向对知识本质的探究，发展出了现象学的雏形；第三阶段：进入较为成熟阶段后，他试着用现象学的观点为科学和哲学找寻事实性的基础；第四阶段：胡塞尔进入“生活世界”(life world)的范畴，建立了现象学的超越论的本体论。在这一严格有序的进路中，胡塞尔始终贯穿的是现象学的“还原”方法，这包含两方面内容，即本质还原和先验还原。从普遍意义上讲，现象学实质上就是一种方法论，它决定了人们能否在现象学的视野下考察问题并解决问题。现象学要考察和解决的问题，最宽泛而言正是笛卡尔所未能了结的“心物二元”困境。胡塞尔同时摒弃从人的主观意识出发和从外部对象出发的思路，通过悬搁判断的方式回到纯粹现象本身，也就是“回到事情本身”，借助人的意向性活动，让事实在我们面前自行敞开。这种解决方案的核心在于放弃自然科学以某物作为研究对象的思路，将哲学的任务确定为对事实构成方式的揭示和展现。由此可以说，现象学相对以前哲学是革命性的。胡塞尔的代表作有《逻辑研究》《纯粹现象学和现象学哲学的观念》《经验与判断》等。

马丁·海德格尔(Martin Heidegger,1889～1976),是20世纪现象学运动中出现的众多研究大家中最光彩夺目的一位哲学家。他早期跟随胡塞尔研究现象学,后来与老师发生分歧,另创了存在哲学。20世纪30年代,海德格尔曾短暂地与纳粹合作,这成为他一生的污点。他的思想声名远播,广受中国学者的喜爱。

与胡塞尔一样,海德格尔一方面坚决反对传统形而上学将存在等同于某个普遍对象的观念;另一方面,审视和批判由现代自然科学所造成的人类生存危机,试图结束技术宰制对人类存在空间的挤压。不过,海德格尔认为,胡塞尔哲学所持的向主体的绝对性立场还原的态度实质上是一种妥协,并不彻底,虽然建立了面向事实本身的开放结构,但却保留了太多认识论、心理主义的因素,整体上需要再次被超越,而超越的方向就是被他称为西方哲学中最基础的问题——存在。

对海德格尔而言,存在问题蕴含于此在(Dasein)和存在(Sein)关系中,更具体而言,蕴含于此在的在世存在(Dasein as Being-in-the-world)结构中。他所说的此在专指属于人的存在方式,存在则是与具体的存在者相对的概念,缘于它存在者之为存在者,此事才得以可能。在《存在与时间》中,海德格尔将这一结构描述为人在世的烦(care),它大致有两层内涵:一是在世的烦忙(concern),二是在世的烦神(solicitude)。前者是与事物打交道,后者是与他人打交道,此二者一起构成了“作为烦的此在存在的本真性”。为了将这一结构表达得更清晰,同时也是受到英美语言哲学的影响,海德格尔在1929年后开始朝向语言的转型,提出了“路”“本有”“运思”等新颖概念,但论证理路并未真正超出《存在与时间》中所描画的基本结构。我们在理解海德格尔思想时,务必要明确他的存在论实质上是一种本体论,其所营造的整体主义(Holism)意象对当代哲学还是很有影响的。除此之外，现在较为流行的诠释学也是存在主义的延续，尽管“存在”概念的重要性与完整性已不复存在。

中国学者萧师毅很早就与海德格尔有交集，据说，20世纪40年代他曾与海德格尔在《老子》翻译上有过短暂合作。海氏哲学被引入中国后，引发了很长时间的热潮，大批学者进行海氏哲学与中国古代思想的比较工作，其成果不免或深或浅，但还是非常有意义的。海德格尔的代表作有《存在与时间》《林中路》《通向语言之路》等。

（四）结构主义和解构主义

结构主义始于20世纪初弗迪南·德·索绪尔（Ferdinand de Saussure，1857～1913）对语言性质的分析，他认为每一种语言都是较为随意的社会结构或系统，其内部每一要素的意义都取决于结构自身的性质。在索绪尔的影响下，结构主义延伸到人类学、心理学、思想史、政治理论等领域，尤其是在演变为一种哲学思想后，便迅速对同时代盛行的存在主义发起了挑战，并在20世纪60年代超越后者成为法国最流行的哲学派别。作为结构主义的衍生物，后结构主义于20世纪70年代出现，代表人物是雅克·德里达（Jacques Derrida，1930～2004）。他认为结构主义并未摆脱“逻各斯中心论”（语音主义）的影响，仍擅于运用概念对子（如精神与物质、真与假等）来讨论哲学，其中最醒目的一对是言语与书写（speech and writing）。在他看来，哲学要摆脱上述错误的诱惑，就必须停止将逻各斯视为真理可能的条件，而转入对逻各斯之所以可能的条件的研究上。因为这一转变过程实质上伴随着“结构”的不断解体，所以这一派哲学也被称为“解构主义”。下文将简单介绍阿尔都塞、德里达和福柯的思想。

路易斯·阿尔都塞（Louis Althusser，1918～1990）是法国共

产党员，提倡用结构主义的方法解读马克思哲学，在党内引起了较大的争议。他曾支持中国的“文化大革命”，后来因为批评苏联社会主义模式受到党内处分。1980 年，阿尔都塞因精神病突发掐死自己的妻子，此后过着完全隐居的生活。

阿尔都塞认为，马克思本人的思想发展以 1845 年为界有一次“认识论的断裂”，即意识形态和科学的对立。相对于黑格尔的精神辩证法而言，科学的马克思主义实质上表现为一种结构的辩证法，反对将人类社会和历史的发展看成一种意识的思辨活动，而是视之为天然的结构“总体”。“总体”内部包含了经济、政治、科学等诸多表层结构，彼此平行，谁都无法成为决定性的本原。因此，如果持经济决定论，认为社会发展的根本规律是经济基础决定上层建筑，便是对马克思的彻底误读。真正有意义的是“多元决定论”，即每一个历史事件都只能是由社会这一复杂结构整体内的诸多因素共同促成。阿尔都塞还列举毛泽东的“矛盾论”来证明自己观点的正确性。其代表作有《保卫马克思》《政治和历史》等。

雅克·德里达（Jacques Derrida，1930～2004）是法国历史上最著名的哲学家之一。他勤于写作，一生出版了 40 本书，发表了数百篇论文，涵盖了哲学、文学、法律、人类学、语言学诸多领域，思想新颖而深刻，在世界范围内影响很大。

德里达的首要目的是消除自柏拉图以来统治西方哲学的“逻各斯中心论”，也就是由繁杂多样的概念叠加堆砌成的令人目不暇接的哲学结构。通过对历史的考察，他发现“逻各斯中心论”首先表现为语音主义，也就是语音与书写对立的结构，其中，语音占据了核心位置，书写因为作品完成而作者将自动离场这一现实而不得不沦为附属，最典型的语音主义就是索绪尔的语言结构分析（参见索绪尔的《普通语言学教程》）。德里达认为要解构语音主义，就要强调书写的重要性。与传统形而上学的界定不同，他的书写在本质上是一种“源始”的关于语言符号的“差异游戏”。之所以称之为“源始”(origin)的，这是因为其远在“对立”概念出现之前，就通过永续的流动与发生建立起语言符号之间的关系。之所以是“差异”的，这是因为它的活动本身是开放的，包含了一切差异存在的可能性。我们可以将“书写”类比为胡塞尔的纯粹意识或者詹姆斯的意识流，尽管它们之间仍有明显的不同，但这些不同在某种意义上恰恰是德里达本人的追求。他用“趋别”(différance)概念表达自己的思想，有时也使用“原型书写”(arche-writing)的概念，意在向我们描画一个既非发生学亦非先验哲学的基础性现象，也就是他所说的“基础设施”(infrastructure)。这在哲学史上可以说是独树一帜的。德里达的代表作有《语音与现象以及关于胡塞尔符号论的其他文章》《论书写》《书写与差异》等。

米歇尔·福柯(Michel Foucault，1926～1984)是法国历史上最伟大的哲学家之一，他在观念史、社会理论、文学批评等方面也多有建树。他曾在1950年加入法国共产党，但又于1953年主动退出。1983年，福柯接受了美国加州大学伯克利分校的教职邀请，1984年初却因感染艾滋病于巴黎去世。

福柯对受启蒙运动影响的现代性知识施加于人的控制进行反思，希望重建知识系统(epistemé)。福柯的知识对象是“离散实践”(discursive practice)，这是在跨度很广的时间范围内形成的文献总集，对人类知识而言其，无论是规训(disciplines)还是领域(area)都非常多样化，而人类知识的共同的主题与观念也恰恰从中产生。福柯将自己考察离散实践的方法规定为“知识考古学”(Archaeology of Knowledge)，人们所要获得的不再是传统哲学希求的普遍和不变的知识，而是非中心、无主体的原初(origin)知识，用福柯的话说，它们只构成知识、知觉、真理的先验条件，决定了在具体历史时期内将会形成何种的经验与实践。相较于德里达，福柯的原初知识在细节上仍体现了一些结构主义的特征，但他像尼采一样，明确拒绝了知识的历时的连续性，所以已经对结构主义形成了超越。福柯后期（1970 年）又转向了谱系学（genealogy）方法。它被用以考察受主体排斥的边缘性话语，比如疯癫、惩罚、性等。虽然其实质上仍是知识考古学的一种转化，但所要揭示的对象已经不同了，变为深植于人类社会制度和实践内部的“权力机制”。福柯从这一考察中得出的结论是启蒙理性并非完全错误，它在现代依旧具有批判性和创造性，人们所要做的就是借助它去进一步反思和批评当前社会的规范系统，探索更好的个体自由与自律。福柯的代表作有《知识考古学》《规训与惩罚》《性史》等。

二、英美哲学

笼统地说来，英美哲学与大陆哲学的差异主要体现在方法上，但它们各自使用的方法却似乎又不可言传，其差异唯有在具体的哲学思考和活动中才能感受得到。总体而言，英美哲学以日常经验和常识作为出发点，对自然科学怀有更友善的态度，也更喜欢讨论较为细节性的问题。不过，传统的哲学问题依旧在其思考范围内，并且因为采用了较为科学的论证方法，反而赋予这些问题以更好和更新颖的解决思路。下面将简单介绍几种分析哲学思想，分别是罗素的逻辑原子论、维特根斯坦哲学、日常语言哲学以及罗蒂的新实用主义。由于篇幅所限，对于大部分当代美国哲学思想，我们在此书中无法一一详尽。

伯特兰·罗素（Bertrand Russell，1872～1970），算是家喻户晓的人物，其影响力并不局限于哲学，他于 1950 年获得诺贝尔文学奖，并乐于参加各种社会活动，在世界范围内很有声望。他过于跌宕起伏的婚姻和爱情也是其声名大振的原因之一。

跟其所在的英国剑桥大学的同侪相似，罗素的哲学也致力于对实在(reality)的理解。这一方面来自英国经验哲学传统对他的影响，另一方面也缘于他要建立精确性哲学的企图。罗素与怀特海联合发明了数理逻辑这一思考“实在”问题的工具，并由此建立了“逻辑原子论”(Logical Atomism)。这一理论认为，特殊事物与基本的逻辑语词是相互对应的，由特殊事物构成的事实与由语词构成的逻辑命题也是相互对应的，由此整个世界与整个逻辑语言也将相互对应。逻辑原子论确实使实在的知识变得条理清晰，但它无法解释所有的经验现象，比如，它无法解释普遍命题。举例而言，我们要分析“所有的天鹅都是白的”是否正确，就要分析构成它的逻辑语词是否符合原子事实。但我们只能证明每一只天鹅是白色的，却没有一个原子事实对应着“所有的天鹅”，如何由此去证明“所有的天鹅”都是白色的呢？逻辑原子论对此可谓束手无策。

逻辑原子论对后来的维也纳学派和维特根斯坦哲学都有显著影响，但其影响很快就过去了，日常语言哲学马上兴起，并成为语言哲学的主要部分。罗素的代表作有《数学原理》(与怀特海合著)、《哲学问题》等。他的《西方哲学史》可以说是脍炙人口，但里面许多观点的可信度都不高。

路德维格·维特根斯坦(Ludwig Wittgenstein，1889～1951)是奥地利人，后来去了剑桥大学，并改为英国籍，哲学史上鲜有能出其右者。他的家庭非常富有且地位显赫，但几个兄弟先后选择了自杀，维特根斯坦本人也曾严肃考虑过这一问题。他曾资助特拉克尔等奥地利诗人，自己却放弃继承家产，独身过着较为艰辛的生活。有段时间，他去挪威斯科约尔登(Skjolden)思考哲学，留下了著名的“小屋”。后期的维特根斯坦厌倦了剑桥的学术生涯，生活较为漂泊，死时却说自己度过了“美好的一生”。

维特根斯坦哲学大约以 1929 年为界分为前后两部分。1929 年之前，维特根斯坦的思想主要体现在《逻辑哲学论》中。他此时的原则是能说清的就说清，“说不清的就搁置不论”。其所谓的“能说清”是用逻辑语言说出的世界“图画”，这显然是受了罗素“逻辑原子论”的影响，但维特根斯坦的理论结构更为复杂精妙，其中糅杂了唯我论、表征主义的成分。那些不能说清的则是伦理学问题，主要讨论人与人的关系，不能付诸逻辑符号系统来表达，所以只能留给信仰。维特根斯坦一生都在思考信仰的问题，尽管他在信仰上总是很犹豫。

1929 年，维特根斯坦重返剑桥，开启了他的后期哲学。此时的维特根斯坦更倾向于讨论那些似乎说不清的东西，而讨论的工具也由形式语言变为日常语言。他的日常语言哲学中最核心的概念是“语法”。维特根斯坦的“语法”不同于日常的语法观念，其实际上是指语言的用法，与美国哲学家查尔斯·莫里斯（Charles Morris）“语义学”有些相似，他自己则给出了更为生动的概念表达，即“语言游戏”（language-games）。所有的意义都是从语言游戏中产生的，但一些错误和悖谬也会出现，对维特根斯坦而言，哲学的根本任务就是“治疗”（therapy），不是基于逻辑而是基于常识，以剔除那些会使语言游戏“空转”的破坏因素，让游戏可以一直健康运行下去。

维特根斯坦的早期哲学影响了维也纳学派和逻辑实证主义，其后期哲学则直接催生了英美语言转向和日常语言学派，其语言游戏概念甚至对存在主义和诠释学也有触动，使他在哲学史上具有了极高的地位。2002 年，中国哲学家陈波代表中国人民大学出版社邀请国际上多位哲学教授推荐近50年最重要的10本西方哲学著作，维特根斯坦的两本代表作《逻辑哲学论》《哲学研究》便位居前列。

日常语言哲学是在英国哲学家乔治·摩尔(George Edward Moore)和维特根斯坦的影响下产生的。日常语言哲学早期主要以剑桥大学为中心，后来慢慢转入牛津大学，最主要的代表人物是赖尔、奥斯汀和斯特劳森。大多数日常语言哲学家并不否定逻辑语言的有效性，他们只是认为主要的哲学问题都可以在日常语言的语法关系分析中得到认识和解决，并根据“奥卡姆剃刀”原则，认为再无须添加额外的概念和结构。受其影响，形而上学命题被广泛质疑，一些极端的哲学家主张拒斥形而上学，但大多数选择承认其在哲学系统的有效地位，比如，斯特劳森就提出“描述的形而上学”观念，认为它可以跟其他的哲学概念友好共处。下面将简单介绍上述三人的思想。

吉尔伯特·赖尔(Gilbert Ryle, 1900～1976)，英国哲学家，日常语言哲学牛津学派创始人。他最杰出的成就是提出了解决身心二元问题的新方案。他认为笛卡尔的错误在于将身体和心灵看成了两个不同的实体，所以无法处理它们相互之间异质性的难题。而他解决的办法很简单，就是将表示心灵的语词看作对某种活动或功能的描述，它并非是与身体相对的另一种实质性存在，而是身体行为的某种体现和反映。他的观点有时也被归入行为主义的范畴，但赖尔其实没有真正说清楚作为功能的心灵与身体究竟是怎样的关系，后来心灵哲学在此方面做了很多发挥。赖尔的代表作有《心的概念》等。

约翰·兰肖·奥斯汀(John Langshaw Austin, 1911～1960)，英国哲学家，日常语言哲学中最富特色的一个哲学家。他有非常深厚的古典学和语言学基础，生前基本没有著述，但思想创造力却格外突出，对后世影响很大。奥斯汀最有名的是“言语行为理论”。该理论主要探讨陈述句是如何实现自身的意义的。他将与陈述句相关的意义实现行为分成三类，分别是“表意”(locutionary)、“以言行事”(illocutionary)和“以言取效”(perlocutionary)。这三类意义实现行为分别展现了话语的三种不同的能力。奥斯汀将话语的这种表达效果看成与人的身体行为近似的东西，在哲学史上独树一帜，后来的语言哲学家对此一直有很浓厚的研究兴趣。奥斯汀的代表作有《如何以言行事》《感觉和可感觉的》等，都是由其朋友和学生整理而成。

彼得·弗雷德里克·斯特劳森(Peter Frederick Strawson，1919～2006)，英国哲学家，典型的牛津大学精英，在牛津大学上学，然后在牛津大学任教，直至退休。斯特劳森涉猎的内容很多，但最令人印象深刻的是他的“描述的形而上学理论”。他认为“传统”意义上的形而上学在方式上确实已经过时了，需要一种“新”的形而上学来取代它，这就是“描述的形而上学”(descriptive metaphysics)，这样传统的形而上学也就转变为它的对立面，成了“修正的形而上学”。前者意在对人的理智结构的最一般特征做一番客观描述，后者则想要通过构建出在理智上和道德上更可取的概念结构来修正人在日常思维中的不完善。可被归为修正的形而上学的哲学家有笛卡尔、莱布尼兹、巴克莱等，而亚里士多德与康德的思想则属于描述的形而上学。斯特劳森的代表作有《个体：试论描述的形而上学》等。

理查德·罗蒂(Richard Rorty，1931～2007)，美国哲学家，既从事英美分析哲学研究，又对欧洲大陆哲学感兴趣，在某种程度上扮演了英美哲学和大陆哲学积极对话的倡导者。同时，罗蒂也是当代分析哲学的积极批评者，其思想由此被一些人称作“后分析哲学”。

罗蒂受杜威实用主义的影响，敢于批判哲学中的传统观念，思想和实在关系的传统认知便首当其冲。罗蒂认为思想本身并非传统哲学所谓的“反映实在面目的镜子”，它以陈述句(statement)的形式出现，其是否为真取决于它所引起的言语行为所起作用，即是否真的对人们有用。如此一来，真理概念就变得多元与开放了，传统中用以限定真理的永恒本质，比如理念，便失去了意义，一切人类经验的成果，诸如语言、人格、社会等，都只是“建基”在“偶然”(contingency/chance)之上。这相当于玩积木拼图游戏，积木偶然组合成的结果就是赫然在目的应被人们确认的实在，仅此而已。通过罗蒂的工作，西方哲学上流行已久的表征主义、基础主义和本质主义都被他清除掉了。

在批判传统哲学的同时，罗蒂也开始超越自己一度执着的分析哲学。大约从 20 世纪 70 年代开始，他不断指出分析哲学内部存在的重大问题，并愈来愈否定其革命性，在此意义上，他进一步追捧维特根斯坦、海德格尔和杜威三位哲学家的思想，认为其他的分析哲学都不过是诡辩术而已。他呼吁在美国大学中同时开设两种风格的哲学课程，从而尽可能去融合欧陆哲学和英美哲学，希冀以此可以克服两种哲学各自的缺陷。但罗蒂的尝试并未取得实质性的成果，当代欧陆哲学思想在美国似乎越来越不被重视，罗蒂本人据说也因为过度批判分析哲学而不得不离开普林斯顿大学。罗蒂的代表作有《哲学和自然之镜》《实用主义的后果》等。

第五章　部门哲学简介

前面几章，我们就哲学的元问题、马克思主义哲学、中国哲学和西方哲学进行了概括性介绍。实际上，在现代哲学中，除了上述内容之外，还包括一些应用性哲学，这些哲学分支学科的发展，构成了以应用为理论旨趣的部门哲学，本书就其道德哲学、科学技术哲学、宗教哲学、法哲学和艺术哲学等内容进行简要介绍。

第一节　道德哲学

道德哲学①又称为“伦理学”。在西方哲学中，“伦理学”一词来源于希腊文“ετηοs”，意思是遵从习惯或习俗。古希腊哲学家们使用这一词语来描述古希腊社会的伦理价值和理想。所以，伦理学首先是对品格的关注，这种关注既包括对道德行为者道德品格的

---

①　在希腊语和拉丁语主导的西方古代伦理学中，“道德”和“伦理”两词有着共同的词根，并无显著的差异。但是，随着现代道德哲学的发展，哲学家们的“道德”多是指人们对道德规则以及道德规范的恪守，多被用于个体，而“伦理”更多被用于客体以及社会团体。本书所有的论述均预设了道德与伦理的这种差异。

关注,也包括对社会整体道德品质,或者说社会风尚的关注。换言之,伦理学是一门以民族文化、社会风俗为底色理解和阐释社会风尚的实践学科。同时,伦理学与哲学的其他学科一样,也是一门涉及理论研究与理性论证的学科。总之,伦理学是对生活种种现实问题的伦理反思,是在把对方视为理性存在者的前提下对纷繁复杂万象背后更普遍真理的探寻。它既包含伦理理论概述,也包含伦理应用的相关讨论。为了更好地对上述问题作出说明,本节对伦理学(道德哲学)的概述从道德以及道德哲学的定义、陈述道德的目的、道德哲学的主要领域三方面展开。

一、道德的定义

我们称之为“道德”的这种东西无时无刻不充斥着我们每一个人的生活世界。我们总是习惯于用道德色彩的词语去评价别人的行为与态度。比如,拾金不昧是正确的,不赡养老人是错误的,为朋友赴汤蹈火、两肋插刀是好(仗义)的,向雷锋同志学习是值得赞扬的,等等。这些“正确的”“错误的”“好的”“坏的”“值得赞扬的”等词语,总是被我们用来表达对人类不同行为类型的态度,也正是在这种意义上,“道德”成为涉及有关正确和错误的人类行为的一种态度总称。

日常生活中很多场景都蕴含道德问题。假设,你因各种原因不得已向好朋友借了一笔钱,说好半年后还钱,但是,到期后因为资金周转不开,你实在无法还钱。你内心充满内疚,生怕碰见这位朋友。尽管你遇见他,他可能也不好意思张口让你还钱,但你的内心还是无时无刻不充满着内疚。你的内心总是有个声音在对你说:“欠债不还的人,欠债不还的人……”你内心仅存的良知促使你不断地进行思想斗争,直到最后把钱还给朋友,你才松了一口气。

上述虚拟场景很好地抓住了日常道德的本质。概而观之，道德的本质主要包含以下两个方面：第一，道德要求和道德约束普遍存在，它们总是约束着我们的行为。道德原则在我们的生活中总是无处不在，如果我们没有按照这些道德原则行事，我们的内心就会充满愧疚，甚至在某种层面上说，其他人也有理由来责备我们。第二，自我与他人在道德的框架中似乎总是充满张力。个人利益与他人利益会不时地产生冲突，在作出不道德的选择时，或者说为了自我利益打破道德规则时，人们都会多多少少地感到愧疚，甚至会用“世间充满了无奈”之类的语词来安慰自己。但是，每个人生活在这个世界上都不是自我完满、自我充分的，我们需要他人的帮助，需要他人提供的情感（友情、爱情、亲情），那么，我们到底应该如何处理自我与他人的关系？

为了理解这些问题，我们必须对何谓“道德”给出解释。

道德到底是什么？有人会说道德是一个概念，有人会说道德是一种规则体系，还有人会说道德是神的命令。从我们的日常生活中来说，道德与上述论断都有着千丝万缕的联系，但是更为明显的是，道德是一种带有一套可以通过良好行为习惯获得规则的社会惯例。这是因为，学习这些现存的要求和正确地运用这些道德规则成为我们成长过程中必不可少的一部分。比如，我们小时候，父母不断向我们灌输“不要撒谎”“不要迟到”“不要浪费粮食”“要孝顺父母”“要尊老爱幼”等这些道德指令。在这些道德指令中，道德概念往往与重要的社会风俗习惯有关，道德要求通过这些社会风俗习惯来调节我们的生活方式，从这种意义上说，道德甚至可以被理解为具有社会重要性的习俗、信仰和规则。为了更好地理解道德的概念，我们需要借用学界对道德概念已有的分析，对道德概念给出说明。学界普遍将道德命令扩大为对道德判断、道德原则成立的四条原则或四条标准的分析，具体内容如下：

第一，一个判断或原理之所以是道德，是因为人们承认它指导行为的至高权威，即道德必须具有超越于我们生活中其他任何事物的优越性。

第二，道德陈述是具有强制性的行为指导的道德命令。

第三，道德应当可被以相同的方式应用于处于极其类似环境中的一切人，即道德判断、道德原则以及道德标准的可普遍化。

第四，道德的标准与道德的内容有关，道德作为行为的指导必须与人类的繁荣直接相关，必须对他人的福利有所考虑，或者至少涉及他人的利益。①

对于上述四条标准或者它们的组合是否可以构成道德的充分条件一直存在争议，因为这四条标准中没有一条可以适用于一切道德判断或者道德原则，没有一条标准是道德的必要条件。因此，很多学者在面对"道德是什么"这个问题时给出了一种多元答案，他们认为道德的意义和标准太多，以至于我们无法将众多的行为以及判断都置于其中。正是在这一意义上，阿拉斯代尔·麦金泰尔（Alasdair Macintyre）断言，我们不再具有统一的道德概念，因为它已经被不同的传统弄得支离破碎。还有的学者认为道德不是一件事，而是许多事的组合，所以根本不存在一组对道德来说是必不可少的特定特征和单一标准，上述四种标准或类似上述标准的一种组合对于道德概念来说都是充分的。尽管这一结论相对来说比较悲观，但是，我们至少明晰了倘若一个判断或原则全部符合这四条标准，它就是道德判断或道德原则。

---

① 参见[美]汤姆·L.彼彻姆：《哲学的伦理学——道德哲学引论》，雷克勤等译，中国社会科学出版社1990年版，第18～21页。

二、道德的目的

好比医学可以帮助我们增强健康防治疾病，音乐可以帮助我们放松身心，当我们在论说道德以及关于道德的相关论证时，我们就会情不自禁地问自己：我们为什么要讲道德？我们为什么要区分一件事情在道德上是正确的还是错误的？我们为什么要认为道德榜样是值得学习的？这些问题究其本质都是在探究道德的目的，而对道德目的的不同的理解决定了我们对“为什么讲道德”的回答。与此同时，这种回答事实上是在追问一种普遍的实践目的，这个实践目的必然以各种方式使我们的行为在各方面都优于没有这一目的指导时所可能发生的行为。不同的哲学家对道德目的有着不同的看法。

伊曼努尔·康德认为道德的目的在于成就个人的善良意志。所谓“善良意志”就是指至善，是每一个其他道德美德成立的条件。康德指出：“在这个世界上，除了善良意志之外不可能再有什么别的东西可以被无限制地认为是善的。”[①]康德认为，伦理学道德规则有效地建立在纯粹理性之上，道德原则对每一个理性的人都具有约束。理性道德行为者必然要遵循道德规则，当且仅当其合乎道德规则时，这个行为才是正确的。在道德生活中，我们应该完全排除对自身利益以及功利的考虑，因为只有决定行为者意志的原则，或者说只有被康德称之为“善良意志”的人履行的行为才具有道德价值。道德行为者只有把建立在普遍有效的规范基础上的道德义务当作行动的唯一动机时，才会具有善良意志。

① [德]伊曼努尔·康德：《道德形而上学原理》，苗力田译，上海人民出版社2002年版，第25页。

亚里士多德认为道德的目的在于创造和保持那些可以达到幸福生活的条件。他认为道德的本质与人类的善紧密相关，人类的任何一个目标都是达到某个最高的目标（最终的善），即我们通常意义上的幸福。不同的是，古希腊人的幸福不是指主观的满意感，更多是指一种客观的获得兴旺发达的人生状态。亚里士多德伦理学的代表作《尼各马可伦理学》中开卷第一句话便是："每种技艺与研究，同样地，人的每种实践与选择，都以某种善为目的。所以有人就说，所有事物都以善为目的。"[①]人做每一件事情都有一定目的，都有一个缘由，人生作为一个整体应有一个总的趋向、总的计划，而伦理学所关注的就是人生的整体目的。在亚里士多德看来，人类生活的目的是幸福，理性的行为者必然选择幸福作为他们最终的目的。他从事物的功能出发来定义幸福，他认为人类区别于动物和植物的最大的功能是理性，因此，幸福取决于人类对独有的人类功能理性的运用。他指出，幸福的生活是理性的生活，是理性灵魂体现美德的活动。体现美德的例行活动是幸福的主要成分，但不是幸福的全部。总之，在亚里士多德看来，最值得过的生活（即幸福的生活）是拥有和展现各种美德的生活。美德是让人把人的功能发挥得好的品质，当人的功能发挥得好的时候，做人也就处于一种好的人生状态。

上述理论侧重于亚氏一派的观点，总体来说，道德生活具有普遍性，对于道德的目的也应从普遍化的角度给予总结。学界普遍同意以下对道德目的的论述：我们对于周围的人与物总是有亲近远疏之分，道德其中的一个功能就是防止作为个体的人带有有限的同情心与他人交往，并在这一过程中产生有害后果，即道德的功

---

① [古希腊]亚里士多德：《尼各马可伦理学》，廖申白译，商务印书馆 2012 年版，第 3 页。

能在于限制伤害他人的自私行为，如撒谎、偷窃等行为。这种情况下，道德评价的意义就是预防，或者说避免伤害他人。对于道德目的的这种阐述尽管存在分歧，但是这种阐述确保了道德立场的客观性，道德目的不是任意的对某个人、某个派别的观点的偏爱，而是对所有人都中立的、适用于每一个人的一般道德理论。

三、道德哲学的主要领域

一般来说，在道德哲学领域，人们把带有道德评价色彩的道德命题都称为道德问题，而对这些道德问题给出一种更加系统和技术性的解答，就是道德哲学家们的主要任务，尽管哲学家的回答与普通人对这些问题的回答并无实质性差异。但是，对这些问题给出怎样的回答，却区分了不同的道德哲学种类，虽然这种区分在很大程度上是出于教育学的目的。简言之，道德哲学一般来说可以分为三个部分：规范伦理学（Normative Ethics）、元伦理学（Meta-ethics）、应用伦理学（Applied Ethics）。不同的伦理学侧重不同的研究问题，规范伦理学家研究的问题是“一个人道德上应该怎样生活？”元伦理学家研究的问题是“一个人为什么应该如此生活？”规范伦理学家可能会问“什么是有价值的？”元伦理学家可能会问“价值是什么？”应用伦理学家则主要将道德原则应用于实践情形，但这种实践情形主要指具有争议的情形。下面我们将分别介绍这三种主要的伦理学类型。

（一）规范伦理学

在日常道德生活中，我们常常会面临这样的道德疑问：“我应该上交刚刚捡到的一笔巨款吗？”“我应该为受灾同胞捐款吗？”这类问题皆属于规范伦理学问题。规范伦理学主要研究人们的道德行为规范，或者说研究什么东西使得一个行为或规则成为道德的行为或规则，它所研究的方向更多地涉及我们在道德上应当怎样生活的问题，对这类问题不同的回答也就产生了不同的规范伦理学理论。

概括来说，规范伦理学中主要有两种类型的伦理体系：一种是目的论（Teleology），另一种是义务论（Deontology）。前者认为伦理价值所在是行为或行为类型，后者认为决定一个事物性质的因素是行动的后果或结果。伦理学中常用一个经典案例来说明目的论与义务论的区别。一位天才科学家和普通人共同乘坐在高空的热气球上，不巧的是，热气球出现了故障。为了不使热气球坠毁，一个人必须从热气球上跳下去。科学家可能是世界医学领域的顶级领军人物，是世界上极有可能攻克癌症的为数不多的科学家之一。在这种情况下，是科学家还是普通人跳下热气球就成为一个道德难题。如果认为科学家应该活下来，就是目的论的秉持者，因为目的论认为一个行为本身不具有内在价值，行为价值的好坏取决于它的结果；如果认为人的生命生而平等，只能通过抓阄或其他公平的方式决定谁从热气球上跳下去，就是义务论的支持者，因为义务论认为不管结果怎样，公平是最重要的。目的论包含很多类型，其中比较典型的是功利主义、伦理利己主义，代表人物有密尔（J. S. Mill）、边沁（Jeremy Bentham）；义务论包含一元义务论和多元义务论，其典型代表人物是伊曼努尔·康德（Immanuel Kant）、威廉·大卫·罗斯（William David Ross）。

具体来说，不管是何种类型的规范伦理学，他们都相信只有一个或一组道德可以成为行为标准，但这个或这组标准到底是什么，不同的规范伦理学家看法不一。比如，康德认为范畴命令是唯一的道德原则，边沁认为功利原则是不二选择，美德理论认为美德是最重要的行为准则，他们都从不同的角度提出和捍卫了各自的标准，并宣称各自的标准才是人类行动和生活的最终道德指南。上述三种理论，每一个都强调和关注了行为的动机、行为本身、行为的后果和行为者的品格这四种因素中的某一个或几个，但是没有任何一个理论可以将这四个因素全部照顾到。比如，康德的义务论只关注行为本身的对错，这种对错取决于行为依据的准则是否可以被普遍化，至于行为的动机、后果和行为者的品格等均与道德无关；行为功利主义者则只关心行为的后果是否正确（取决于其他可能行为是否带来更好的后果），其他因素不作为道德评价的参数；当代美德伦理学的倡导者试图以亚里士多德式的美德概念为基础，结合道德心理学，从而实现多种伦理学思路的综合。总之，规范伦理学主要是研究事物价值和义务的根据，处理一些特定道德原则的辩护问题，但对于何种道德原则是正确行动的标准有着不同的立场。

（二）元伦理学

如前所述，遵循上述逻辑，如果我们继续追问"我应该为受灾同胞捐款吗""我应该救死扶伤吗""我应该见义勇为吗"类似问题中的"应该"是什么意思？这种"应该"为什么就表明我应该去做这件事情？这里的"应该"是不是标志着与这些问题有关的事情或事实呢？当我们这样给出一系列追问的时候，事实上就是在追问道德论证的合理性，追问道德论证背后的最终问题，对这类问题的解答即元伦理学，也称为"伦理学中的哲学问题"。

元伦理学肇始于英国剑桥哲学家、伦理学家摩尔（George Edward Moore），他在《伦理学原理》一书中扩展了传统伦理学领域，引导伦理学家关注更根本的、更理论性的问题，比如伦理学探究的对象、伦理词项的意义、事实与价值之间的关系，这些问题几乎统治了整个 20 世纪的伦理学研究，在今天亦是元伦理学中最核心、最基本的问题。对于元伦理学与规范伦理学的关系,可以用一个类比来说明,比如,自然科学中的物理学需要通过理论活动提供对自然现象的解释,为此科学家们就要通过实验、观察以及数学工具来检验假说、形成理论等,但科学哲学家提出这样的问题:什么是观察和实验?理论与假说有什么不同?科学理论有什么样的机构?什么是科学解释?这些问题通常不是科学家们所关心的,真正对此在意的是哲学家们。换言之,元伦理学研究的是规范伦理学和应用伦理学研究中那些没有经过证明的假设或前提,主要考察这些假设和前提是否成立。这种元伦理学所研究的领域主要包括道德语义学、道德本体论、道德知识论、道德合理性以及道德心理学等。

总之,元伦理学是伦理学的哲学,它处理的是伦理学中的哲学问题。换言之,规范伦理学与元伦理学的关系类似于数学与数学哲学的关系,数学哲学比数学本身更加抽象,但是数学哲学有助于我们更好地理解数学理论。同理,规范伦理学探究的是"一阶问题",元伦理学探究的则是伦理学的"二阶问题"。

(三)应用伦理学

在电影《遇见你之前》中,年轻富有、英俊潇洒的银行家威尔·特雷纳因车祸导致脊柱粉碎,全身瘫痪,这种突如其来的变故让他性格大变,赶走了所有来应聘照顾他的看护。生性开朗的平民女孩露露是诸多应聘而来的看护之一,她用自己的积极、乐观以及善良感动了威尔,最终两人暗生情愫,两个原本属于不同生活世界的人产生了一段美好的感情。这一感情尽管让男主角感受到了生活的美好与期待,但在故事结尾,他依然选择了安乐死(也称为"他助的自杀")。在这种情况下,我们不禁要问:一个因瘫痪多年、饱受病痛折磨而对生活失去希望的年轻人选择安乐死是道德的吗?这就是应用伦理学考虑的问题之一。

应用伦理学主要涉及的是一些在道德上具有争议的社会道德问题(主要涉及道德难题)。概而观之,典型的应用伦理学问题包含:动物是否应该是道德考虑的对象?肆意虐待一个人显然是不道德的,但肆意虐待一只动物是否就是道德的呢?像大自然、整个生态系统这些对象,是否应该得到我们的道德关注呢?20世纪最具有影响力的澳大利亚伦理学家彼得·辛格(Peter Singer)在其被称为"动物保护圣经"的代表性著作——《动物解放》中对这些问题都给出了令人深思的讨论。再比如,战争意味着大规模的杀人场景,这种场景是否具有道德规矩?若堕胎是不道德的,一个无辜少女被强奸后意外怀孕,是否又有权利选择堕胎?生活的本质是什么,生活的意义又是什么?与此同时,应用伦理学还需包括职业伦理、商业伦理、医护伦理、教育伦理等应用研究范围。随着科学技术的发展,应用伦理学还需关注技术发展引起的伦理问题,比如,计算机互联网伦理问题,基因改造、人工智能发展带来的一系列伦理问题等。

总之,应用伦理学考察的上述这些问题,显然不是一般伦理学问题的简单延伸,而是在广度和深度上对上述问题涉及的道德思考的扩展。在很多方面,这些实践难题甚至对传统规范伦理学背后所隐藏的预设提出了挑战。当然,应用伦理学并不必然寻求解决所有道德行为的规则,它可以只是讨论某一类行为的道德属性。除此之外,应用伦理学还会研究怎样防止不道德行为的发生。

综上所述,伦理学可细分为规范伦理学、元伦理学、应用伦理学三个领域,这三个领域并非相互独立。一方面,规范伦理学在处理问题时会涉及一些道德立场和道德原则,这些立场和原则难免会牵涉元伦理学问题;另一方面,应用伦理学对很多问题的处理离不开对规范伦理学原则的应用。对伦理学进行三个领域的划分仅仅出于教育学目的，是为了更好地理解不同道德学科下的道德生活。但对道德原则本质的探究是为了更好地理解伦理生活，而不是为伦理生活增加桎梏，所以，三种伦理学的划分更具有学科意义。

第二节　科学技术哲学

科学技术的产生和发展给自然界带来巨大改变，给人类社会带来巨大影响。科学技术究竟是什么？科学技术何以具有如此巨大和神奇的力量？科学技术是如何发展进步的？科学技术与自然、社会之间的关系究竟如何？这一系列问题，我们都必须认真面对和思考。当前，科学技术活动早已成为一种独立的社会活动，科学技术事业也早已成为一种独立的社会建制。因此，将科学技术作为一个单独考察对象，进行哲学层面的反思研究，无论对科技发展还是对社会发展都具有重要的作用。作为哲学的重要分支学科，科学技术哲学主要研究自然观、科学观与科学方法论（科学哲学）、技术观与技术方法论（技术哲学）、科学技术与社会、科学技术及其发展中的哲学问题等。

一、自然观

自然观是科学技术哲学研究的主要内容之一。人为了生存和发展，必然要和自然界发生一定的联系。数百万年来，认识和改造自然的斗争，迫使人们思考着这样一些问题：自然界的整体图景如何？它是怎样形成现在这种状态的？它有运动发展变化吗？如果有的话，将会变成什么样子？变化的终极原因是什么？有没有规律可循？面对这些问题，不同的人提出了不同的看法和观点，这就是自然观。人类社会，特别是在阶级产生之后，在自然观上发展形成了相互对立的多套理论体系，如唯物论与唯心论、辩证法与形而上学、科学与神学，它们彼此之间进行着激烈的斗争，并发生一系列的历史演变。追溯这种历史的变化，探讨它的过去、现在和未来，一方面，可以加深我们对自然界辩证发展规律的理解，促进自然科学和哲学的繁荣进步；另一方面，更重要的是，可以加深我们对自然观与人生观、价值观之间的关系，对自然观与发展观、社会文明形态的关系的理解。从人类发展史上看，自然观能够潜移默化地影响人的人生观、价值观和经济社会的发展观。每一种主流的自然观形态都对应着一个时代的社会发展观，进而又影响了人类历史上多种社会文明形态的形成。

自然观总体上是由生产实践和自然科学发展的水平决定的，每个时代的人们都按照他们那个时代的生产实践和自然科学技术的水平，来描绘自然界的图景，从而形成一种对自然界的总的看法和观点。概括起来说，自然观包括两大方面的内容：一是对自然的看法，二是对人与自然的关系的看法。从历史上看，人类的自然观大致上先后经历了原始宗教神灵的自然观、古代朴素的自然观、中世纪宗教神学自然观、近代机械论的自然观、辩证唯物主义自然观等五种典型形态或发展阶段。

（一）原始宗教神灵自然观

在原始社会，生产力水平低下，人们的认知能力有限，对自然界的一些变化既不理解，又无能为力，只能用虚幻的想象去填补经验和知识所无法回答的自然奥秘的空白。因此，在那个时代，人类萌发了"万物有灵"的朦胧自然意识。无论是在东方还是在西方，当时人类的自然观几乎都寓于图腾神话或原始宗教之中，在西方有《神谱》和《荷马史诗》，在中国则有《山海经》和《淮南子》等。原始宗教神灵的自然观主张自然界存在着秩序，认为这种秩序是超自然“实体”干预的结果，主张万物有灵论、自然崇拜、图腾崇拜。原始宗教神灵自然观认为人类可以通过祈祷、赞颂、占卜、祭祀、图腾崇拜等复杂的仪式活动，来达到人与神灵的沟通，并借助神力来实现自己控制和调节自然的目的。

(二)古代朴素的自然观

古代朴素自然观用“本原”概念来说明自然万物的存在基础和初始状态。虽然自然界中的事物和现象多种多样，但它们都可以用某种“统一之物”来解释，这是人类理性的特点，也是古人尤其是古希腊人坚信不移的基本信念。这种本原是一种或几种物质形态。万物起始于它，又复归于它。比如，泰勒士认为水是万物的本原，阿那克西米尼认为万物的始基是空气，赫拉克利特认为火是万物的本原。中国古代也有类似的“五行说”“阴阳说”等。朴素自然观用事物内部的“矛盾”来解释自然万物的演化过程和运动特征。这样，哲学家们就不仅说明了自然界的本原，而且进一步解释了这种本原和万物之间的关系，这使他们的自然观不仅被理论化，而且被系统化，从而成为一种较为完备的自然观。古代朴素自然观把自然界看成是一个统一的、相互联系和不断发展的整体，从整体上勾画了自然界的总画面。它对自然界的本原和状态的看法较为近似地反映了自然界的本来面貌，因而包含了许多正确的观点。但这些正确观点的取得并不是建立在科学论证的基础之上，而是源于哲学家们的天才猜测和主观臆想，普遍缺少对细节的分析和证明。因而，这种对自然的认识是幼稚的、脆弱的。因此，古代朴素自然观被中世纪宗教神学自然观所代替。

(三)中世纪宗教神学自然观

在中世纪宗教神学和经院哲学的思想统治下，科学被深深地禁锢在神学之中。宗教神学自然观提出了上帝创世说，认为世界上的一切都是上帝创造的，上帝是世间万物的根据，是整个宇宙的法则。宗教神学自然观虽然也主张世界的运动变化，但它把变动不居的东西看成是虚幻不真的东西，而真实的东西是永恒不变的，上帝是永恒不变的，因而上帝是最真实的存在。同时，宗教神学自然观还认为，世间万物运动变化的原因和动力并不源于它们内部的矛盾，而是由上帝造成的，并体现了上帝的意志和智慧。宗教神学家们也认为自然界中存在着一定的秩序，使世间万物彼此联系起来，成为一个统一的整体。但这种联系并非源于事物自身，而是上帝精心的安排，其遵循的唯一法则是“目的”。

（四）近代机械论的自然观

近代科学的诞生，特别是近代经典力学体系的形成，为机械论自然观的形成奠定了自然科学基础。机械论的自然观虽然承认自然界的物质本性，但是它把自然界看成是仅仅在机械力影响下的绝对不变的一部庞大机器。自然界这部机器是各个部分的机械集合，部分和整体是绝对不变的，“静者恒静，动者恒动”，自然界各个组成部分之间毫无联系，一切绝对对立，“是就是，不是就不是，除此以外都是鬼话”，自然界如果有变化，也只是机械的平动、转动和摆动。因此，机械论的自然观只看到了自然万物在空间上的并列而忽视了其在时间上的发展。近代机械论自然观把自然看成绝对不变的物质世界，但它并不否认自然界的运动。近代机械论哲学家们认为物质是运动的，但他们大多仅仅把自然界复杂多样的运动归结为单一的运动形式——机械运动，并用机械运动来解释自然界和人类社会的一切现象。由于机械论的自然观把自然界看成是静止的、孤立的、不变的和既成的东西，不能从自然界本身来说明运动变化的原因，到外部去寻找最初的推动，这就决定了当它回答现实自然界的由来时，又不得不求助于上帝，重新回到神学的怀抱。随着科学的发展，人类必将冲破这种自然观的束缚，拥抱新的自然观。

(五)辩证唯物主义自然观

从18世纪下半叶开始，在欧洲发生的以蒸汽机为主要标志的近代第一次技术革命，其后随之而来的产业革命，使资本主义工场手工业向机器大工业生产过渡。这种生产力的飞跃，有力地推动了自然科学的发展。到19世纪，自然科学研究从分门别类地搜集材料的阶段进入对经验材料进行综合整理和理论概括的阶段。理论自然科学的产生及其在各个领域涌现出的一系列重大发现，深刻地揭示了自然界发生的一切归根到底是辩证的而不是形而上学的，这就为辩证唯物主义自然观的确立提供了自然科学基础。19世纪，马克思和恩格斯创立的辩证唯物主义自然观，是唯物主义自然观发展的最新形态。辩证唯物主义自然观的创立为科学技术的深层次研究提供了世界观、认识论、方法论和价值论的前提。20世纪以来在总结概括现代自然科学新成就的基础上产生的系统自然观和生态自然观，是对辩证唯物主义自然观的丰富与发展。

辩证唯物主义自然观认为：自然界是物质的，物质是万物的本原和基础，自然界除了运动着的物质及其表现形式之外，什么也没有；运动无论在量上还是在质上都是不灭的；意识和思维是物质高度发展的产物，即人脑的属性和机能；时间和空间是物质的固有属性和存在方式；自然界的一切事物和现象都是矛盾的统一体，它们既是对立的，又是统一的，并且在一定条件下相互转化，由此推动着自然界的运动和发展；自然界的一切事物都处于普遍联系和相互作用之中，处于永久的产生和消亡之中，处于不断地运动和转化过程之中；在自然的发展过程中，在自然的特定领域的特定发展阶段上，产生了人类和人类社会；人类的社会实践活动的深入展开，使原有的自然部分领域不断得到认识和改造，于是出现了一个与外在于人的活动的“纯自然”所不同的具有新质的“人化自然”，这种人化自然也就是进入人类文化和文明的自然界，是人的现实的自然界。

辩证唯物主义自然观的基本特征主要包括四个方面：第一，唯物论与辩证法的统一。辩证唯物主义是一种唯物辩证的自然观，体现了唯物论和辩证法的有机结合。一方面，辩证唯物主义自然观与唯心主义相对立，把自然界的客观实在性和存在的优先性看作是人类研究自然界的认识前提，明确指出自然界先于人类历史而存在。另一方面，辩证唯物主义自然观又克服了机械唯物主义的机械性、形而上学性的不彻底性。第二，自然史与人类史的统一。辩证唯物主义自然观将自然界、人类和社会历史看成是一个统一的自然历史过程，遵循着统一的辩证法规律。它不仅确认自然界先于人，先于人类社会，而且还明确地把人类社会看作是自然界的一部分，并且“把经济的社会形态的发展理解为一种自然史的过程”[①]，从人与自然的关系中去考察自然。这就突破了以往把人同自然界、人类社会与自然界绝对对立起来的自然观念。第三，天然自然与人化自然的统一。从来的自然观都是对纯粹的、天然的自然界的看法，辩证唯物主义自然观所揭示的自然界还包括人参与其中的人化了的自然界，是人创造、占有和“再生产”的自然界。人与自然的关系中最能体现人的本质力量对象化的地方，正在于人能够按照美的原则来塑造对象性的自然界，这是人类对自然界认识的重大飞跃。第四，人与自然的对象性关系是能动性和受动性的统一。与机械论的自然观不同，辩证唯物主义自然观认为：人

① 《马克思恩格斯全集》第 42 卷，人民出版社 2016 年版，第 16 页。

作为自然存在物,“一方面具有自然力、生命力,是能动的自然存在物;这些力量作为天赋和才能、作为欲望存在于人身上。另一方面,人作为自然的、肉体的、感性的、对象性的存在物,和动植物一样,是受动的、受制约的和受限制的存在物”[①]。在任何时候,人的能动性的发挥都并非是不受制约的,不是无限的、绝对的,“外部自然界的优先地位”并不因为人的活动而消失,人类只能顺应自然界的规律性而不能违背自然的规律性,人在自然界里能获得多大的自由,并不单纯取决于人的能动性的发挥程度,同时也取决于对人的受动性的认识程度和控制能力。

19 世纪末 20 世纪初,自然科学进入一个新的历史阶段,相对论、量子力学、分子生物学以及系统论、控制论、信息论、耗散结构论、协同学、突变论、超循环论、分形理论、混沌理论、生态学等现代自然科学理论的出现,深入揭示了自然界变化发展的本质规律,为人们描绘出一幅从基本粒子、原子、分子化合物直到人类,从微观领域直至宏观、宇观天体辩证演化的自然图景,进一步丰富发展了辩证唯物主义自然观,使之又分化为辩证唯物主义的系统自然观和生态自然观。

二、科学观与科学方法论(科学哲学)

“科学”一词源于拉丁文的“scientie”,其本意就是“知识”。仅从知识意义上说,科学的起点是十分久远的。人类已经产生和发展了数百万年,人的历史就是制造工具,运用工具进行创造活动的演变过程。而伴随着劳动和创造,人类也就具有了最初的认识自然的能力和正确反映自然规律的知识,而语言、图形、文字的形成

① 《马克思恩格斯全集》第 3 卷,人民出版社 2002 年版,第 324 页。

和发展则造就了知识客观存在的基础。但是,现代意义上的科学不同于简单的知识,它是一种系统化和精确化的知识。它是需要运用精密仪器进行观察实验,运用数学方法严格推导的知识。这种意义上的科学只是在近代才真正形成,其后的科学越来越成熟,20 世纪以后,科学研究分化为几十个主要领域和近千个科学学科,覆盖了人类面对的客观世界的全部领域。科学技术也已经成为专门的行业和职业。科学活动已经成了社会活动中参与人数越来越多,组织机构越来越庞大的部分,整个社会的实践活动也越来越依赖于科学。科学的力量和成就使人们相信科学是真正的知识。但是,随着科学的普及、全面深入和日益复杂,人们却越来越看不清科学的总体面貌,更难以回答科学的本质。在日常生活中,当人们看到雄伟的大厦、巨大的桥梁,乘坐汽车、飞机,观赏电视、光碟,使用手机、信用卡,打开电脑、电冰箱的时候,人们会说:“这就是科学。”但是,如果被问到“什么是科学”“科学有什么特征”“科学知识是怎样获得的”“科学是怎样发展的”,人们就会感到困惑。这是一个今天人们想要回答而又难以回答的问题。为了回答这些问题,并更好地认识科学、发展科学、利用科学,人类在 20 世纪初创建了一门新兴的学科——科学哲学。经过了近一个世纪的发展,科学哲学产生了许多重要的成果,但同时也带来了许多关于科学认识和争论的问题。

(一)科学的本质

究竟什么是科学?这个问题似乎很容易回答,每个人都知道科学包含诸如物理、化学、生物等学科,而不包括艺术、音乐和神学之类的学科。但是,当我们以哲学家的方式追问科学是什么的时候,其实我们所寻求的就不是一个通常被称为“科学”的清单,而是清单上所列学科的共同特征。也就是,追问使得科学得以成为科学的东西是什么。这样一来,问题的回答就不那么简单和容易了。以英国著名科学家 J. D. 贝尔纳(J. D. Bernnard)为代表的学者认为,科学在不同的场合、不同的历史时期有不同的意义,科学既是一种思维、一种方法,也是一种力量,原始科学、古代科学和现代科学的内容和形式都有很大不同。事实也的确如此,由于科学本身在不断发展,人们对它的认识也不断深化,给科学下一个永世不变的定义变得愈发不可能。但总体而言,科学的概念大致上可以从三个层面来阐释:科学是人类认识客体(包括自然界、社会和思维过程及其他各种事物)的知识体系;科学是人类认识客体、反映客观事实和规律的活动;科学是人类认识客体、反映客观规律过程中的方法和精神。通俗地讲,科学是关于自然界、人类社会和人自身的规律的事实、原理、方法和观念的知识体系以及创建这个知识体系的社会活动。科学至少应该包括以下几个方面的内涵:

1. 科学是一种知识体系

通常我们会把科学理解成一种人们研究自然、社会、思维的本质及其规律所获得的知识体系,认为科学是一种正确的、系统化的知识。这也是很多人所理解的科学。显然,我们在日常生活中接触到的科学,大多是以知识的形态出现的。比如:科学家向公众预报某日将出现月食的现象,并且解释什么是月食,为什么会出现月食,什么时候会出现月食,等等。在这里,我们接触了"月食"的科学概念、有关月食成因的科学原理,既有对一般规律的揭示,又有对个别事件的论断。这些都是科学知识。总之,科学是关于"是什么""为什么""会怎样"的知识。作为一种知识体系,科学知识具有和其他知识不同的特点:

(1)科学知识具有真理性

科学知识的真理性是指科学知识必须符合客观的事实,是对客观世界的真实反映。任何不能正确反映客观世界的知识,或是和客观事实不符的理论、解释,都应被排除在科学知识之外。不过,我们也应该认识到,科学知识的真理性并不是绝对的。也就是说,人们对事物的科学认识并不是一成不变的,而是不断发展、变化的。过去认为是正确的、科学的知识完全可能会被新的事实所推翻、否定,科学正是在不断否定自我和修正自我的过程中得到发展的。比如,在哥白尼时代以前,人们根据太阳东升西落的现象,思考并得出地球是宇宙的中心、太阳围绕地球旋转的结论;哥白尼提出的太阳中心说,就推翻了这一结论。而今天,我们认识到,太阳作为一颗恒星,也不是静止不动的,它远不是宇宙的中心,而是宇宙中一个微不足道的部分。由此可见,科学没有最终的结论,更没有永远正确的结论。因此,我们不能把科学知识的真理性误解为科学就是对世界的固定不变的"正确"解释。在不同的时代、不同的认识水平下,人们对世界的"正确"认识都是不同的。科学之真理性,不在于它对世界的解释是永远正确的,而在于它是一个开放性的知识体系,在于它有一个不断修正自我的过程。

(2)科学知识具有经验性

科学知识具有经验性是指科学知识来源于经验性的活动,而不是直觉性的或权威性的判断。这里所说的经验性是和思辨性相对而言的。所谓经验性的活动,就是收集和整理客观信息,并在客观信息的基础上,进行合乎逻辑的推理,从而得出结论,它强调的是客观的事实证据。由此可见,那些通过主观直觉获得的"感悟",或者出于对权威人物的信仰而轻信的论断,包括那些打着"科学"旗号的伪科学知识,只要不是建立在客观事实证据的基础上,就都不是科学知识。当然,科学知识的经验性,并不排除理性的思考。达尔文曾指出,科学就是整理事实,从中发现规律,作出结论。关键在于这些思考必须建立在客观事实的基础上,并非主观臆想。此外,我们也不能把科学知识的经验性狭隘地理解为个人的亲身经验。书本上的科学知识,作为前人实践经验的结晶,对我们来说是一种宝贵的间接经验,它是我们获得科学知识的重要途径。

(3)科学知识具有可重复性

科学知识具有可重复性是指科学知识应该是可以验证的、规律性的知识,应该经得起实践的检验。无论何人何时何地重复某一实验的条件,都能得到同样的结果,就说明这一结论是经得起验证的,是真正科学的、可靠的。比如,人们在观察月相以及月食现象的事实基础上,总结出月食发生的规律。如果这个规律能够进一步为事实所验证,我们就可以认为它是正确的;否则,就可以认定它是错误的,至少是不完全正确的。

2.科学是产生知识体系的一个活动过程

科学不仅是一种知识,更是一种过程,即获取知识的过程。只有认识到科学是一种过程,才有可能全面地把握科学的含义。提出科学是一种过程,主要基于以下两方面的理由:

(1)科学知识的获得离不开科学过程

任何科学知识都不是孤立于科学过程而存在的,相反,它是科学过程的产物。简单地说,科学过程就是获取科学知识的过程,包括:观察和发现;假设和检验;推理和形成结论;解释和预测;等等。科学知识的获得和科学过程是紧密不可分的。正如前述,任何科学知识的来源都不是权威论断,也不是主观臆断,而是事实的证据和合乎逻辑的推理,即科学探索的过程。在这个意义上说,科学过程舍弃了科学知识的具体性,体现了不同科学知识背后共同的特性。

(2)科学表现为结论的科学性,更表现为过程的科学性

科学过程不仅体现了各种具体科学知识在获得途径上的共同

性，还具有超越于具体科学知识之上的、经久不变的永恒性。从科学发展史的角度看，没有永恒不变的真理，也没有永远正确的知识。科学知识可能被推翻，而获得科学知识的过程却是永恒不变的。在某种意义上说，科学的客观性不仅在于其认识结果的客观，即科学知识符合客观实际，更在于科学认识过程的客观，即在可观察的客观事实基础上进行合乎逻辑的推理。可以说，科学认识过程的客观性保证了科学知识的客观性，尤其是保证了科学知识在新的事实证据面前，能及时地修正自己，从而使之成为一个开放性的知识体系。在实践中，如果我们把科学知识和科学过程割裂开来，脱离科学过程来看待科学知识，就不能完整地理解科学的内涵，产生知识绝对主义的观点，甚至出现对科学知识的盲目崇拜。

3. 科学是一种方法、价值和精神

科学世界观从经验主义和实证主义的立场出发，认为世界是客观的存在，是可探知的，而所谓的科学活动则是用客观的方法揭示这种客观存在。这就是任何具体的科学活动中所蕴藏的基本看法和态度。一个具备了科学世界观的人，无论是在进行科学工作时，还是在对待具体的事物时，都能表现出科学的态度。因此，如果我们仅仅把科学理解成认识事物的过程和方法，还不能完全揭示科学的内涵。从广义上说，科学意味着人们认识世界和看待世界的方式。尽管科学排斥任何主观的价值判断，但是我们又不可否认，科学本身就是一种价值观。科学体现了人类所崇尚的价值观——诚实、勤奋、公正、好奇、乐于接受新思想、敢于怀疑和想象等。尽管这些价值观既不是科学所发明的，也不是科学所特有的，但是，它们在科学中得到了充分的体现，构成科学所不可或缺的内涵。人类在长期的科学活动中逐渐形成和不断发展的一种主观的精神状态形成科学精神。在认知层面，科学精神的核心内涵是理性精神，即相信自然界存在一种内在的法则，人们可以通过努力寻找这个反映自然法则的自然规律。换言之，就是一种首先相信真理性的存在，而后坚持追求真理的态度。在社会建制层面上，科学精神就是科学共同体的理想化的社会关系的准则，也就是科学社会学家默顿所称的“科学的精神气质”。这种精神气质一方面可以约束科学共同体中科学工作者的行为，另一方面也是维持科学建制正常运转的必要规范，并已经部分内化于科学教育和社会生活之中。

（二）科学和非科学的划界

理解科学的本质，不仅需要理解科学是什么，还要清楚科学不是什么。换句话说，其本质就是科学与非科学的划界问题。这始终是科学哲学中困扰人的一个举世难题。这个问题的实质，是要分析科学不同于其他任何非科学的观念形式的基本性质是什么，就是要划出一个界线来回答“科学是什么”。对这个问题的思考，会引发科学哲学中的许多相关问题，因而解决这个问题具有重大的理论意义，解决好这个问题对科学的正常发展，对于科学家的研究工作，对于在知识分子和广大民众中宣传和普及科学精神、科学思想和科学方法，提高国民的科学素质，都具有重大的现实意义。

自近代科学产生以来，“划界问题”历来被科学家和哲学家们所高度关注，而各种邪恶势力也常常利用“划界问题”上的界限不清来故意混淆界线，提倡伪科学，打击真正的科学。比如，1616 年，罗马教廷在审判伽利略以后，曾宣布哥白尼学说是“伪科学”；20 世纪 30 年代，希特勒法西斯上台以后，曾宣布爱因斯坦的相对论是“犹太人的科学”，是“伪科学”；1948 年，斯大林领导下的苏共中央还曾正式作出“决议”，宣布孟德尔的遗传学理论是“伪科学”，致使大批坚持遗传学理论的科学家被投入监狱，甚至被迫害致死。在当前的社会生活中，我们也常常见到混淆科学与伪科学，以伪科学、反科学的东西冒充科学，或者以“科学”的名义支持伪科学的情况；与此同时，也出现了拿“伪科学”乱扣帽子乱打棍子的情况。划界问题，目前已成为我国科学界、哲学界甚至整个知识界关注的重点。

在18世纪，著名的哲学家休谟和康德都力图划清科学与各种非科学，特别是与形而上学的界线。到了19世纪，哲学家孔德和科学家兼哲学家马赫更是高举了批判形而上学的旗帜，进一步推动了“划界问题”的研究。但是，应当承认的是，只有在进入20世纪以后，“划界问题”才获得了真正深入的研究。然而，经过科学哲学界将近一个世纪的努力，迄今为止，关于“划界问题”似乎仍然难以找到能够为学术界普遍接受的、令人满意的解答。但人们在一个世纪以来对划界问题的研究仍然是收获甚丰的。一方面，科学哲学家们已经把对这个问题的研究大大地向前推进；另一方面，科学哲学家们在研究划界问题时，大大丰富了科学哲学的内容。科学哲学家们对这个问题的研究成果，已经足以为区分科学和伪科学提供了强大的思想武器，对科学家们的科学创造提供了强大的思想武器。目前，人们围绕着科学划界问题，大致形成了以下四种观点：

1. 逻辑经验(实证)主义的观点

逻辑经验主义，这个学派早期受到实证主义孔德、马赫等人的哲学影响而称为“逻辑实证主义”，也被称为“新实证主义”。相对于传统哲学认识论和实证主义哲学，这个学派的哲学研究十分明确地把研究的目标指向科学，所以也有人称之为“科学经验主义”。逻辑实证主义认为，有意义的命题才是科学的命题，否则便是非科学的命题。如果一个命题能用经验事实加以证实，那么这个命题就有意义，反之就没有意义。因此，逻辑实证主义的科学划界标准是意义标准，是与证实原则紧密联系在一起的。关于意义的标准，逻辑实证主义先后有两种提法，最初他们坚持“证实性标准”，但是后来逐渐地放宽到“可检验性标准”。在他们看来，证实、“真”和有意义是统一的，这三者不仅是科学知识的标准，也是科学与非科学的形而上学等的划界标准。按照这个标准，科学知识必须都是经验证实的真命题。由此，整个科学也就是全部真命题的集合。

但是，逻辑实证主义者后来发现，他们在最初提出的这种证实为真的意义标准过于严格，事实上是很难得到完全贯彻和实现的。如果按照这个标准，有许多显然是科学的东西却必须被划分到科学之外。第一，有些命题在此时此地不能被证实，但将来却可以被证实，那么这些命题也应当是真的经验性命题；第二，有些命题不能直接被证实，而只能间接被证实；第三，在科学中有大量的命题不可能是被绝对证实的，而是被概率证实的。此时，逻辑实证主义者显然无法坚持原来的证实标准，他们只能逐渐放宽科学证实性标准。特别是后来，来自外部的批评，比如，著名的科学哲学家波普尔等人的批评使他们倍感压力。这些使得逻辑实证主义者不得不进一步修改这个原有的意义标准。这个修改是进一步放弃了可证实性，代之以可检验性。一个综合命题，如果它是有意义的，那么它必须是可被检验的，那些可以运用一定的经验方法来进行检验的命题或知识是科学的；反之，它就是非科学的。这个划界的标准越来越宽，也就使得这个学派的基本科学观产生了变化。这个变化甚至使得这个学派本身也发生了变化，从原来严格的逻辑实证主义转变为较为宽容的逻辑经验主义。

2.批判理性主义（否证主义）观点

波普尔认为，科学与形而上学的原则区别不在于它们是否可被证实，而在于它们是否可被证伪。科学理论必须具有可证伪性，即原则上能够被一个或一组可能的观察陈述所证伪（而不是指它们实际上被证伪）。波普尔认为逻辑实证主义科学观的主要方法论根据是“归纳逻辑”，波普尔首先对归纳逻辑进行了批判，他认为归纳法并不是一种科学的方法，而且找出了多方面的证据，对归纳法展开了全面的批判。他最终否定并从逻辑上批判了逻辑实证主义的可证实性原则，代之以“可证伪性原则”。

波普尔所提出的新的划界方法就是“否证”（falsification，或称“证伪”）。这是同逻辑实证主义的“证实的真知识”概念相对的。在波普尔看来，科学知识总体的性质是一种猜测和假说，不过这种猜测和假说与非科学的臆想和胡说是根本不同的，科学的猜测是具有经验性的，这种经验性可以将之从经验事实对它能否反驳、能否批判的否证方法中区别出来。他指出，在所有的理论中，只有那些能为经验事实所批判和反驳的理论才是科学的，不能为经验事实所批判的理论是非科学的和伪科学的。所以，他把自己的这种理论又称为“批判理性主义”，即以事实对理论的批判为基本方法或理性原则的科学认识论。

3.历史主义（相对主义）的观点

实证主义和否证主义主要是从正面的和反面的逻辑关系上各自考察了实验观察对于科学理论检验的逻辑关系，但是，这并不是认识的全部问题和全部内容。事实上，还存在着理论自身的相对独立的自主发展作用和理论对于实验的相对独立的反作用。这种作用在波普尔的否证论中已经有所显露，但是还没有被充分地阐释出来。因为波普尔哲学专注于实验对理论的检验和否证作用，这样在事实上限制了他对理论的能动作用和理论对实验反作用的考察。20 世纪 60 年代初，随着科学的发展，科学理论对社会实践能动作用的越来越充分的表现出来，在科学哲学的研究中又形成了关于理论知识的能动作用问题的研究和考察，这就是以库恩、阿卡托斯、费耶阿本德、图尔敏、汉森等人为代表的社会历史主义学派的科学观。

历史主义学派认为，科学是一种社会事业，它与社会的其他精神活动形式存在着多方面的联系和相互作用，因此，科学与非科学之间不存在绝对分明的界限。但以库恩、拉卡托斯等为代表的历史主义者仍然承认科学与非科学、伪科学划界的必要性，坚持一种历史的、发展的和相对的，渗透着社会和心理因素的划界标准。在库恩这里，划界问题已明显淡化，范式只能作为科学与前科学的划界标准，而不是科学与非科学的划界标准。库恩认为，前科学时期没有形成范式，范式是常规科学时期所特有的，这时的科学活动"像拼图式的寻找解决问题的办法"①，有其固定的范式。科学发展是范式的转换，由于范式不是知识而是信念，因而范式的转换不是知识的深化，而是信念的转变。库恩的范式标准具有明显的社会、心理等非理性因素特征。可以看出，科学划界发展到库恩这里，已表现出从绝对走向相对、从理性走向非理性的倾向性。而以费耶阿本德为代表的历史主义者则否认科学与非科学划界的必要性，认为不存在普遍适用的科学研究方法，不存在科学与非科学之间的一成不变的界限，主张科学与非科学不可划分，也不应该划分，这是历史主义（相对主义）走向极端的表现。

4.科学实在论的观点

沿着划界主义的道路，有一些科学哲学家致力于重建划界标准的尝试，出现了"本体回归，走向实践语境"的趋向。这方面的代

① [德]汉斯·波塞尔：《科学是什么》，李文潮译，三联出版社2002年版，第7页。

表人物首推加拿大科学哲学家邦格，他高举科学划界的大旗，反对消解划界，认为消解划界是在助长伪科学，会对科学事业和社会进步造成危害。为此，他们提出了多元综合的划界标准。

科学实在论者认为，科学是一种复杂的东西，不可能用一种特征来表明，伪科学也是一样。判断一个知识领域是不是科学也要考察它的许多属性。正是从这个原则出发，邦格提出了各自的多元划界模型，他提出十个元素的组合，并制作了一个评估表，以用来评价、区分科学与非科学或伪科学，这就是他所谓的“精确的多元划界模型”。但是，他的分界指标体系虽然看起来精确无比，但是仍然是主观、随意、难以操作的。

总之，科学和非科学划界问题以及解决方案历经了从确定到模糊，从单一到多元，从静态到动态，从简单到复杂的历史演变。任何分界标准都有一定的适用范围和局限性，他们之间可以取长补短，具有互补效应。

（三）科学认识和科学方法

科学认识与科学方法是关于科学研究一般方法的理论。它产生于科学的认识与实践过程中，是人类科学技术实践的产物，并随着科学技术的发展不断地得到充实、丰富和提高。因此，应紧密联系科学认识论进行科学方法论的研究。

科学认识是一种特殊的社会实践活动，其任务是探索自然规律，并用事实、概念、定律和理论把认识的结果表征出来。科学认识的一般过程是：提出科学问题，获取经验事实，提出科学概念，抽象科学定律，提出科学假说，进行逻辑推理和实验检验，最后形成科学理论。

科学研究过程是一个不断提出问题和解决问题的过程。问题是科学研究的起点，发现和选定科学问题是科学研究中的关键性步骤，是科学探索的第一个环节。科学假说和科学理论是自然科学发展的重要形式，它们不但反映科学研究的一般成果，而且也是科学研究过程的重要环节。假说的提出、竞争、检验和选择是通往科学理论的必由之路。一直以来，自然科学正是沿着从假说到理论、从新的假说到新的理论的辩证途径不断向前发展的。

科学研究方法是科学认识主体在活动中采取的手段和工具，是主体把握客体的主观手段。科学研究方法处于实现主体与客体相互作用的中介地位，在科学认识中起着重大作用。

第一，科学研究中的经验方法。科学研究过程是不断提出问题和解决问题的过程，因此，发现和选定问题是科学研究的起点。科学事实是科学研究的基础，而观察和实验则是获得科学事实的基本手段。观察与实验是科学研究中获取科学事实的基本途径和重要方法，它们既是获得感性经验材料的基本途径，也是形成、发展和检验科学理论的实践基础。

第二，科学研究的理论（思维）方法。科学认识的目的就是在已获得大量的科学事实的基础之上，进行加工和整理，从感性认识进入理性认识，从而建立科学理论，揭示出客观事物的本质和规律。要达到此目的，在科学研究中主要是通过科学思维这一基本途径。科学思维的基本形式是科学抽象，包括辩证思维、逻辑思维、形象思维、灵感与直觉思维，而创造性思维方法、数学方法和理想模型方法则是对于这四种基本思维形式的应用和发展。科学抽象是透过现象提取本质的思维过程和方法。在科学研究中，科学抽象是实现科学认识由感性阶段向理性阶段飞跃的决定性环节。科学抽象的过程是科技工作者通过概念、判断、推理以及其他形式来反映客观现实的一种能动认识过程。具体而言，它由比较与分类、分析与综合、抽象概括与判断推理这几个环节所构成。人们要正确地思维,就必须遵守思维的规律,使思维规律合乎逻辑。因此,不论是哲学家还是自然科学家,都非常推崇逻辑方法,在科学研究中极其重视逻辑的运用。逻辑方法对于科学的进步是一种不可缺少的重要工具,而逻辑思维能力则是一个科学家科学素养的重要标志。逻辑思维又称"理论思维"或"抽象思维",它是在感性认识的基础上,运用概念、判断、推理等形式,对客观世界间接、概括的反映过程,是科学思维的一种最普遍、最基本的形式。逻辑思维是迄今为止被研究得最多的一种思维类型,最常见的有归纳与演绎、抽象与具体、逻辑与历史等方法。

三、技术观与技术方法论(技术哲学)

20 世纪以来,技术影响的广泛性和深刻性日益显著,绝大多数思想家与哲学流派都转而关注技术问题,甚至有哲学家把这一过程称为"社会理论中的技术转向"。从根本上说,技术转向之所以发生,乃在于技术直接关乎人的存在。哲学如果不关注技术,它就不可能提示人的本性并认识人的真正本质。技术的本质是什么?技术的内在、外在价值如何?技术进步的动力机制和技术发展的模式如何?技术与社会的政治、经济、军事、价值观乃至宗教信仰等社会问题有何关系?技术哲学与科学哲学有怎样的关系?这些都是技术哲学重点探讨的问题。

(一)技术的本质和要素

"技术"一词本意是技能、技艺、能力,是社会活动的工具和技能系统。技术是指人类对各类工具的发展、制造及有意识地运用,是其根据对自然规律及其内在联系的认识并有意识地运用它设计和使用各种复杂工具和器械的过程。技术一般是指人类为满足自己的物质生产、精神生产以及其他非生产活动的需要,运用自然和社会规律所制造的一切物质手段及方法的总和。在机器时代之前，技术被理解为经过熟练操作而获得的技能和技艺，是人的个体所具有的某种天赋的技艺和能力；机器时代之后，技术被理解为劳动手段和它的总和。在生产力体系中，技术是有目的的各种工具、工艺流程和规则的体系。这时的技术已经不是人的肢体器官的直接能力，而是外在于人的。在现代科学技术发展的今天，技术成了“语言”，因为它以科学的语言叙述着“怎样做”技术的本质。

技术与科学既有区别，也有联系。科学和技术虽然都从不同的侧面反映了人和自然之间能动的关系。但是，二者各有自己相对的独立性。从研究的目标任务看，科学旨在认识自然，揭示自然界尚未被人们认识的事物的本质和规律，增进人们的知识财富；技术的目标任务在于利用和改造自然，增进人们的物质财富。从研究的方式方法来看，科学以实证为原则，运用范畴、定理、定律等理性思维形式，反映客观世界的本质规律，以形成数据完备、逻辑严密的理论知识体系为最终目标；技术则多采用调查、设计、试验和修正等方法与手段实现发明创造，追求对自然力、自然物以及自然过程的人为控制。从研究的成果形态来看，科学是知识创新活动，科学创新的成果是新知识，科学的知识产权是优先权；技术则是物质创新活动，技术创新的成果是新产品，技术的知识产权是专利权。从研究的价值取向来看，科学的目的是认识世界，原则上讲一切事物、一切问题都可以被研究，不同的学术观点都可以被发表，没有必要也不应该给科学划出禁区；技术则具有鲜明的社会属性，人们研制和应用任何技术都必须考虑社会需求及社会后果，并视情对之加以合理的、必要的约束。从二者的生产力形态来看，科学是知识形态的生产力，是潜在的、间接的生产力；技术则是物质形态的生产力，是现实的、直接的生产力。

当然,将科学与技术严格加以区别,并不意味着要把这二者割裂开来,事实上,二者之间有着密切的联系。在人类认识自然和改造自然的过程中,科学提供可能,技术使可能变为现实,二者密不可分。科学和技术的联系还表现在二者相互渗透、相互包含、相互作用,尤其在当代,科学技术一体化趋势越来越明显,科学技术化、技术科学化已经使二者的界限越来越模糊。

技术活动的要素是人类创建人工自然的方法和手段,是技术基本结构中的独立成分,包括经验、技能、工具、机器、知识等。根据技术活动的本质特征和历史发展,可以把技术要素划分为三类:第一,经验形态的技术要素。经验形态的技术要素主要是指经验、技能这些主观性的技术要素。经验是人们在长期实践中的体验,是在生产劳动过程中所表现出来的主体活动能力,包括技巧、诀窍等实际知识。第二,实体形态的技术要素。这主要是指以工具、机器等生产工具为主要标志的客观性技术要素。它既包括以生产工具等为代表的技术手段,又包括技术成果和技术对象。实体形态的技术以生产工具为主,其按不同历史时期又可以分为手工工具、机器装置、自控装置等三种表现形式。第三,知识形态的技术要素。这主要是指以科学为基础的技术知识。技术知识是人类在劳动过程中所掌握的技术经验和理论,有经验知识和理论知识两种表现形式,前者是关于生产过程和操作方法的规范化描述或记载,后者是指关于生产过程和操作方法的机制或规律性的阐述。上述三种类型的技术要素之间是相互联系的,存在着独立性与相关性、互补性与主导性、自稳性与变异性等特点。

(二)技术发展的过程

技术发展通常被看作是一个包括三种互相重叠又相互作用的要素的综合过程。第一个要素是技术发明,即新的或改进的技术设想，发明的重要来源是科学研究；第二个要素是技术创新，是指发明的首次商业化应用；第三个要素是技术扩散，是指创新随后被许多使用者采用。

技术发明具有新颖性、先进性、实用性等基本特征。按照创新程度不同，技术发明可分为开创性技术发明和改进性技术发明两种类型。

技术创新是作为创新主体的企业在创新环境条件下通过一定的中介而使创新客体转换形态、实现市场价值的一种实践活动。技术创新的特征：一是创新收益的非独立性，即创新者难以获取创新活动所产生的全部收益；二是创新的不确定性，这主要是由研究开发、试验和试生产阶段、市场等的不确定性造成的；三是创新的市场性，即技术创新必须围绕市场目标进行；四是创新的系统性，即技术发明的成果只有与其他一系列技术相匹配并形成产业技术，才能生产出产品和商品；五是创新的社会性，即技术创新的活动和目的只有在具备一定的社会经济条件下才能得以实现。

技术扩散是指技术创新的成果通过不同的渠道在一个社会系统的成员中的传播过程。一般来说，技术扩散需由扩散主体通过某些渠道向潜在接受者传递；扩散发生与否取决于企业成本与对收益的期望；扩散过程中需要通过顾客对企业产品的选择来促进企业对创新技术的采用；实现技术创新的良好扩散需要一个竞争的市场。

(三)技术创新的机制和模式

技术创新是一种以市场为导向，以提高经济效益为目标，从新产品和新工艺设想的产生、研究与开发、工程化、商业化生产到市场应用整个过程的一系列活动的总和。技术创新是跨越科学技术领域和经济利用的活动，因此与发现活动、发明活动以及一般的经济活动有着清晰的界限。技术创新活动的本质,从技术上看是理论向现实产品的转化,从经济上看是由于新技术的应用而取得高额的利润或社会效益。其实质是将新技术所具有的新观念、新设想、新方案和新模式产品化、商业化,并在市场上取得成功,从而实现科学技术向现实的生产力的转化。

1.技术创新的机制

技术创新机制主要包括动力机制、运行机制和创新激励机制。

要推动技术创新,首先必须要解决创新的动力问题。完善的技术创新动力机制,是推动技术创新持续不断进行下去的重要制度保证。企业是技术创新的主体。从企业整体的创新动力机制来看,影响企业技术创新动力的因素很多。在构建企业技术创新动力机制时,应主要考虑以下三个方面:第一,企业产权性质;第二,企业所处的市场环境;第三,创新技术获取的难易和技术本身的复杂性等。企业技术创新的动力有两类:一类是由企业创新主体基于自身需要所产生的创新动力,称为内部动力;另一类是由外部环境因素所导致的创新动力,称为外部动力。

技术创新的运行机制主要包括:创新决策机制、创新研究与发展机制、创新实施机制、创新实现机制、资源配置机制、评价与控制机制、研究与发展等。技术创新决策是整个技术创新行为中最为重要的环节,决策的正确与否、优化与否直接决定了技术创新的成败;企业技术创新研究和发展既是企业技术创新决策的必要依据,又是决策的直接延续;企业技术创新实施是创新方案通过评估和中试之后的物化过程,也是把创新研发成果变为企业直接生产力的过程;企业技术创新的实现是企业通过积极的销售活动和售后服务使自己的创新产品迅速进入市场,占有、巩固并不断扩大市场,以实现创新所追求的目标,使企业实际获得经济效益的过程。

创新激励机制主要包括企业激励、产权激励、市场激励和政府激励四种形式。企业激励是一种内部激励；产权激励通过确立创新者与创新成果之间的所有权关系来推动创新活动；市场激励通过市场力量来推动创新；政府激励应被视作是前几种激励机制不能有效发挥作用时而实施的辅助措施。以上四种激励机制互相作用，构成了一个创新的激励系统。

2.技术创新的模式

技术创新是始于研究开发而终于市场实现的动态过程。技术创新的过程涉及许多因素，这些因素组合与配置的方式及其结构上的差异就构成了技术创新的不同模式。

根据技术创新动力源的不同，人们将其分为技术推动模式、市场拉动模式以及两者的组合。技术推动的创新是指由技术发展的推动作用而产生的技术创新。技术推力表现为科学和技术的重大突破，使科学技术明显地走在生产的前面，从而创造全新的市场需求或是激发市场潜在的需求。市场拉动的创新是由市场需要牵引的创新。市场需求为产品和工艺创新创造了机会，人们需要根据市场需求去寻找可行的技术和工艺。创新是市场需求引发的结果，而不是技术发展推动的结果。技术与市场交互作用的创新过程模型，强调在创新全过程中技术与市场这两大创新要素的有机结合，认为技术创新是由技术和市场共同引发的，技术推动和市场拉动在产品生命周期及创新过程的不同阶段有着不同的作用。单纯的技术推动和市场拉动创新过程模型，只是技术和市场交互作用的创新过程的特例。

根据技术创新的方法，人们将其分为三种基本模式：自主创新模式、模仿创新模式和合作创新模式。自主创新是指创新主体以自身的研究开发为基础，实现科技成果的商品化、产业化和国际化，获取商业利益的创新活动。自主创新具有率先性，通常率先者只有一家，其他都只能是跟随者。模仿创新是指创新主体通过学习模仿率先创新者的方法，引进、购买或破译率先创新者的核心技术和技术秘密，并以其为基础另行改进的做法。模仿创新是各国企业普遍采用的创新行为。合作创新是指企业与科研机构、高等院校之间联合开展创新的做法。合作创新一般集中在新兴技术和高技术领域，以合作研发为主。以上三种创新模式各有优缺点，采用这些模式也需要有不同的条件和要求。

四、科学技术与社会

20 世纪以来，伴随着科学技术的社会功能的加强，科学技术不再仅仅是科学家的个人爱好，也不再是能工巧匠的独门技艺，而成为对于自然社会历史发展具有重要推动力和影响力的关键因素。科学家与技术专家之间、科技专家与民众之间的联系日益密切。科学技术创新越来越成为促进社会生产力提升的重要环节，对人类社会的影响越来越深刻而广泛。这时，人们逐渐认识到科学技术不仅仅是一种智力活动，更是一种社会活动，科学是“社会的科学”。科学技术社会化和社会科学技术化的双重趋势愈发明显。

（一）科学技术的社会化

19 世纪以前，科学劳动基本上是科学家个人的活动，带有明显的个体性甚至业余性。科学的发展更多依靠科学家个人的才智、兴趣、爱好、责任感、义务感以及个人不懈的努力，科学家之间缺乏广泛的社会联系和学术交流与协作。19 世纪以后，科学技术与社会生产的联系日益紧密，从而出现了“小科学”向“大科学”的过渡，科学的发展更多依赖科学家群体，科学活动从自由研究进入更大规模的实验室研究，技术研究进入高技术领域，科学技术活动出现了职业化、社会化和建制化的新特点。所谓"科学的社会建制化"，是指科学事业成为社会构成中的一个相对独立的社会部门和职业部类的社会现象，它从科学家的社会角色、科学共同体及其活动、规范等方面反映了科学与社会的关系。科学技术建制化的主要标志是科学共同体与技术共同体的产生与形成，旨在协调科学技术业和其他事业同步发展的相应社会规范与行为准则的建立的。

当前科学研究的规模已发展到国家规模甚至国际规模，科学研究的社会支持系统也日益庞大和完备，社会投入巨大的人力、物力、财力支持科学技术发展。当代科学革命和技术革命逐渐汇合在一起，科学与技术的结合日益紧密，从基础研究到应用研究的过程更加集约，周期日益缩短，科学与技术之间很难再划出清晰的界限。当前的科学技术与社会科学也逐渐实现相互渗透与融合，科学技术的发展与社会科学越来越深刻地结合起来，形成一批自然科学与社会科学的交叉学科与边缘学科，使得社会科学的研究越来越严谨，自然科学的研究越来越适应社会的需求。当前，科学技术工作者和科学技术管理者已成为规模巨大的社会阶层，他们以其智力、思想、方法为社会创造巨大的物质财富和精神财富，也深刻影响着社会，成为社会文化的重要组成部分。科学技术新成果的发展直接推动科学技术产业化的形成，科学技术作为一项独立的产业，成为国民经济的重要组成部分，科学技术研究的产品与成果已经作为商品进入流通领域，科学技术研究成为一个能够独立开展生产、再生产的社会子系统。

(二)科学技术的社会功能

一个稳定存在的社会一般由经济、政治、文化三个子系统组成，如果按照科学技术对社会子系统的作用范围来划分的话，科学技术的社会功能可以分为科学技术的经济功能、文化功能和政治功能三种类型。从社会发展的历史进程来看，科学技术的社会功能不是与生俱来、一成不变的，而是随着社会进步的历史进程不断扩展的。科学技术的社会功能从经济领域开始，然后逐步扩大到文化、政治领域，其影响重心正在从经济基础领域向上层建筑领域逐步转移。

1. 科学技术的经济功能

“科学技术是生产力”是一个历史命题。经典作家已经指出，在大机器生产方式确立以前，人类的生产主要凭借经验，因此，科学技术尚未成为生产力。大机器生产方式的确立，“第一次使自然科学为直接的生产过程服务”，“第一次产生了只有用科学方法才能解决的实际问题”，“第一次达到使科学的应用成为可能和必要的那样一种规模”，“第一次把物质生产过程变为科学在生产中的应用”[①]，科学技术开始真正成为生产力。如今，随着科学技术与现代生产力系统的紧密融合，科学技术研究的范围不仅仅局限于生产过程中的硬件设施，而且涉及生产过程中的软环境，科学技术不再只是体现为一些类似机器设备、能源供应等静态成果，而且还体现为工艺程序、生产组织形式、生产管理方法等动态成果。科学技术广泛而深入地渗透到生产力系统的各个层面，成为社会经济发展的主要源泉，最终决定着社会生产关系，并进而决定了社会经济关系。

2. 科学技术的文化功能

科学技术作为一种社会的观念形态，本身就是人类探索自然和社会规律的文化活动的过程和结果。就过程而言，科学技术研究的过程是一个执着追求、艰苦奋斗、密切合作、求真务实的过程；

① 《马克思恩格斯全集》第2卷，人民出版社2005年版，第347页。

就结果而言，科学技术是上述精神的凝聚体。在各种社会实践过程中，科学精神和科学态度逐步成为人类进步的道德规范，成为人类精神文明不可缺少的组成部分。科学技术知识和科学技术精神不断融入人类社会生活实践的过程就是科学技术文化功能实现的过程。

3.科学技术的政治功能

科学技术的政治功能是科学技术功能扩展的重要表现，它实际上可以被看作是科学技术经济和文化功能发挥作用的高级阶段，也是科学技术的经济和文化功能发挥作用的必然结果。随着新科技革命的到来，科学技术的社会功能的重心也必将逐步向政治领域转移。首先，科学技术具有强大的政治革命功能。科学技术通过作用于生产力的三要素，促进生产力发展，引发产业革命，从而引起产业结构和阶级、阶层结构的流动和利益的重新调整，新的阶层和利益格局必然会引起上层建筑的剧烈变革，这其中自然也包括意识形态的革命。其次，科学技术在政治领域表现出强大的建设性作用。人类社会在经历过农业社会、工业社会进而步入信息社会之后，一个国家的国际地位、综合国力、国防实力在根本上取决于其科技发展水平；整个社会的文明进步、全人类的共同利益的实现在很大程度上也必须依赖科学技术的发展程度。一些国家科技战略的实施直接影响着人类社会的政治格局，关系到人类的和平与发展。目前，人口膨胀、环境污染、恐怖活动、疾病挑战等全球性问题威胁着人类社会的可持续发展，这些全球性问题正逐步成为全球最大的政治，它们呼唤着科学技术的规范发展和合理运用，推动着人类社会最终建设起和谐的政治文明。

（三）科学技术价值论

通常来讲，人们对科学技术的外在（外显）功能价值或工具价值都并不否认，都承认科学技术对人类社会的有用性和人类社会对科学技术的需要性的客观存在。但是，人们对科学技术的内在（内隐）价值的认识却并不统一，关于科学技术是否内蕴价值、如何内蕴价值的问题众说纷纭，形成了多种立场和观点。

1.科学技术价值中立论

科学技术价值中立论也称"科学技术与价值无关论"，它强调科学技术不受价值约束或者无价值约束，在现实中也常常被人描述为科学技术工具论。这种观点包含两层中立的含义：一是科学技术是供人类达到某种目的的手段或工具，科技是外在于人的工具，不具有主体选择性，因此科技本身是无所谓善恶的，是中立于善恶之间的；二是科学技术可以在各种宗教与哲学、阶级与国家、集团与派别之间被分别发展和利用，由此表明科学技术可以在不同的意识形态的对立中保持中立。

科学技术价值中立论在科技思想史上一度占有重要地位，直至今天仍然有不少追随者和辩护者。诚然，这一学说强调了科学技术认识中的客观性原则，对于科技工作者在研究过程中从科学技术自身的逻辑来研究科技本身来讲，是有积极合理意义的，它可以帮助人们排除价值判断的非确定性干扰，从而专注于事实判断以获取确定性知识。遗憾的是，科学技术归根结底是在人们的实践活动之中创造出来并应用于解决实际问题之中的，科学技术与人和社会是不可能分离割裂开来的，因此科学技术与价值的绝对无涉在现实中很难实现。

2.科学技术负荷价值论

伴随着科学技术的发展和对科技现象的深刻反思，很多学者开始批判和质疑科学技术价值中立论的观点，并明确提出科学技术价值负荷论。他们强调：科学技术的全过程渗透着价值因素，负载着价值判断，科学技术不是一种用以进行纯粹事实判断的个性工具，而是出现于特殊的社会背景之下的复杂事物，是事实判断与价值判断的统一。人们必须要对科学技术的后果从得与失的角度进行比较和衡量，因此，人们也必须要了解科学技术与制度、文化等不同价值环境之间的相互作用。这种观点至少包含两层意思：其一，科学技术知识体系本身就渗透着价值和价值判断的因素；其二，科学家或科学技术共同体在科学技术研究活动过程中是不可能脱离价值判断的。不论是科学技术的社会化趋势还是社会的科学技术化浪潮，都充分表明：科学技术与价值的分离似乎不再可能，价值因素已经内化于科学技术的社会结构之中。

3.科学技术价值张力论

面对科学技术价值中立论与科学技术价值负荷论的尖锐对立，有学者批判地吸收两种学说的合理成分，试图走中间路线，并提出科学技术价值张力论。与对科学技术与价值的关系作出简明论断不同，持科学技术价值张力论的学者们认为，对科学技术与价值的关系的理解和认定应该是弹性的、有伸缩性的。科学技术与价值绝对无涉在当前科学技术实践中的确很难实现，此观点略显不合时宜。但是，其理念影响在实证论倾向的科学技术领域却具有重要意义，对于确定性知识的寻求和保持科学规律的客观性本质极为重要。与此相对，科学技术负荷价值的观点在实践中备受推崇，对于规避科技异化风险的意义也非同寻常。但是，这种思想却极易滑向相对主义的边缘，使得科学技术脱离客观本质而被主观价值掌控。科学技术是个复杂事物，要对其进行细致分类和梳理才能看清它与价值之间的关系，有些部分可能涉及价值，有些部分可能与价值无关。也有人认为，科学技术发现与整个科技运行活动是应该严格区分的，科学技术发现应该与价值无涉，但科技运行必然关系价值问题。

(四)科学技术运行与人文关怀

当代科学技术的发展,一方面使人们的生活质量不断提高,极大地推动了人类社会物质文明和精神文明的发展;另一方面,也将人类推向了不可持续生存与发展的危险边缘,给人类社会带来巨大的不确定性。如何使科学技术最大限度地造福于人类,减少或避免科技负效应的产生?答案只有一个,那就是人类应当真正把科技发展与人文关怀有机融合起来,以确保科学技术发展沿着正确方向前进,除此之外,别无他途。

1.整合科学精神与人文精神

科学技术的核心与精髓是科学精神,人文文化的核心是人文精神,对于科学技术进行人文控制最深层的要求是在科学精神中注入人文理性和人文思考,以实现科学精神与人文精神的有机整合。科学精神与人文精神既是相互差异和相对独立的,又是相互依存和相互促进的,两者对于人类来说都是不可或缺的。整合科学精神与人文精神就是把求实与求善结合起来,使科学技术的运行过程始终贯彻一种人文思考与人文追求,把工具理性与价值理性协调起来,以价值理性统驭工具理性,努力促使科技成果的创造与应用产生良好地满足人的需要、推动人的解放、增加人的幸福和促进人的发展的主体价值功能。

2.确立科技发展的人文目标

所谓确立科技发展的人文目标,就是要把人放在科技发展的主体、中心和根本目的的位置上,建立起科技发展对于人的生理需要和精神需要的满足程度、对于人的体质健康和精神愉悦的增加程度以及对于人的人格发展的支持程度等诸方面的预期目标模型。然后,根据这一主体性目标模型来配置科技资源,调节科技运行和促进科技发展，在科技发展同人的人均收入、预期寿命、教育程度、人格发展、生活质量与幸福增进程度之间形成一种相互促进的良性循环机制。

3.健全科技运行的人文规范

从微观个体角度说，健全科技人文规范就是健全科技人员的科技道德意识规范。要在科学共同体内部大力倡导已被实践证明并体现了科学精神要求、反映了科学发展规律的科学行为规范，亦即著名的普遍性、公有性、无私利性和合理怀疑性规范，使广大科技人员自觉遵守科技基本制度并具有良好的科学人格。从宏观层次上说，就是要求国家和政府加强科技道德立法，制定科技道德政策，开展科技道德教育和严格科技道德控制，将科技活动系统纳入法制化、社会化的轨道，使科技运行的各个层次、环节、方面都受到有效的道德主导、道德调节和道德约束，从而确保科技成果的人道化和生态化应用，产生积极的人文效应和人类价值。

4.平衡科技教育和人文教育

科技教育和人文教育是人类教育体系中的两大基本门类。这两大基本教育门类之间存在着内在的相互渗透和互相制约的密切联系，科技教育能够提高人的数理素质和实用技能，为人文教育提供必要的物质基础和技术条件，而人文教育则可以改善人的精神素质和提高人的人格品位，为科技教育提供价值目标和文化指导，两者之间任何一方的滞后都将造成科学系统的生态失调，并将严重制约人的全面发展和社会的全面进步。为了使当前的科技发展能够切实承载人文目标、接受人文控制和促进人文发展，必须大力加强人文教育工作，使其与高度发展的科技教育保持综合平衡与协调发展。

总之，现代社会是一个复杂的社会系统，由其形成的子系统都共同处于错综复杂的关系之中。科学技术子系统也必然和其他子系统相互联系、相互制约与相互作用。因而,研究科学技术的社会运行,必须从社会大系统的视角来考虑,对科学技术活动进行合理的调节控制,保障其健康持续地运行和发展。

第三节 宗教哲学

宗教哲学,顾名思义,指的是以宗教为研究对象,运用哲学方法加以研究的一门学科。哲学与宗教的这种关系既需要我们了解和把握二者之间的不同,也需要我们了解和把握二者结合在一起的缘起和经过以及二者结合的历史与现实。

一、宗教哲学的含义

从宗教哲学的定义上来讲,可以有广义和狭义两种理解。广义上的宗教哲学是指通过哲学的方法研究宗教的核心议题。例如,上帝是否存在?如何证明上帝存在或者不存在?既然上帝是"全知、全能、全善"的,那为什么人世间还有那么多的痛苦?人类的命运究竟由谁主宰?等等。它的特点是对宗教进行理性地评估,思考的对象是各种宗教现象或者宗教观念,其方法是哲学的、理性的和逻辑的。因此,广义上的宗教哲学往往被视为哲学这门学科的一个重要组成部分,与形而上学、认识论、伦理学、美学、逻辑学等并列。

狭义的宗教哲学则是指站在某个宗教的立场上,对其信仰进行解释。由此可分为基督教哲学、伊斯兰教哲学、佛教哲学、犹太教哲学等。它的对象是各个宗教的信众所秉持的宗教观念,其方法既有理性的也有非理性的,但其立场一定是宗教的。

相比较而言，狭义的宗教哲学与神学更接近，但神学主要研究的是神以及神与世界的关系，宗教哲学的研究对象则要宽泛得多。而广义的宗教哲学更近于哲学，但哲学思考的是宇宙及人生，因此广义的宗教哲学的对象又比宗教哲学更加宽泛。宗教和哲学原本分属于两个不同的领域，各有各的领地，但在历史发展中却呈现出若即若离、分分合合的复杂景象，而且还催生出宗教哲学这样一个新的领域。宗教和哲学如同开始时的两个陌生人，因机缘际会时走到一起。究竟是什么原因让二者一方面保持独立，另一方面又时而融合，时而碰撞呢？下面就让我们来了解一下宗教和哲学的区别。

二、宗教与哲学的区别

雅典代表了古希腊哲学的理性传统，而耶路撒冷代表了西方宗教信仰的传统。雅典与耶路撒冷二者的冲突与联系构成了西方文明历史中一个不可回避的重要议题。首先，哲学与宗教的对象是有区别的。从表面上看，宇宙与人生的问题都是哲学与宗教探讨的对象。但如果详加考察，我们就会发现：哲学的对象和内容大部分都是经过人的头脑加工过的抽象概念，也就是我们常说的形而上学的东西；而宗教的对象和内容大部分则是与奇迹（或称“神迹”）相联系的类比性经验事实（因为其中有很多不是我们能完全依靠直观体验到的经验事实）以及与幻觉联系在一起的神秘观念。

首先，哲学与宗教的研究对象不同。无论是按照传统的唯心主义标准，还是按照现代的经验主义标准，哲学探讨的无非是概念知识和经验事实这样两种对象。但是，对于上述二者的来源，哲学与宗教有着不同的理解：哲学认为自己的研究对象都是来自此岸世界的经验知识，属于作为主体的人可以掌握的知识，而先验的知识更多地表现为人内在的一种机能而不是思考的客观对象;宗教研究的对象则是来源于彼岸世界的超验性知识,需要依靠作为主体的人通过幻想或者超理性的神之启示而获得。所以,哲学要求人们献身于追求知识和探索真理,而宗教则要求人们献身于神对自己的拯救;哲学要求人们积极入世,而宗教则要求人们消极出世。作为哲学对象的概念来源于人们的经验分析和总结,而作为宗教对象的概念则来源于人们对于超验的东西的绝对迷信。哲学的对象总是相对于形成它的那些经验事实或者前提概念而有限存在的,而宗教的对象(如上帝)总被认为是绝对超验的无限存在。

其次,在方法论上,哲学与宗教也有着明显的区别。例如,黑格尔认为,哲学是用思想来把握宇宙整体,而宗教只是用信仰的方式,即通过表象的直接方式来体会宇宙整体。实际上,在黑格尔之前的西方思想家就一直坚持认为,哲学的方法是依靠理性来推理,对经验性的事实进行示范性的解释;而宗教使用的是信仰辩证方法则要求人们先相信某种前提的真实性,然后再在这个基础上进行推理。哲学的理性推理是从对经验事实普遍有效的前提出发,然后从这些前提中逻辑地推导出结论。例如,对于上帝是否存在这一传统的宗教命题,哲学所考虑的是这一命题与我们日常的经验事实之间能否建立起有效的关联,如果两者能吻合,则可以推论出上帝存在,否则就会得出上帝不存在的结论。哲学推论除了要考虑命题本身与经验事实的有效关联之外,还要考虑推论本身的逻辑性,也就是说,要看推论的过程中有没有违反逻辑规则之处,如果没有,那就可以继续推论,最后得到的结果也是有效的。宗教使用的方法则很不一样。它首先要求人们先相信上帝存在,而不管它是否能与经验事实建立起关联。然后,在相信上帝存在的基础上,再把某些经验事实当作上帝存在的结果进行演绎。例如,在基督教那里，神学家们首先认定上帝存在，然后再将耶稣受难这一经验事实（或者只是可能性的经验事实）当作上帝拯救人类的结果。这就是先从相信上帝存在，再来演绎其他宗教行为的信仰辩证方法。很显然，这种方法只能在宗教传统内部才能被不加怀疑地接受。

尽管宗教与哲学在对象和方法论上有着这样或那样的区别，但却丝毫没有影响两个不同领域的思想家跨越各自的边界去深入地了解彼此。

三、宗教哲学的历史与现实

如上所述，宗教和哲学虽然有很多区别，但历史最终还是将二者撮合在了一起，宗教哲学就是宗教与哲学二者结合之后产生的成果。二者之所以能够结合到一起，一个重要原因就是他们拥有共同的主题，即理解人类和现实的整体世界。这个主题构成了哲学研究的伟大传统，这一传统也赋予了哲学不能被任何具体科学所取代的地位。与此同时，神学唯有探讨世界和人类的创造者，并与理解人类和现实的整体世界联系起来，才能恰当地谈论神。在这一方面，神学需要哲学的批判性反思，反之则可能误入歧途。而哲学如果不考虑神学及其对人类本性和世界整体的意义，就不能全面理解身处现实世界中的人。神学从神及其启示中出发思考人的存在和整体世界，而哲学则从人类和经验世界出发来追问其存在的终极依据。

在世界几大宗教传统中，宗教与哲学的结合有着不同的历史发展过程和结果，而且线索错综复杂。应该讲，二者结合的道路并不平坦，对此历史上曾经出现过四种不同的态度。第一种态度是认为哲学与神学是对立的。著名的基督教神学家德尔图良曾经说过这样一句名言:“雅典与耶路撒冷有什么相干?学园与教会有什么相干?”所谓的“雅典”和“学园”代表的就是哲学,而耶路撒冷和教会则是神学的象征。虽然德尔图良和后世的宗教改革家马丁·路德在谈起哲学的时候颇多激愤之词,却都不拒绝和反对在神学中运用哲学。第二种态度是认为神学才是真哲学。站在这个立场的神学家们把信仰当作真正的智慧,而哲学的作用仅仅在于寻求智慧。因此,神学之外无真理,哲学只是神学的奴仆。第三种态度是认为神学高于哲学。因为神学是超自然的,而哲学则是关于自然知识的最高形态。第四种态度是认为哲学关于神的认识比神学更高明。著名的哲学家康德是秉持这种论调的主要代表人物。

综上所述,前三种态度代表的是神学家,他们要么想让哲学消融于神学之中而不留痕迹,要么想让哲学依附于神学。总之,哲学在他们的眼中是不可能与神学并驾齐驱的,更不可能高于神学。第四种态度代表的则是哲学家,西方启蒙运动后的哲学家力图把哲学从神学“婢女”的角色中解放出来,并喊出“哲学高于神学”的口号。但无论是神学家还是哲学家,都不曾想过将哲学和神学彻底分开。二者的关系就在这种争论的历史中继续前行,相互融合逐渐成为主流。

哲学和神学的融合体现为相互借鉴和相互吸收。以西方哲学和基督教为例,一方面,基督教神学把大量的哲学思想纳入自身体系。应该说,早期基督教深受柏拉图哲学的影响,它创造性地接受和同化了柏拉图哲学中的很多思想,如柏拉图关于神或者世界本原的学说。除此之外,基督教神学还吸收了亚里士多德的灵魂说和斯多葛学派关于逻各斯、良知、理性控制情感的伦理学学说等。这些都是在经过基督教神学的批判性改造之后,成为基督教神学的有机组成部分。另一方面,哲学也在不知不觉中被基督教所改变。这种改变主要表现为，基督教为理解包括世界及其起源和现实的人，提供了一种新的视角。而对人和世界这种新的理解视角，也成为哲学思考的主题，如历史是一个不可逆并蕴含诸多可能性的过程，基督教“道成肉身”的信仰对理解人的自由具有何种意义等。

神学和哲学之所以会出现这样一种融合，主要源于当初各大宗教传播宗教信仰、阐释宗教教义等方面的需要。正所谓“到什么山，唱什么歌”，宗教也需要培养适合它生长的土壤。比如，佛教从一开始就汲取了印度哲学的丰富思想，传入中国以后又吸收了儒家和道家的很多观点；伊斯兰教也借助了古希腊和古印度的哲学资源；等等。下面以基督教神学为例，简单地介绍一下西方基督教与古希腊哲学二者的融合。

众所周知，古希腊哲学和基督教是西方文明的两大思想来源和主流传统，在后来的历史发展中，二者从相遇逐渐走向相融。基督教与古希腊哲学的相遇始于耶稣基督的授业门徒传道，应该讲，二者从相遇到相融的过程颇多周折。当时，耶稣的门徒走进深受古希腊文化熏染的地域之后，发现那里的人相信的是哲学，而要使这些人皈依上帝，就不能不以“道”来服“理”，也就是以基督教信奉的上帝话语来说明哲学家所探究的“逻各斯”。有一个比较有名的例子，据《圣经·新约·使徒行传》记载，基督教圣人保罗曾到雅典讲道，在此期间还同伊壁鸠鲁派和斯多葛派的哲学家们面对面地进行过辩论。面对古希腊的饱学之士，圣保罗并没有使用基督徒所熟悉的宗教话语，而是采用了更接近这些哲学听众的语言和思想方式来宣传基督教信仰。当然，从结果来看，圣保罗的这次讲道并没有达到他的目的，古希腊的哲学家们也没有轻易地接受圣保罗的说辞。因此，早期基督教神学家对待古希腊哲学的态度是很复杂的，有主张全盘接受的，有坚持完全否定的，还有倡导改造利用的，但其立场是一致的，都是为了维护基督教信仰。

从历史发展来看，占据主流的或者说对后世起主导作用的是改革利用派，这主要归功于基督教神学历史中的两个里程碑式的人物，一个是奥古斯丁，另一个是托马斯·阿奎那。他们被誉为“基督教神学大厦的奠基者和完工者”，也就是说，在他们那里，基督教与哲学实现了真正意义上的融合。奥古斯丁是用柏拉图的哲学思想来阐发基督教的基本教义，而托马斯·阿奎那则构建了宏大的“神哲学体系”，这个体系借鉴了亚里士多德的哲学概念，全面梳理和论证了基督教教义所面临的主要理论难题，从而使基督教与哲学达到了空前的和谐。在此之后，基督教与哲学的融合在基督教那里不仅形成了正统的神学体系，而且产生了基督教神学这一传统。从西方传统文化的形成过程来看，基督教思想家之所以要积极地把基督教与哲学融为一体，不仅是为了用前者来驾驭后者，而且也是为了调和西方思想两大传统来源相遇之后出现的主要矛盾，即古希腊哲学传统（理性）与基督教（信仰）之间产生的冲突。

“宗教哲学”这个概念的产生是相对较晚的事。18 世纪开始的欧洲启蒙运动不仅使哲学传统中的理性成为人们普遍接受的知识性概念，而且也成为衡量社会现实生活的评判标准。过去的一切观念和价值都必须接受理性的检验，由理性为其提供合法存在的依据。在这一大的背景下，传统的宗教价值观念也概莫能外。中世纪及之前高高在上的宗教，这时也不得不低下高贵的“头颅”接受启蒙运动及后世的思想家们对其提出的各种挑战，并依照理性的标准对那些以前被奉为至高无上和不可怀疑的“金科律令”进行自我审查和辩解，如上帝存在、意志自由、灵魂不灭等。在对传统宗教这些神圣观念的质疑和批判的过程中，经验主义哲学、唯心主义、批判哲学这样一些哲学流派主导了 18～19 世纪西方的哲学领域，进而成为 20 世纪宗教哲学的直接渊源。

在休谟、康德和黑格尔的著作中，我们看到了这一时期不可阻挡的理性思潮对传统宗教问题所做的系统性思考。在这些系统的、充满怀疑主义和批判色彩的思考中，考察的对象仍然是中世纪遗留下来的老问题。例如，如何证明上帝存在还是不存在，上帝的本质和特征是什么，如何看待上帝的全知全能全善和现实的罪恶之间的关系等，但是，讨论和解释这些问题的立场与方法则发生了翻天覆地的变化。

西方文化传统中讨论持续时间最长久、争论最激烈的一个重要问题就是人与神的关系。在西方启蒙运动之前的传统中，人总是与罪孽、苦难、生命脆弱而短暂等观念联系在一起，而神总是与救世主、全知全能全善、永恒、天国等观念联系在一起。在古希腊、古罗马时期，西方还处于人神关系的探索阶段，这时候的神还带有人的某些有限性特征，还没有能够建立起对人的绝对权威，人在神面前仍然保持着相当程度的自由和尊严。比如，在《旧约》中上帝经常以一副愤怒者的形象出现。据其记载，上帝见人类犯了极大罪恶而又不思悔改，于是用洪水毁灭了天上地下一切活着的生物。只有诺亚和家人事先得到了上帝的指示，建造了一艘大船，这才得以幸免于难。

然而，进入中世纪以后，情形发生了很大的改变。这时候神被赋予了各种无限性的特征，并确立了对人的绝对权威。人在古希腊、古罗马时期培育出的自由和尊严以及相应的智慧活动(科学和哲学)，都变成了神的“婢女”和“奴仆”。然而，被暂时压抑的理性并没有停止反抗，怀着对古希腊、古罗马时期的自由和尊严的憧憬，西方启蒙思想家开启了文艺复兴和启蒙运动的大门，为的就是破除中世纪时神对人的绝对统治，激发人自身的想象力和创造性。宗教与哲学的这种碰撞在经历了15～16世纪的文艺复兴运动、宗教改革运动，16～17世纪的天文学、物理学和数学的革命性发展之后，到18～19世纪便孕育出了欧洲近代经典的哲学。

欧洲近代经典哲学诞生之后，开始对过去特别是中世纪人们信以为真的宗教问题提出了质疑。经验主义就认为，传统宗教只有首先给作为主体的人提供可以直接感受的经验，其论点才能在他们那里站得住脚，并为其所接受。而唯心主义则提出，传统宗教所宣扬的上帝观念必须能够像人心中的理念一样被理性地证明，否则就只能用理念取代宗教中的神。在对传统宗教问题的反思中，经验主义极大地受益于科学知识和技术进步，而唯心主义则借重了哲学的理性或者逻辑学规则。

从经验主义和唯心主义对宗教问题所做的哲学思考中，宗教哲学作为一个明确的学术领域也日渐成型，逐渐形成了近代经验主义和唯心主义两个相互区别又相互联系的宗教哲学传统。

有趣的是，由于哲学与宗教之间这种剪不断理还乱的关系，当代西方一些大思想家经常同时拥有哲学家和宗教哲学家或者神学家这样两种头衔。就当代西方思想界的情况来看，传统的神学家谈论的问题也成为哲学家的议题，而传统哲学家探讨的议题和使用的方法又深刻地影响着神学家，以至于当代许多被视为宗教哲学的议题也带有明显的神学色彩；神学的议题也在哲学的领域被公开讨论。

从神学对哲学的影响和联系方面来看，神学为哲学提供了讨论的素材，而为了更好地消化这些材料和更有效地讨论神学问题，哲学家也必然要对神学本身进行深入的了解。神学又总是在理论上为宗教的合理存在争得一席之地，所以也大量借鉴哲学的方法，并主动了解哲学的内涵。两者的关系因此而变得更加难解难分，两个领域内的学者对于寻找共同的内容和追求新的讨论方法的兴趣也变得越来越多。反映在宗教哲学中的这种联系就是，许多传统上属于神学的议题不仅被哲学家用理性和逻辑的方法所探讨，而且某些神学家也大致采取了同样的路数来讨论这些问题。同样，某些哲学家也不断利用情感体验的参照系去分析和解释传统宗教的议题，承认它们在塑造信仰者的心灵方面的意义。

当代西方宗教哲学中的这些特点，不仅是哲学与宗教相互批判和借鉴的结果，也是哲学与宗教联系日益密切的依据。一个宗教哲学家既可能是一个哲学家，也可能是一个神学家。这种可能性也揭示了当代西方宗教哲学自身发展的一些特点：在当代西方社会发展的初期，宗教哲学的发展倾向于哲学化的，而新近的发展倾向又变得有些神学化了。对于这样一种发展，我们没有必要因此就说宗教哲学回归到了传统的神学，而是可以将这种新的情况理解为哲学和神学都在各自的内容和研究方法上发生了许多变化，这些变化也导致了它们之间相互关系的变化，让其从传统的相互对立、相互排斥转变为相互批判和对话。

第四节　法哲学

法哲学是对法律所进行的哲学反思和探讨。所以，最基本同时也最重要的一个法哲学问题就是：什么是法律？最直接也最素朴的答案就是，被制定在法典之中的法条就是法律。但是法律所指涉的其实并不仅止于法条文字，其所包含的是复杂的制度运作与社会现象，所以“法律是什么”才会成为一个看似简单，但极为多元复杂的法律哲学问题。法律不像是科学中的定律，因为法律牵涉人类社会中的群体活动。

一、法哲学的定义与研究对象

哲学，是对人类知识的总结和概括。任何阶级和学派的法学理论，都是以某种哲学为理论基础的。在思想史上，哲学曾经作为“科学的科学”而出现，独立为一个体系。法学也曾是这个体系的一个环节。19 世纪中期以后，法学从哲学中分化出来，成为一门独立的学科。法哲学是对法的一般基础的哲学反思，德国哲学家黑格尔曾明确宣布法学是哲学的一个部门。但这并非意味着法学脱离了哲学。法学与哲学的关系在法哲学中表现得最为明显。

法哲学是一门对法律现象、法学的基础信念乃至对法学本身进行反思的学问。随着法学在世界各地的发展，在不同的场合或学术脉络之下，法哲学又被称为“法理学”“法律基础理论”，有时更会被归入基础法学当中。

法哲学侧重于研究法律的一般性、普遍性问题。因此，可以将其概括为对法律的社会现象进行的最基本、最一般、最理论化层面的分析。法哲学是以揭示法与法律体系的基本原理为目标的，关于法的抽象的、一般的理论研究；法哲学是对法律的一般性研究，着重于考察法律中最普遍、最抽象、最基本的理论和问题。国内学者对其概念的一般解释有，法哲学即“法学基础理论”的简称，研究法的一般理论，特别是我国社会主义法的基本理论；法哲学是以理论形态存在的，以法的普遍适用的原理、范畴、原则、规律、价值等作为研究对象的法学分支学科；法哲学是一门研究所有法律制度中的一般问题、原理、原则和制度的学问。

二、法哲学的历史发展

在古希腊时期，法哲学着重于法价值论，以自然法论为主，是人们探讨正义为客观或主观的产物。例如，毕达哥拉斯认为正义是客观存在的，如同正方形或是任何数之平方，具有客观一致的特性，正义亦是原本已存于人心的。赫拉克利特亦主张万物虽不断改变着形态，但仍有一定的理法可依循，而自然的理法即是正义的标准。

苏格拉底认为正义并非是全然客观或主观的。因正义之判断，虽然在很大程度上属于个人主观认定，但众人仍有高度的一致性。他亦强调守法的重要性，认为纵使是恶法亦好过无法，遵守法律、秩序即是正义之表现。

柏拉图对于正义之判断采取了直观主义之立场，认为虽然正义是客观的存在，但正义并不能仅根据自然理法加以发现，必须借由学者或哲学家以直观的理性来加以认识。

亚里士多德以“本质论”作为认识正义的方式，认为世界上的每个事物皆有其成为该事物不可或缺的本质，而要认识事物，就要从事物背后的本质加以了解，唯有从事物本质所获得的知识才是真正的知识。由此他认为法律体现正义，而正义则意味着平等。他进而以“分配的正义”及“平均的正义”两种类型加以观察，且论及自然法和实证法的区分问题。

在古罗马时期，古罗马文化受到古希腊斯多亚学派的影响。自然法论者西塞罗提出了自然法学说，他主张：“真正的法律是和自然一致的正当理性，它是普遍适用的、不变的和永恒的，它命令人尽本分，禁止人们为非作歹。"[①]这套思想为罗马统治者所认同，与当时的公民法和万民法结合，使自然法思想开始出现于法制之中。

在中世纪的西欧，法学和其他思想都是神学世界观的展现。神学家托马斯·阿奎那深受西塞罗及亚里士多德的影响，其神学理论具有当时最有系统的神学法律思想。他认为，法律是对于种种有关公共幸福事项的合理安排，可由任何负有理社会之责的人予以公布。

在17～18世纪，由于西方社会中的天主教会日渐腐败，资产阶级作为新生阶级出现，他们反对封建压迫、民族压迫及宗教神学。当时的学者赞同理性主义的自然法，强调自我发现及对人的理性的追求，不再诉诸神的睿智，转而诉诸人的理性，形成古典自然法学派，古典自然法学者有霍布斯、洛克、卢梭、孟德斯鸠等，他们各自提出了不同的见解。到这一时期，在西方政治和法律思想史中已明显存在两种不同的倾向：以霍布斯为代表的国家主义及以洛克和孟德斯鸠为代表的个人主义、自由主义。

19世纪初，德国由封建贵族统治，资产阶级尚未崛起。同时期的英国，工业革命已有重大成就，资产阶级主导着统治权，进行着有利于自身的法律构建及政治改革。古典自然法学派渐衰，继起的法哲学学派以德国的历史法学派、哲理法学派和英国的分析学派三者为主。

德国历史法学派的创始人是胡果，主要代表人物是萨维尼。马克思在其早期著作《法的历史学派的哲学宣言》等中，曾批判胡果和萨维尼二人。德国历史法学派代表的是封建统治者的利益，

① 转引自张宏生主编：《西方法律思想史》，北京大学出版社1983年版，第61页。

支持旧有的习惯法而反对制定新的、统一的法律。其后发展为以萨维尼和艾希霍恩为代表的两个不同派别。到 20 世纪初，历史法学派已融入实证主义法学及法律社会学等。历史法学派主张历史进化的程序即法律进化的程序。该学派以黑格尔派为哲学上的立足点和研究的出发点，认为历史是记载人类发展和文化发展的程序。分析学派研究现成的法律，而历史学派则从历史中找出法律，注意历史上关于法律各方面进化的程序。

萨维尼认为，法律生长的背景源自人类的生活习惯。他认为法律源出于历史，是逐渐形成的，而不是由少数人设计确立的。因为人类社会从蒙昧的远古时代，逐渐进步到有组织性的家族，并由家族发展成为部落，由部落组织成国家，经历了一个漫长的发展演化过程，而人类社会的文化是在此过程之中逐渐形成的。所以，法律绝不是一个人或者几个聪明人创造的，完全是由历史上群众生活的习惯而促使其产生的。所以，虽然立法者制定法律，但法律不是立法者所创造出来的，立法者只是把社会上已经有的群众生活的习惯做法，加以整理，以文字形成表达出来。

哲理法学派是对德国唯心主义哲学家康德和黑格尔哲学体系中包括的法律思想的通称。在研究方法上，哲理法学派提出了一套概念分析的辩证思维方法，促使法哲学进入了一个注重综合分析的发展阶段。康德认为，法律是人类自由与和谐秩序的保障。法律的基本内容在于权利，他明确地将权利与义务的划分作为法学的基本内容，这种理论对后世法学理论体系产生了极大的影响。

黑格尔认为，法律的客观基础是意志自由，真正的自由产生于人对理性的全面认识，是正义原则达到自在自为阶段的结果。它首先存在于家庭，而后是社会，最后是国家。所以法律是理性与自由处于国家阶段的产物，它最终必然是国家制定的法典。

至于英国的分析法学派，其创始人约翰·奥斯丁继承了边沁的功利主义思想，以研究实证法为主。这一学派的基本主张是：宇宙间有两种法则，即自然律与人为规则。人类对于自然律无能为力，而人为规则可区分为道德与法律。法律之当然观念是由比较分析而得出，通过比较所有已存在之法律制度，析出共同之观念。例如，“法律”的观念有：不同于劝告，是对外表行为的命令；并非自然发展，乃由某组织体特意制定；若违反，会受到某种组织化力量的强力制裁。

三、用辩证思维推进法哲学研究

法哲学是从哲学角度、用哲学方法研究和思考法学问题的基础性、综合性学科。在法哲学研究中，运用辩证思维，深入研究和处理法治与德治、程序公正与实体公正、理论法学与应用法学等核心范畴之间的辩证关系，能进一步拓宽法哲学的研究视野，提高法哲学研究的理论层次和水平，使其为中国特色社会主义法治建设提供更有力的学理支撑。

（一）处理法治与德治的辩证关系

法治与德治都是中国共产党治国理政的重要方式。如何从法哲学的层面看待法治与德治在治国理政中的地位和作用，如何正确处理二者的关系？这就需要运用唯物辩证法的辩证思维。

用辩证思维的方法来看，法治与德治既有定位与分工的区别，又相互促进和转化，二者是辩证统一的关系。法治具有强制性，通过明确的法律条文规范社会成员的行为，使其正确认识和处理权利与权力、权利与义务等的关系。德治更强调教化的作用，通过调整社会成员的道德心理和价值取向，指导和规范社会成员的行为，促使其在相互之间及与自然、社会、国家之间建立良性互动关系。

但法治与德治不是对立的。首先,法治与德治在价值取向上一致。社会主义法律与社会主义道德,都体现了社会成员的利益诉求,法治旨在维护社会公平正义,这也是道德建设的基本目标之一。法治与德治都是社会治理、社会整合的手段,二者在定位与分工上的差异可以实现其在功能上的互补。其次,法治与德治的边界并非固定不变,二者相互影响。在法治进程中吸收道德准则的相关内容,使部分道德规范具有刚性品质,有利于明确道德的教化与规范功能。德治的目标是构建和谐的社会关系,以道德力量和社会氛围引导社会成员树立并践行社会主义法治理念、坚定社会主义法治信仰。

(二)处理程序公正与实体公正的辩证关系

实现社会公平正义是人类社会追求的目标,而法治建设则是实现这一目标的重要保障。在法治建设中,长期存在关于实体正义与程序正义哪个更重要、二者能否兼得、怎样实现统一等问题的讨论。在现实中,无论是实体优先论还是程序优先论,都有其片面性。正确认识和处理程序公正与实体公正的关系,需要科学运用辩证思维。

司法公正作为法治的内在要求,是司法制度存在的前提和具有权威性的基础,它包括程序公正和实体公正两个方面。在很长一段时间里,二者并没有得到同等的重视。在司法实践中,也存在程序公正与实体公正没有得到兼顾的问题。而以辩证思维来看,二者是辩证统一、不可或缺的。从本质上说,程序公正与实体公正都是司法公正的特征,只是侧重点有所不同。实体公正更多地体现了司法公正的价值追求,而程序公正更多地关注司法公正的实现机制和路径。但是,正所谓理想的正义是形式要素和实体要素之和,因此,在二者关系上采取非此即彼的态度是片面的。同时还应看到，程序公正与实体公正是动态的统一。一切司法活动都必须在法治的框架内进行，法治原则是程序公正与实体公正辩证统一的基础，二者的实现过程均不能突破法治底线。任何一名司法工作者都不能以追求实体公正为名而改变已确定的法律规则；同样，片面遵循程序优先而忽视个案中的实体公正，也是不应被提倡的。在具体司法实践中，司法工作者有一定的自由裁量权，可以针对个案情况，在对程序价值和实体价值的追求上有所侧重，即在动态中追求程序公正与实体公正的辩证统一。

（三）处理理论法学与应用法学的辩证关系

法学有理论法学和应用法学之分，二者共同构成完整的法学学科体系。理论法学主要解释法现象的价值观与方法论的问题，是由本体论、价值论、社会论、法治论、方法论等组成的科学体系，包括法理学、法经济学、法社会学等。应用法学主要解释各个具体法律部门中的法现象，是由特定主体适用法律的方法、技术、原则以及规律组成的学科体系，包括宪法学、行政法学、民商法学、刑法学和经济法学等。理论法学与应用法学共同服务于法学发展。如何处理好二者的关系，是法哲学研究的重要课题之一。

法学的发展是从理论法学到应用法学、再从应用法学到理论法学的过程，两者相互作用、相互影响。一方面，理论法学为应用法学提供理论依据、理论指导、体系范式，为法律的应用提供智力支持，为我国法治建设提供方向性指引。例如，如果立法者不能深刻地理解法律规范的合理结构、立法的一般技术、法律的价值追求，就不可能有良法的产生；如果执法者不能很好地理解和体现法律的原则、精神和价值，就不可能运用好手中的自由裁量权。另一方面，应用法学能为理论法学提供宝贵的实证研究素材，助力理论法学的发展和完善，为我国法治建设提供学理支撑。法哲学研究应坚持理论与实践的有机统一，探析理论法学与应用法学的良性互动、共同发展的有效机制。

第五节 艺术哲学

在当今的人类文明发展中，艺术不仅传递着文化，而且是不同文化实现相互沟通的承载者。在人类历史发展的过程中，某种文化会转变，某种文明也会消失，但只要有艺术作品存在，这种文化或文明就会以艺术品为呈现形式从而被传递下去。同样，借助艺术，不同的文化模式也能相互沟通，从而达到在不同文化孕育下的人们的相互理解。从某种程度而言，艺术是比语言更有效的沟通方式，当人们用艺术来交流时，就能突破语言的障碍。由此可见，艺术能实现不同的文化和文明的有效沟通和交流。

人类对艺术的哲学研究由来已久，可向上追溯到古希腊哲学的黄金时代。但严格意义上的艺术哲学或者学科形态的艺术哲学，是从 18 世纪才开始出现。艺术美学是哲学的一个重要分支，也称为“艺术哲学”。

1735 年，德国的鲍姆嘉通率先使用了后来被译为“美学”(aesthetica)的词汇，并在其著作中详细阐述了美学的研究对象和范围。鲍姆嘉通的美学，是倾向于感性认知的科学。康德把美的理念和崇高同时与自然和艺术与人的认知和理解的先决条件相联系。黑格尔的美学则彻底成为艺术哲学，但仍与感性有密切联系。他认为“美是理念的感性显现”，意味着艺术不能脱离感性而存在。同时，他还认为，艺术是绝对精神的自我觉醒过程中的关键，但它特殊的感性特征使它不能达到纯粹理念的终极目标，而这应该是由哲学处理的概念。

一、谢林的思辨艺术哲学

尽管康德在《判断力批判》中讨论的主要对象是自然美，但是，他对天才的讨论蕴含了深刻的艺术哲学思想。不过，无论是康德还是鲍姆嘉通，都没有建立起完整的艺术哲学体系。

黑格尔的美学与艺术哲学的一致性和以艺术代替自然作为审美反映基本目标的观点，标志着一个关键的历史时刻，预示了哲学理念与感性形式关联性的终结。

谢林确立了学科意义上的艺术哲学。在谢林和黑格尔的思辨哲学中，艺术是其包罗万象的哲学体系中不可或缺的一部分。艺术不仅是哲学的研究对象，而且是哲学的有机组成部分。没有艺术，他们的哲学体系就不完整。由此可见，在思辨哲学体系中，艺术既是哲学研究的对象，又是哲学体系的构成部分。这种意义上的艺术哲学，是德国古典哲学的特有现象。随着实证主义的兴起，这种自成一体的思辨哲学宣告终结，艺术哲学也相应地由思辨转向实证。实证的艺术哲学抛弃了哲学的先验演绎或者假设，强调通过观察、归纳和分类去获得普遍的知识。进入 20 世纪以后，随着哲学的语言学转向，分析取代了实证。分析的艺术哲学不再强调通过观察和归纳获得普遍知识，而是推崇具体问题具体分析。艺术哲学由宏大叙事走向了微观研究。自成体系的艺术哲学，分解成了众多的具体问题。哲学家的思考不再受体系的局限，维持哲学身份的不再是宏大的体系，而是分析的方法和睿智的洞见。

艺术哲学是谢林哲学体系的重要组成部分。要理解谢林的艺术哲学，首先需要了解他的哲学体系。谢林的哲学与其说是对世界的反映，不如说是对世界的构造。但这种对世界的构造不是源于对世界的观察和认识，而是源于理性、根据逻辑或者辩证法对世界的构想。我们只能将世界视为哲学家所构想的样貌，因为离开哲学家的构想，我们难以从整体上来把握世界。换言之，世界作为整体，对普通人来说是不可知的。由此，对世界的主观构想就等同于世界的客观构造，这就是谢林所说的“哲学构造”。只不过谢林没有意识到，世界的哲学构造不止一种，不同的哲学可以构造出不同的世界景观。在《先验唯心论体系》的最后部分，谢林演绎出了艺术的存在。在他看来，不经过艺术这个环节，就无法直观到那个绝对同一体，或者说那个绝对同一体就无法回到自身。所谓绝对同一体，就是主观与客观、精神与物质的高度统一体。它最初在无意识的理智中创造出客观的物质世界，然后在有意识的理智中创造出主观的精神世界。绝对同一体要回到自身，就要在主观的精神世界中加入客观的物质内容，如此才能形成既非主观也非客观、既非精神也非物质，或者说同时包含主观和客观、精神和物质的绝对同一。在所有的主观精神活动中，只有一种活动是可以兼容客观物质性的，这种活动就是艺术。

谢林开创的思辨的艺术哲学，在黑格尔那里达到了顶峰。与谢林相比，黑格尔的思辨哲学更加缜密，也更加清晰。与谢林一样，黑格尔也假定了一个世界的本原，它不是绝对同一体，而是绝对理念。经过逻辑、物理、精神等阶段的发展，绝对理念最终在绝对精神阶段回到自身。艺术是绝对精神的初级阶段，它进一步发展为宗教，最后终结于哲学。

二、丹纳的归纳艺术哲学

在黑格尔去世之后，哲学思潮转向了注重实证的新康德主义，在艺术哲学上表现为科学研究，而不是哲学思辨。借用费希纳的术语来说，就是由自上而下的研究转向了自下而上的研究。尽管费希纳早年也曾写过带有浓厚思辨色彩的哲学著作，但是在1876年出版的《美学初步》一书中，费希纳对谢林和黑格尔为代表的思辨美学提出了尖锐的批评，他主张用实验心理学的方法去发现愉快和不愉快的规律，进而发现美的本质。费希纳的这种研究方法，实际上就是艺术心理学或者审美心理学。随着心理学从哲学领域中独立出来，艺术心理学也不再被囊括在艺术哲学之中，而成了与艺术哲学并列的学科。除了用心理学的实证方法来取代哲学的思辨之外，还有学者用历史学、考古学、人类学、生物学等学科的研究方法来研究艺术问题，丹纳将这种研究方法称为“现代艺术哲学”或“现代美学”。这种新的艺术哲学不是自上而下地从观念出发，而是自下而上地从实例出发。丹纳通过对意大利、荷兰和古希腊绘画和雕塑的具体研究，证明艺术受到种族、时代和环境三大因素的影响。但是，这并非丹纳艺术哲学的全部结论，这最多只是丹纳艺术哲学的部分内容。丹纳明确指出，他的研究是从两个方面进行的：第一种源于经验，第二种源于推理。丹纳之所以采取两种研究方式，除了对他所发现的规律需要从理论和经验两个方面来验证之外，还有一个原因，这个原因涉及艺术哲学的目的。艺术哲学不仅要揭示艺术的本质，而且要揭示艺术的目的。换句话说，艺术研究的目的在于不仅要揭示过去已经存在的艺术是什么，而且要揭示未来的理想艺术是什么。但是，丹纳只是用历史的经验的研究方法，证明了思辨哲学的某些结论。

丹纳认为，那些按照不同派别陈列在美术馆中的艺术品，就像标本室里的植物和博物馆里的动物一般，可以作为以科学方法观察的事实；人类精神的诸多面貌，好比是植物的多种形态，由是“美学本身便是一种实用植物学，跟着目前精神科学与自然科学日益接近的潮流前进。精神科学采用了自然科学的原则，方向与谨严的态度，就能有同样稳固的基础，同样的进步"[①]。丹纳已经看到了在他之前的美学特别是德意志美学思想的缺陷，那就是总是从抽象的先验概念出发，执着于为"美"下定义，然后以之来评判各色各样的艺术现象。而丹纳采用了相反的路径：从事实出发探求规律。这正是实证主义的科学方法。

在《艺术哲学》一书的译者序中，傅雷在肯定丹纳学说的合理性的基础上提出了批判：丹纳在考察艺术时所揭露的时代与环境，只限于风俗人情、政治法律等，总之，是一切属于上层建筑的东西；他没有接触到社会的基础，忽略了人类生活的最基本方面——经济生活，但他完全没有认识到，社会的基本动力在于生产力与生产关系。不管是从抽象概念出发还是从具体事实出发，科学方法必然意味着超越研究对象的个体差异，得出一般规律。根据丹纳的艺术哲学观，每一个艺术家都不是孤立的，而是从属于特定时代的本民族艺术家的群体，这个群体致力于表现民族的、时代的主要特征。

三、分析的艺术哲学

无论是自上而下的思辨哲学，还是自下而上的实证哲学，其研究目标都是普遍规律。二者的区别在于，前者通过思辨确立规律后再找实例验证，后者则从实例研究出发总结规律。这种对普遍规律的执着探寻，被20世纪中期以来的哲学视为空洞的宏大叙事而加以摒弃。受到分析哲学的影响，20世纪中期以后的艺术哲学不再致力于体系建构和规律探寻，而是转向了对相关问题的分析或澄清。这些问题之间可以相互关联，也可以彼此独立。分析的

① [法]丹纳：《艺术哲学》，傅雷译，上海书画出版社2017年版，第5页。

艺术哲学在澄清思辨的艺术哲学的主观臆想和实证的艺术哲学的以偏概全方面的确起到了至关重要的作用，但是其在追求清晰性的同时，不得不付出理论脱离实际的代价。因此，当分析的艺术哲学抽象地讨论艺术的定义、艺术作品本体论、艺术解释和评价的时候，这些讨论究竟在多大程度上跟艺术有关就成了一个值得思考的问题。一些分析哲学家承认，他们所讨论的大多数问题对于艺术来说是烦琐和无用的，围绕这些问题的争论更多地体现为一种哲学兴趣，是哲学家们之间的一种智力游戏。艺术哲学正在变得越来越开放和多样，于是如何在开放性和多样性中维持自己的身份，就成了艺术哲学家们需要思考的新问题。

四、马克思主义的艺术哲学

马克思主义艺术哲学对艺术性质的一个基本判断和观点，是艺术即意识形态。这是马克思主义中国化的一大特点。认识这种观点的最大优势是有助于人们破除其他种种片面的艺术本质论，并且由此导致的种种困惑，破除西方艺术哲学史上长期以来存在的关于艺术的各种并不深刻的本质论观点。说艺术是意识形态，主要因为作为观念形态的艺术品都是一定的社会生活在人们头脑中反映的产物，艺术作为一定社会生活之反映的观念形态，应该包括存在于人们头脑中一切思想观念、情感经验、感觉表象等。或者说，所有存在于人们头脑中的思想观念、情感经验、感觉表象都属于意识形态范畴。一般认为，艺术意识形态区别于其他意识形态的特征，艺术常常以感觉、知觉和表象的方式，借助具体、生动、感人的形象系统反映社会生活。

构成马克思、恩格斯艺术哲学体系的真正的精华就是其审美理想，正是它形成了马克思、恩格斯多方面的艺术哲学思想和内容的归结点和贯穿主线，成为统摄整个体系、显示内在统一性和逻辑连贯性的核心观念。马克思、恩格斯的审美理想不是脱离现实的人和人的现实的历史条件抽象地谈论艺术的自由，而是以艺术理想、人的理想、社会理想三者的有机统一为基本内容，将艺术审美理想的实现置于人的自由和解放与社会的进步和革命的基础之上。[1]

① 参见狄其骢、谭好哲：《艺术哲学的革命》，《文学评论》1991 年第 3 期。

参考文献

一、古籍

(汉)司马迁:《史记》,中华书局 2013 年版。

(汉)班固:《汉书》,中华书局 1962 年版。

(魏)王弼:《王弼集校释》,中华书局 1980 年版。

(魏)嵇康:《嵇康集校注》,中华书局 2014 年版。

(晋)郭象注:《庄子》,中华书局 2018 年版。

(唐)韩愈:《昌黎先生集》,四部丛刊初编本。

(宋)周敦颐:《周敦颐集》,中华书局 1980 年版。

(宋)张载:《张载集》,中华书局 1978 年版。

(宋)程颢、程颐:《二程集》,中华书局 1981 年版。

(宋)朱熹:《朱子全书》(修订本),上海古籍出版社 2010 年版。

(宋)陆九渊:《陆九渊集》,中华书局 1980 年版。

(明)方以智:《物理小识》,商务印书馆 1937 年版。

(明)徐光启:《徐光启集》,中华书局 1984 年版。

(明)王廷相:《王廷相集》,中华书局 1989 年版。

(明)罗钦顺:《困知记》,中华书局 1990 年版。

(明)王艮:《王心斋全集》,江苏教育出版社 2001 年版。

(明)王守仁:《王阳明全集》,上海古籍出版社 2014 年版。

(清)颜元、李塨:《颜李丛书》,四存学会 1923 年刊。

(清)龚自珍:《龚自珍全集》,上海人民出版社 1975 年版。

(清)魏源:《魏源集》,中华书局 1983 年版。

(清)颜元:《颜元集》,中华书局 1987 年版。

(清)顾炎武:《顾炎武全集》,上海古籍出版社 2011 年版。

(清)王夫之:《船山全书》,岳麓书社 2011 年版。

(清)黄宗羲:《黄宗羲全集》,浙江古籍出版社 2012 年版。

二、专著

《毛泽东选集》第 1～4 卷,人民出版社 1991 年版。

《邓小平文选》第 1～3 卷,人民出版社 1993、1994 年版。

《列宁全集》第 18 卷,人民出版社 2007 年版。

《马克思恩格斯全集》第 1～49 卷,人民出版社 1995～2019 年版。

《马克思恩格斯文集》第 1～10 卷,人民出版社 2009 年版。

《马克思恩格斯选集》第 1～4 卷,人民出版社 2012 年版。

全增嘏:《西方哲学史》,上海人民出版社 1985 年版。

苏舆:《春秋繁露义证》,中华书局 1992 年版。

孙正聿:《哲学通论》,辽宁人民出版社 1998 年版。

夏征农等主编:《大辞典》(哲学卷),上海辞书出版社 2003 年版。

林德宏:《科技哲学十五讲》,北京大学出版社 2004 年版。

高其才、罗昶:《中国法律制度概要》,清华大学出版社 2005 年版。

郭齐勇编著:《中国哲学史》,高等教育出版社 2006 年版。

教育部社会科学研究与思想政治工作司组编:《自然辩证法概论》,高等教育出版社 2007 年版。

陈鼓应:《黄帝四经今注今译》,商务印书馆 2007 年版。

张建业主编:《李贽全集注》,社会科学文献出版社 2010 年版。

陈彬:《当代科学技术与社会发展》,济南出版社 2010 年版。

傅佩荣:《哲学与人生》,东方出版社 2012 年版。

张世英:《哲学导论》,北京师范大学出版社 2013 年版。

陈戍国点校:《四书五经》,岳麓书社 2014 年版。

汤漳平、王朝华注:《老子》,中华书局 2014 年版。

徐陶:《当代哲学导论》,湖南大学出版社 2014 年版。

方勇注:《庄子》,中华书局 2015 年版。

方勇、李波译注:《荀子》,中华书局 2015 年版。

沈湘平:《哲学导论》,中国社会科学出版社 2017 年版。

[美]汤姆·L.彼彻姆:《哲学的伦理学——道德哲学引论》,雷克勤等译,中国社会科学出版社 1990 年版。

[俄]尼古拉斯·布宁、余纪元编著:《西方哲学英汉对照辞典》,人民出版社 2001 年版。

[德]伊曼努尔·康德:《道德形而上学原理》,苗力田译,上海人民出版社 2002 年版。

[古希腊]亚里士多德:《尼各马可伦理学》,廖申白译,商务印书馆 2012 年版。

[俄]普列汉诺夫:《论一元论历史观的发展问题》,王荫庭译,商务印书馆 2012 年版。

[英]萨米尔·奥卡沙:《牛津通识读本:科学哲学》,韩广忠译,译林出版社 2013 年版。

[英]罗素:《西方哲学史》,何兆武、李约瑟、马元德译,商务印书馆 2016 年版。

后 记

本书为中共山东省委党校(山东行政学院)为了适应主体班次培训需要而组织编写的现代领导干部应知应会系列教材之一。该书由中共山东省委党校(山东行政学院)哲学教研部承担编写任务。该教研部按照学校关于编写体例的要求,组织由全体教研人员参加的教材编写会议,征求大家建议,集思广益,并在此基础上,几易其稿,拟订了教材编写提纲并获批立项。在提纲的酝酿、讨论和写作过程中,参与讨论的每一位教研人员积极献计献策,为确保该书的写作质量贡献出了自己的真知灼见。哲学教研部主任贾英健同志主持本书的编写工作;哲学教研部副主任陈彬同志具体负责了整个教材编写事宜的协调、统筹和提纲撰写以及书稿的统稿等工作,为本书倾注了大量精力。本书的完成汇集了教研部众多骨干教研人员的智慧,是一项集体攻关完成的研究成果,具体撰写分工如下:陈彬负责第一章、第五章第二节,孙成竹负责第二章第一、二节,李正义负责第二章第三、四节,董冰负责第二章第五、六节,冯晨负责第三章第一、二、三节,白如祥负责第三章第四、五节,王超负责第四章第一、二节,刘岱负责第四章第三、四节,韩燕丽负责第五章第一节，王俊负责第五章第三节，逄媛宁负责第五章第四、五节。

在编写过程中，我们参考并借鉴了国内相关的研究成果，在此向这些成果的作者表示深深的感谢。同时，书中也一定存在许多需要进一步完善的地方，恳请广大读者不吝赐教，提出批评和修改建议。

编　者

2019 年 8 月